Ist das Kunst?

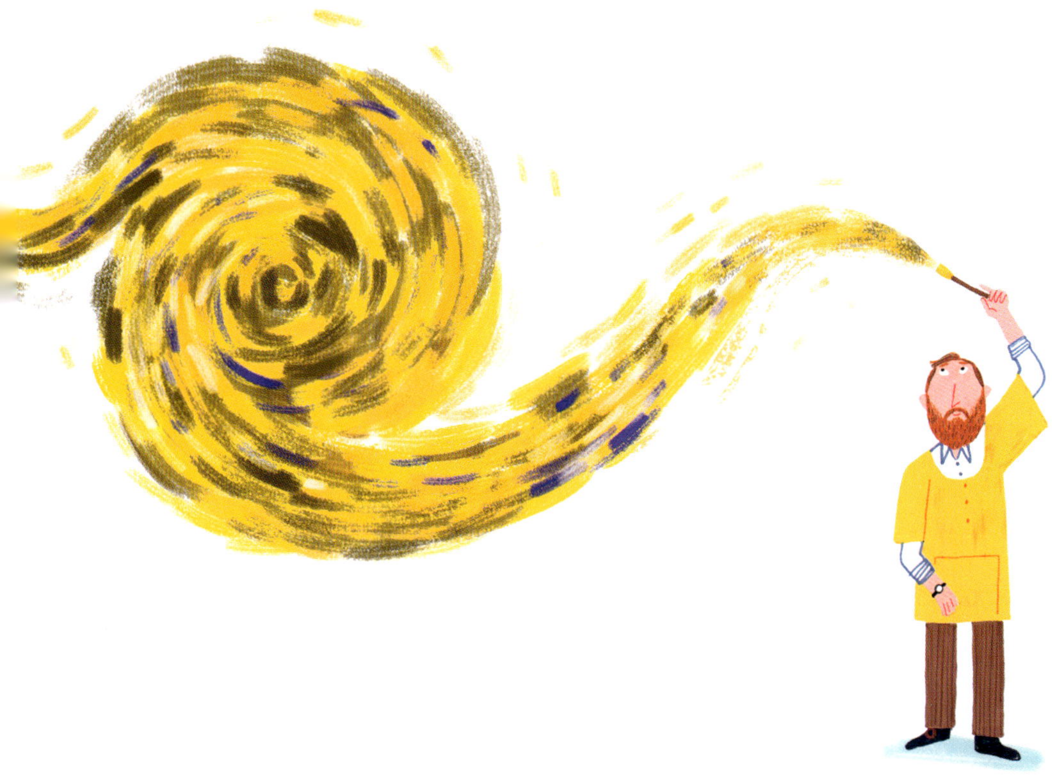

In diesem Buch dreht sich alles um Kunst.
Du erfährst, wie Künstlerinnen und Künstler arbeiten
und was sie inspiriert. Außerdem enthält es Anregungen,
die dir beim Betrachten von Kunstwerken helfen.

Hinweis zur inklusiven Sprache

Uns bei Usborne ist es wichtig, dass sich alle Leserinnen und Leser unserer Bücher angesprochen und willkommen fühlen. Deshalb verwenden wir verstärkt genderneutrale Formulierungen und wechseln weibliche und männliche Personenbezeichnungen ab. Bei Büchern, in denen dies noch nicht umgesetzt ist, bemühen wir uns, dies zeitnah nachzuholen.

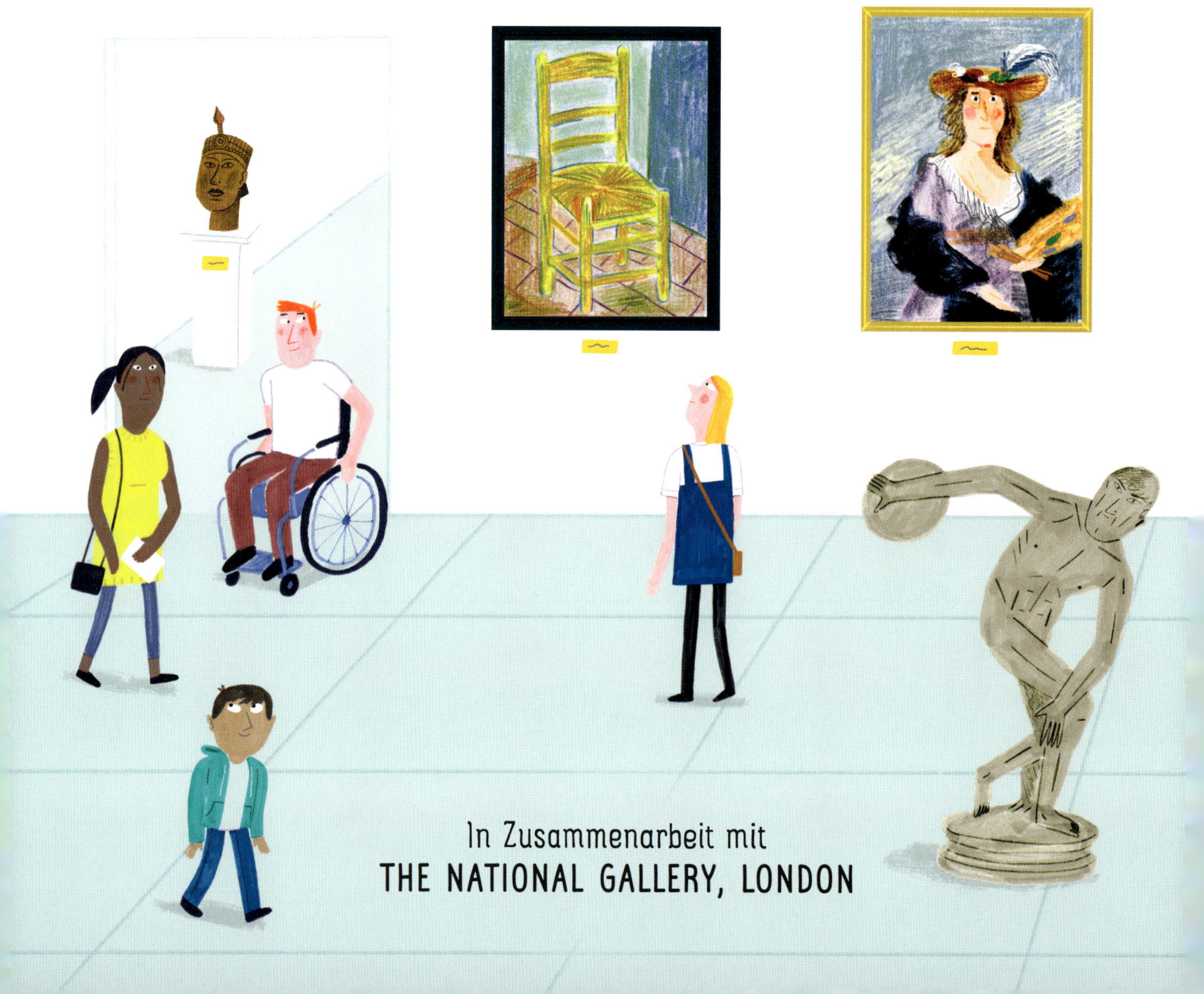

In Zusammenarbeit mit
THE NATIONAL GALLERY, LONDON

Ist das Kunst?

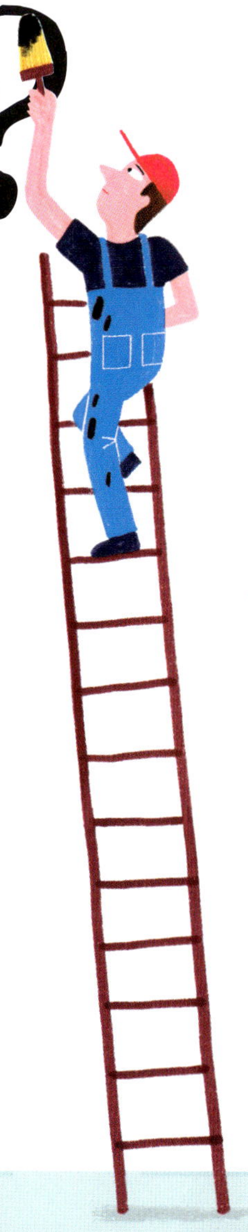

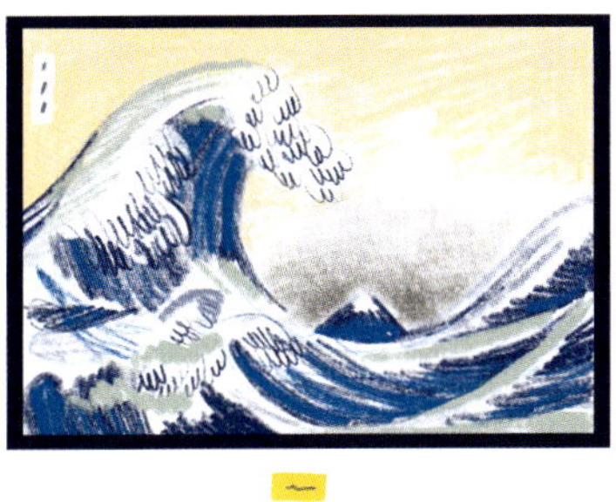

Sarah Hull

Illustrationen:
Matt Hunt, Ana Sanfelippo
und Miguel Bustos

Gestaltung:
Lucy Wain, Nicola Butler
und Vickie Robinson

Fachliche Beratung:
Leah Kharibian

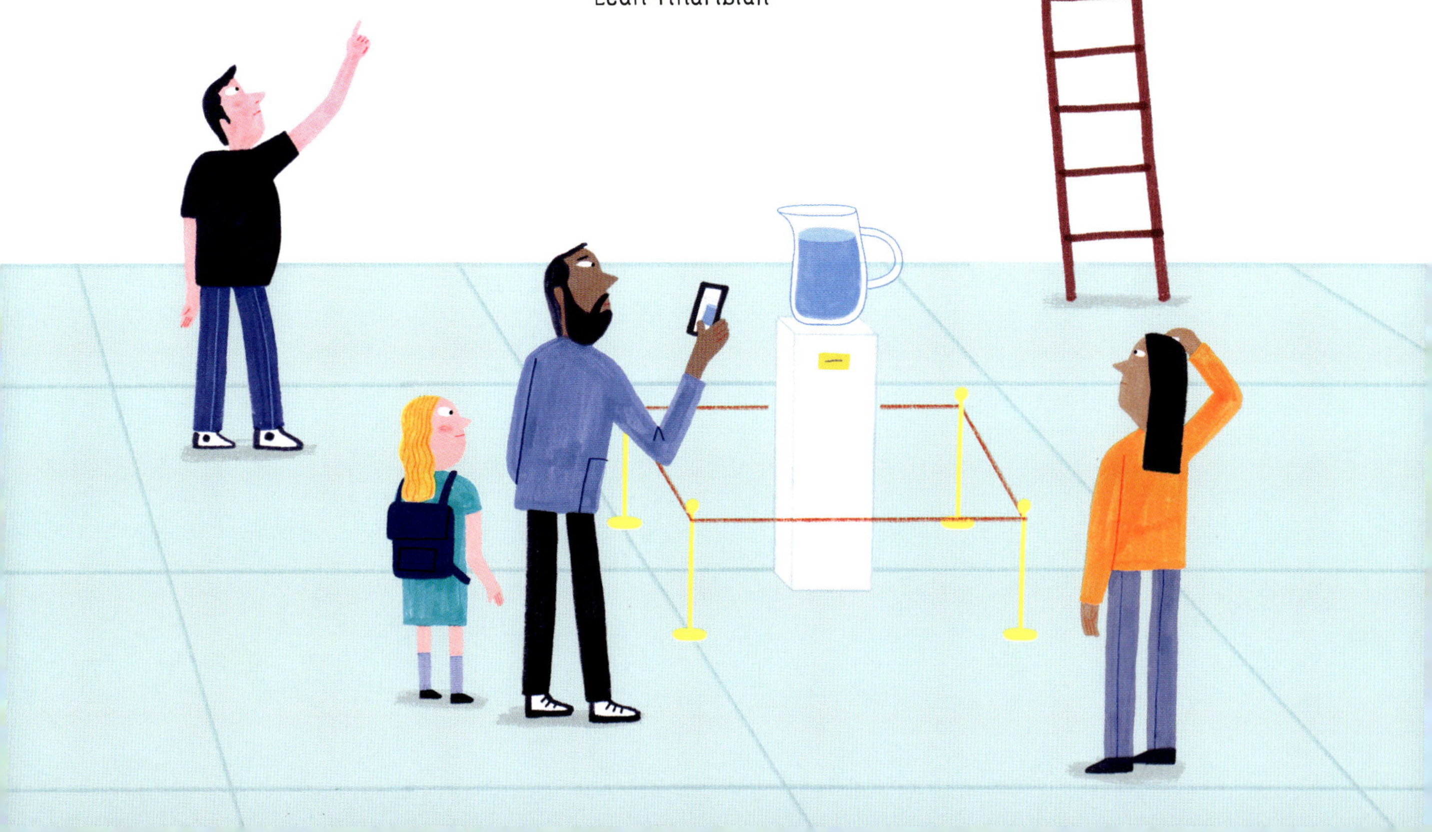

INHALT

Was ist Kunst? 6
Kann alles Kunst sein? 8
Wie betrachtet man Bilder? 10
Wie entstehen Bilder? 12
Königliche Pracht 14
Wer ist ein Künstler? 16
Wie entstehen 3D-Bilder? 18
Schatten und Licht 20
Wie ist ein Bild aufgebaut? 22
Verschiedene Blickwinkel 24
Wie fertigt man eine Skulptur an? 26
Wie funktionieren Farben? 28
Wilde Farben 30
Wie kann Kunst uns täuschen? 32
Wo kann man Kunst sehen? 34
Was ist ein Stillleben? 37
Muss Kunst ernst sein? 38
Was ist ein Porträt? 40
Wer ist auf dem Bild zu sehen? 42
Wer fehlt? 44
Wie erzählt Kunst Geschichten? 46
Eine versteckte Geschichte 48
Muss Kunst schön sein? 51

Warum so groß? Warum so klein? 52
Was ist eine Kunstrichtung? 54
Kann ein Comic Kunst sein? 56
Was ist eine Installation? 59
Explosive Ideen 60
Warum malen Künstlerinnen Selbstporträts? 62
Die eigene Geschichte darstellen 64
Was ist abstrakte Kunst? 66
Wie entstehen Drucke? 68
Ein überraschendes Bild 70
Kann eine Fotografie Kunst sein? 72
Wie haben Fotos die Kunst verändert? 74
Warum wollen Künstler schockieren? 76
Kunst und Politik 78
Eine Ansage gegen den Krieg 80
Was ist Kunst wert? 82
Wofür sind Kunstmuseen da? 84
Wann ist das Kunstwerk entstanden? 86
Glossar 90
Stichwortverzeichnis 94
Quellenverzeichnis 96

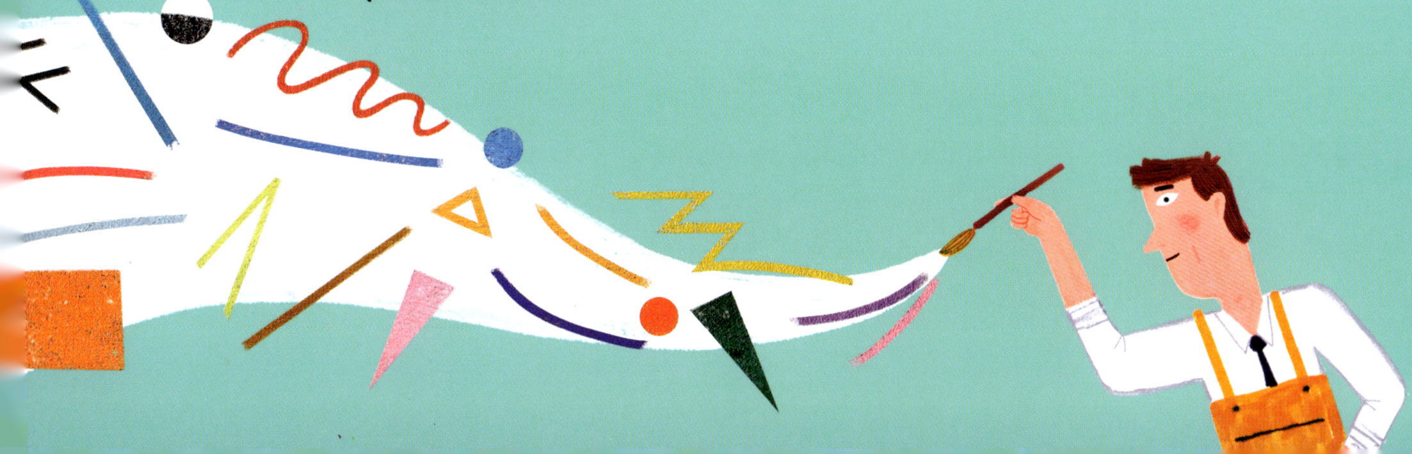

WAS IST KUNST?

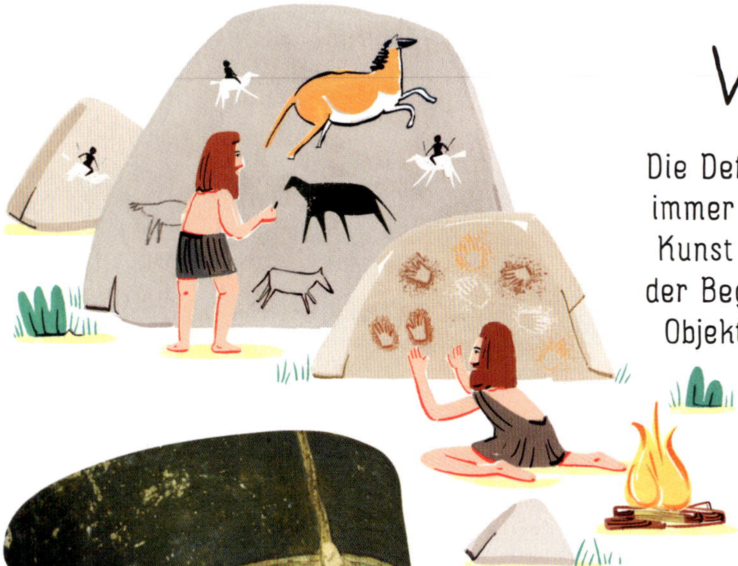

Die Definition von Kunst hat sich im Laufe der Zeit immer wieder verändert. Ursprünglich bezeichnete Kunst lediglich etwas Handgemachtes. Heute wird der Begriff meist für Bilder, Skulpturen und andere Objekte verwendet, die geschaffen wurden, damit man sie betrachten kann.

Kunst gibt es schon so lange, wie es Menschen gibt. Die ältesten uns bekannten Kunstwerke sind Felsmalereien.

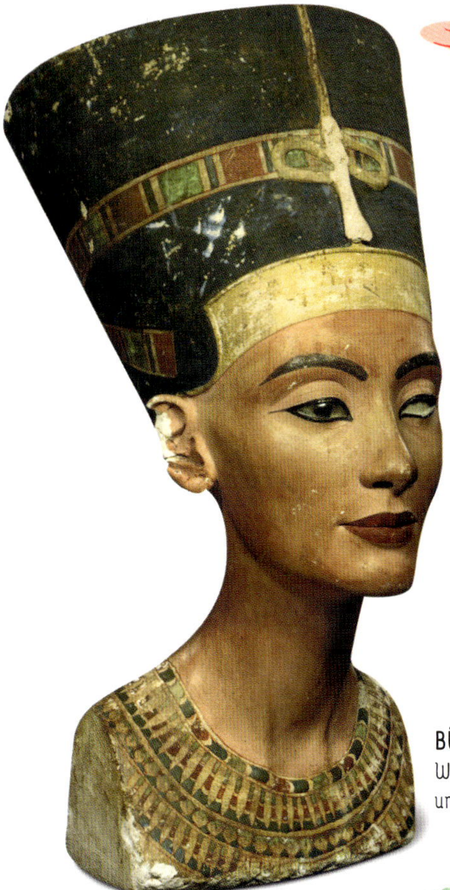

BÜSTE DER NOFRETETE
Werkstatt des Thutmosis,
um 1350 v. Chr.

Früher war man der Auffassung, dass Kunst magische Kräfte habe.

Vor 4000 Jahren dachten die alten Ägypter, dass Kunst den Menschen ein Leben nach dem Tod ermöglichen würde. Ein Hinweis darauf ist das altägyptische Wort für „Bildhauer“. Es bedeutet „Er, der am Leben erhält“.

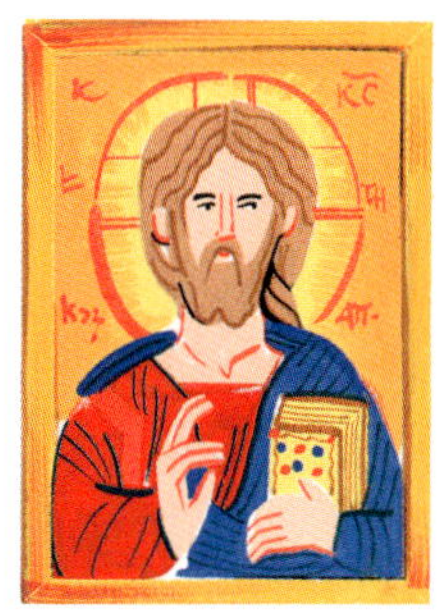

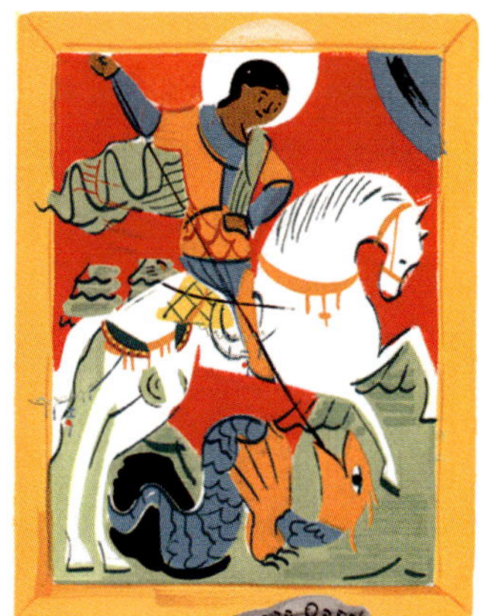

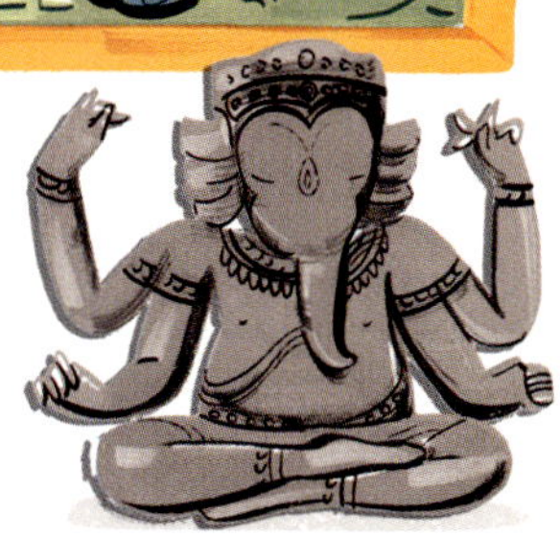

Viele Kunstwerke, die danach entstanden, waren für religiöse Zwecke bestimmt – um Mythen oder Legenden zu erzählen oder um Götter und Göttinnen zu verherrlichen.

Im 16. Jahrhundert begann man in Europa auch andere Porträts zu zeichnen und Szenen zu malen. Techniken wurden besser und Bilder sahen immer realistischer aus. Auf Seite 42 stellen wir dir ein Beispiel dafür vor.

HIER SIND EINIGE ZITATE VON BERÜHMTEN MENSCHEN ÜBER KUNST ...

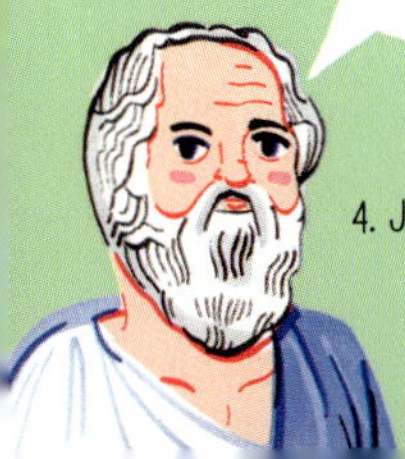

Die Kunst ahmt die Natur nach.

Aristoteles
4. Jahrhundert v. Chr.

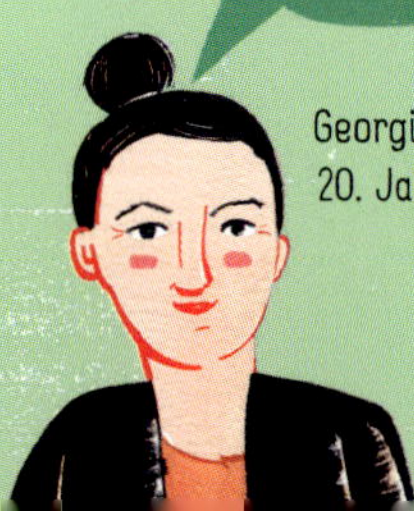

Kunst füllt Räume auf wunderschöne Weise.

Georgia O'Keeffe
20. Jahrhundert

Kunst sollte sein wie ein bequemer Sessel.

Henri Matisse
20. Jahrhundert

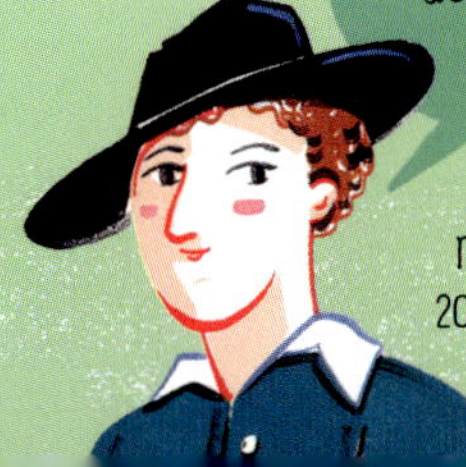

Kunst muss Ausdruck der Liebe sein, sonst ist sie nichts.

Marc Chagall
20. Jahrhundert

Im 19. und 20. Jahrhundert wurde das Malen durch das Aufkommen neuer Materialien günstiger und einfacher. Künstlerinnen und Künstler waren nun freier und konnten malen, was sie wollten. Manche versuchten, einfache Alltagssituationen einzufangen wie zum Beispiel zwei Frauen, die zusammen essen.

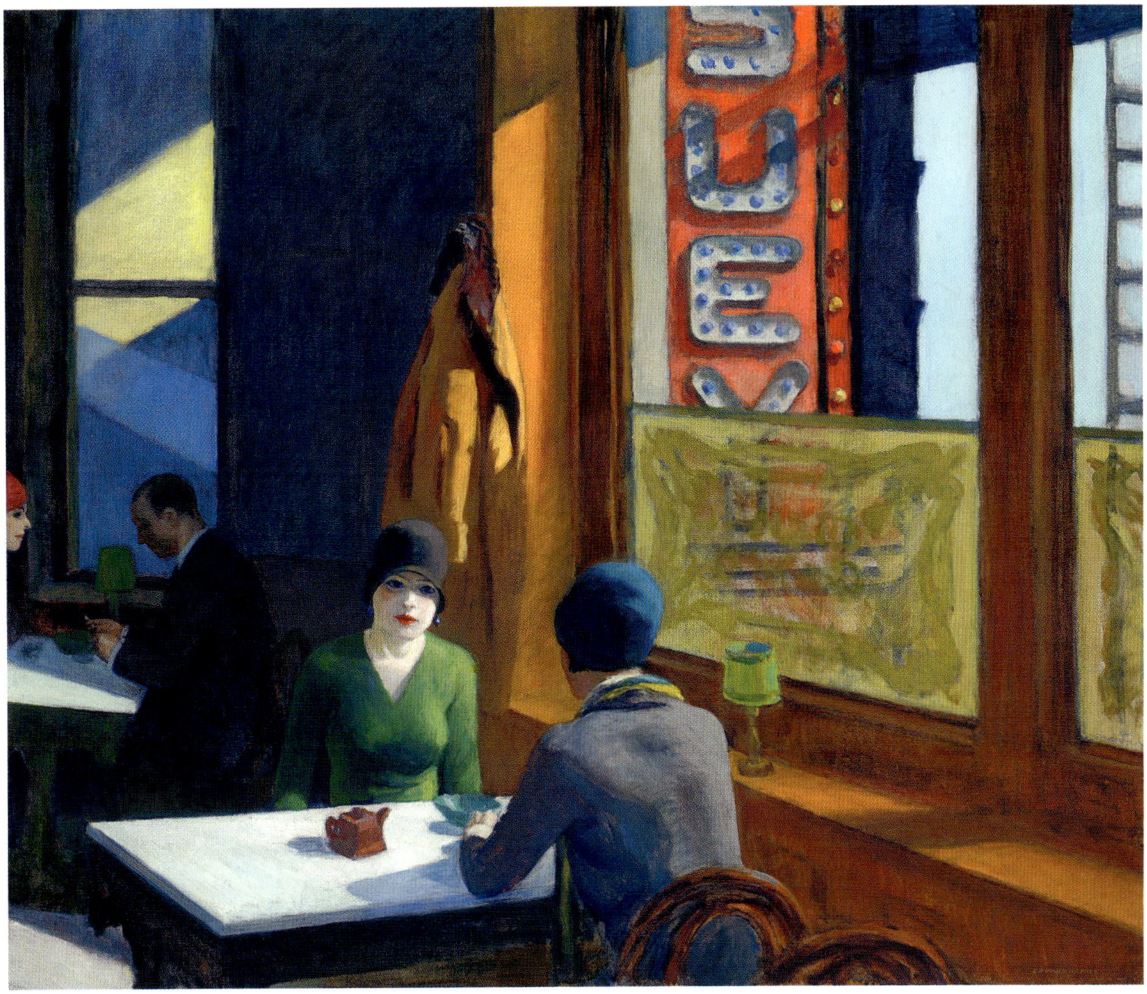

CHOP SUEY
Edward Hopper, 1929

Andere begannen, mit neuen Methoden zu experimentieren. Formen und Farben wurden das Thema ihrer Kunst, sie stellten die Dinge nicht mehr so dar, wie sie aussahen. Mehr dazu auf Seite 66–67.

Die Auffassung von Kunst ändert sich, seit es Künstler gibt. Aber in den letzten hundert Jahren hat sich Kunst so schnell entwickelt wie nie zuvor.

Auf den nächsten Seiten erfährst du mehr darüber.

Kunst sollte neuen Gedanken Türen öffnen.

Tracey Emin
21. Jahrhundert

Kunst ist die Sprache, die wir alle sprechen.

El Anatsui
21. Jahrhundert

Ich mache Kunst, um Gesprächsanlässe zu schaffen.

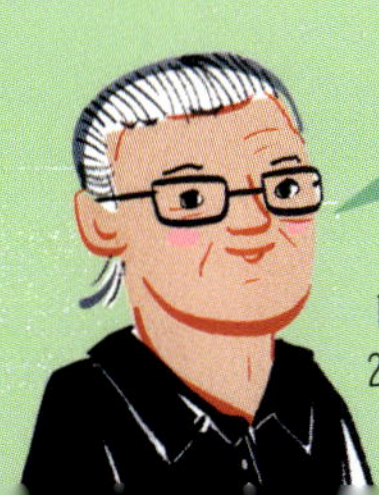

Lubaina Himid
21. Jahrhundert

KANN ALLES KUNST SEIN?

Die seltsamsten und ungewöhnlichsten Dinge werden als „Kunst“ ausgestellt – von aufgehäuften Nahrungsmitteln bis zu einer Person, die in einer Galerie sitzt. Solche Arbeiten stellen den traditionellen Kunstbegriff infrage. Sie zeigen, dass Kunst mehr sein kann als nur Ölgemälde und Marmorskulpturen.

Der Franzose Marcel Duchamp war vor hundert Jahren der Erste, der sich solche neuen Kunstformen ausdachte. Er stellte zum Beispiel diesen metallenen Gegenstand als Kunstwerk aus, der ursprünglich als Flaschenregal in einer Fabrik hergestellt worden war. Damit schockierte Duchamp die Kunstwelt.

Seit Marcel Duchamps Readymades wurden viele Kunstwerke geschaffen, bei denen die Idee und das Konzept wichtiger sind als ihre Ausführung. Man spricht dabei von KONZEPTKUNST.

Duchamp nannte seine serienmäßig hergestellten Objekte READYMADES.

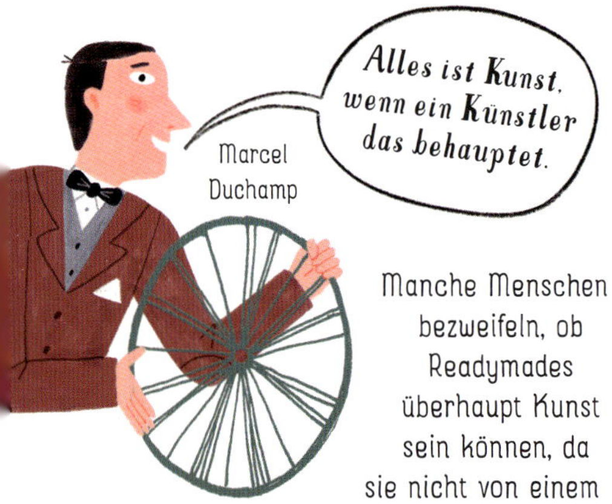

Manche Menschen bezweifeln, ob Readymades überhaupt Kunst sein können, da sie nicht von einem Künstler geschaffen wurden. Für Duchamp zählte jedoch die *Idee* dahinter.

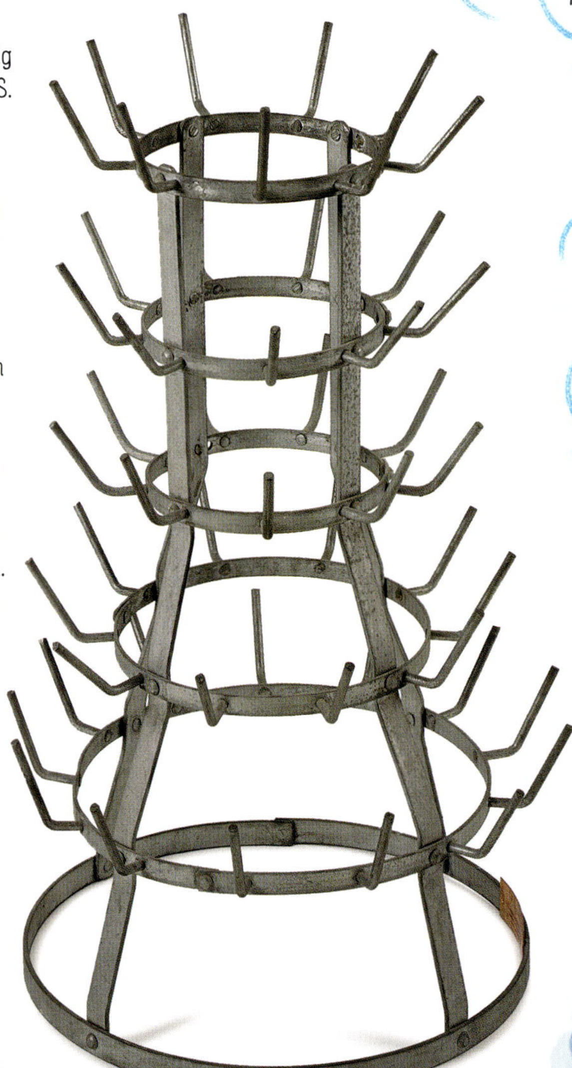

FLASCHENTROCKNER (Reproduktion von 1964)
Marcel Duchamp, 1914

Der Künstler Sol LeWitt ging sogar noch einen Schritt weiter: Er behauptete, dass auch eine Idee ein Kunstwerk sein kann, sogar wenn sie nur im Kopf des Künstlers existiert.

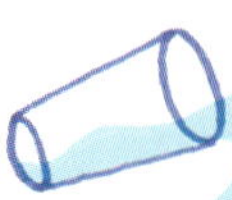

Alle diese Gegenstände wurden in Kunstwerken verwendet.

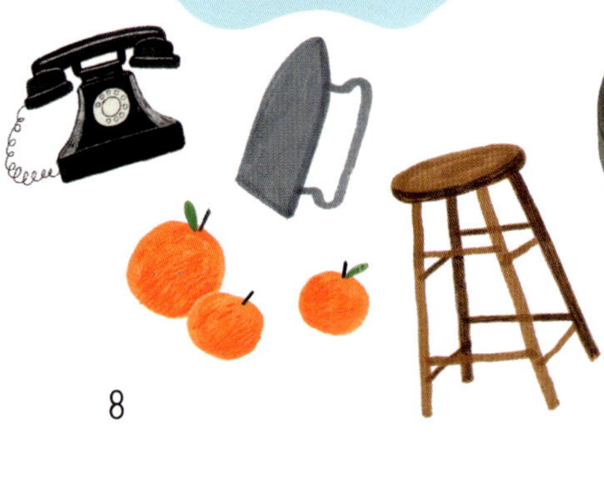

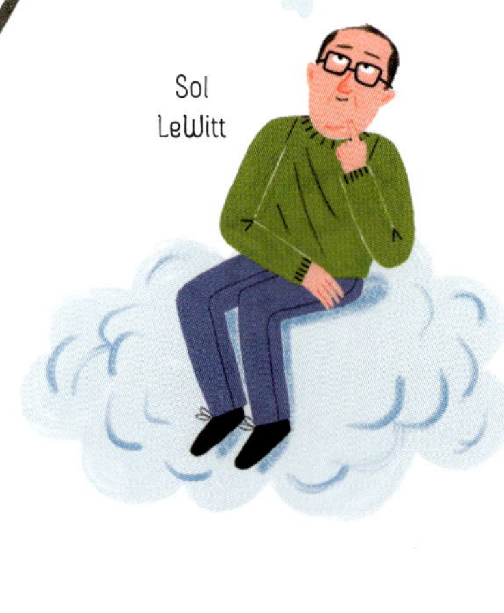

Heute machen viele Künstlerinnen und Künstler Konzeptkunst.

DAS IST KUNST

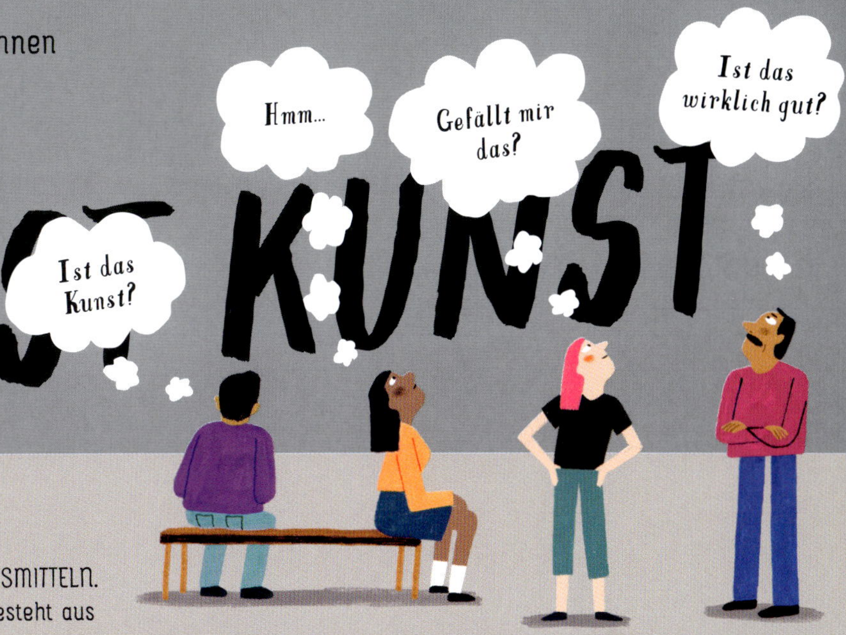

Der Künstler Kader Attia schuf Kunst aus LEBENSMITTELN. Sein Miniaturmodell der alten Stadt Ghardaia besteht aus gekochtem Couscous.

Mit der Zeit fallen die Türme aus Couscous in sich zusammen. Wenn sie nicht mehr zu erkennen sind, bauen die Mitarbeiter der Galerie neue.

Der britische Künstler Damien Hirst gestaltete aus dem ABFALL einer Party ein Kunstwerk. (Der Abfall wurde später versehentlich weggeworfen.)

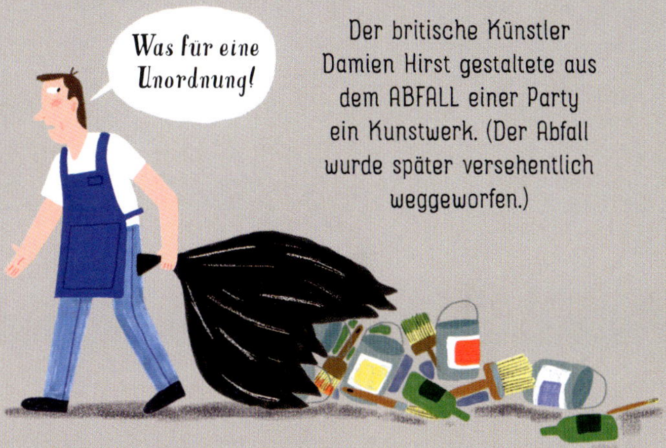

Sogar eine KÜNSTLERIN kann Kunst sein. Marina Abramović stellte sich 2010 in ihrem Kunstwerk *The Artist Is Present* selbst aus.

Zweieinhalb Monate lang saß Marina Abramović in einem Kunstmuseum schweigend an einem Tisch. Besucher stellten sich an, um ihr gegenüberzusitzen und sie zu erleben.

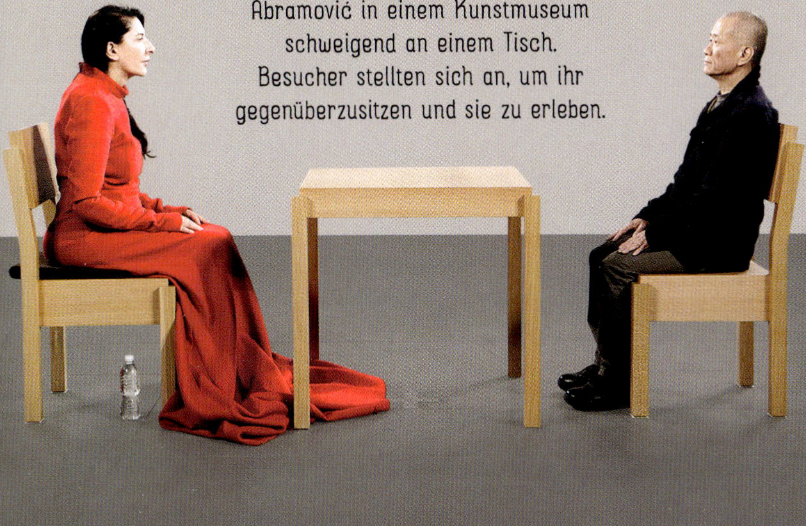

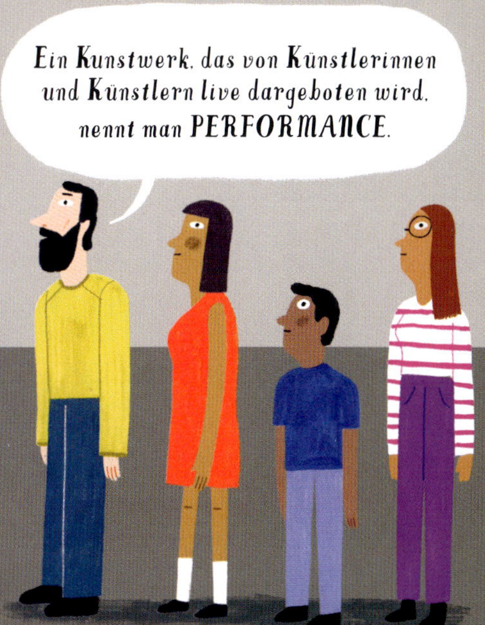

WIE BETRACHTET MAN BILDER?

Du wirst ein Bild besser verstehen können, wenn du es dir genau ansiehst und über das Gesehene nachdenkst – egal ob das Bild in einem Kunstmuseum hängt, in einem Buch abgebildet ist oder ob du es auf einem Bildschirm siehst.

Hier sind einige Fragen, die dir bei deiner Bildbetrachtung helfen.

Schaue dir zunächst das GANZE Bild an.

Was kannst du sehen?

Worum geht es?

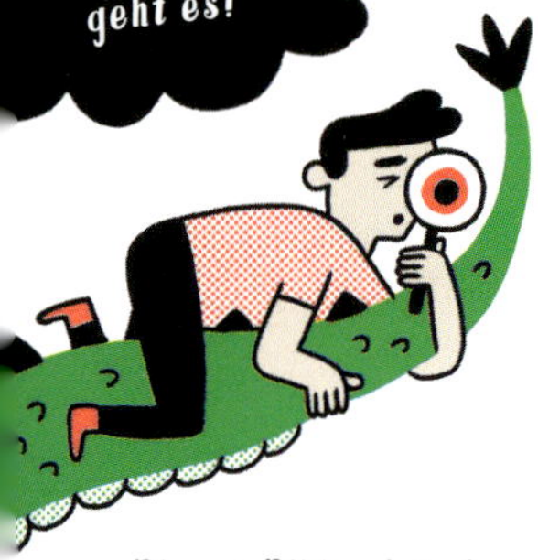

Dieses Bild zeigt einen Ritter auf einem Pferd, der mit einem Drachen kämpft. Eine Prinzessin, die eine Krone trägt, schaut dabei zu.

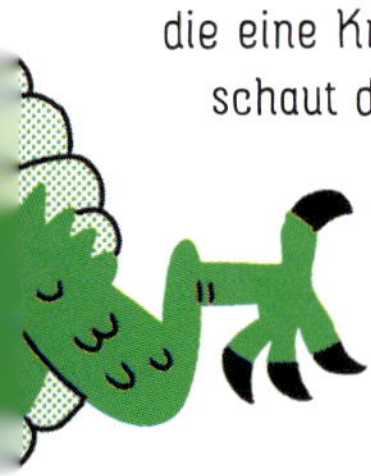

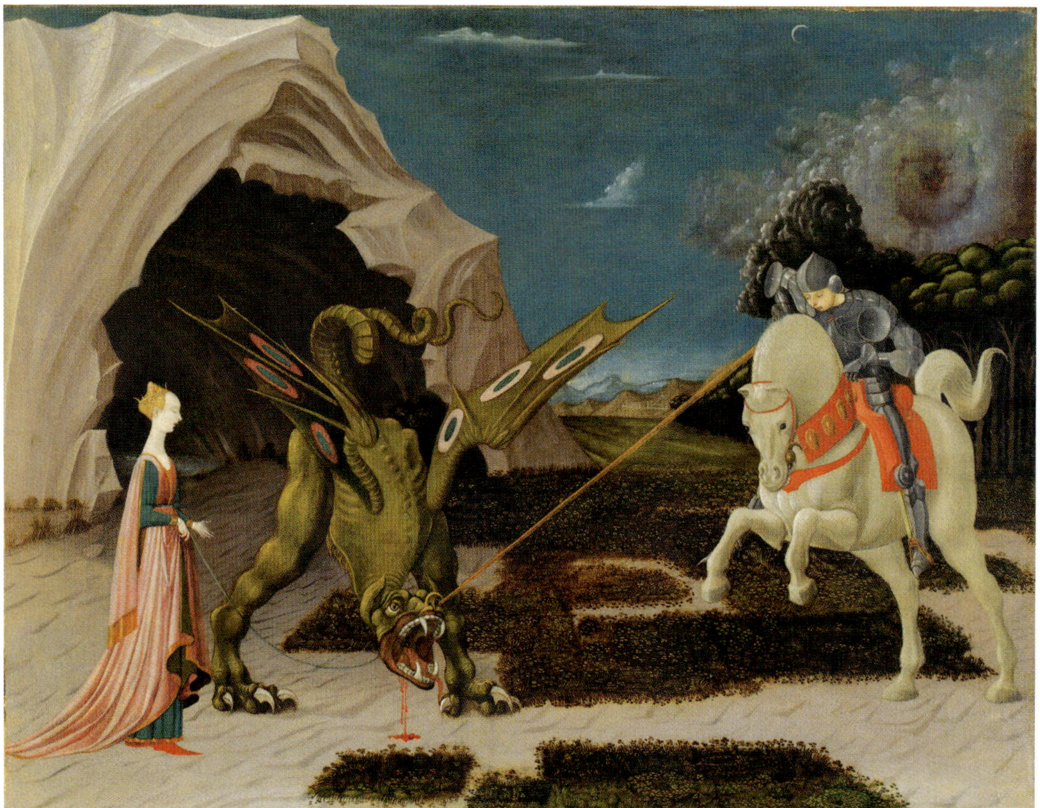

DER HEILIGE GEORG UND DER DRACHE
Paolo Uccello, um 1470

Der Titel kann dir helfen, das Thema des Bildes zu verstehen. Hier ist es die Legende vom heiligen Georg.

Eine wirbelartige Wolkenformation hinter dem Ritter stellt das Auge Gottes dar. Es steht genau in der Verlängerung der Lanze. Dadurch soll angedeutet werden, dass Gott dem Ritter dabei half, den Drachen zu besiegen.

Wenn du genauer hinschaust, kannst du sehen, dass die Prinzessin den Drachen an einer Leine hält. Der Legende nach benutzte die Prinzessin ihren Gürtel, um den Drachen wegzuführen, nachdem er besiegt worden war.

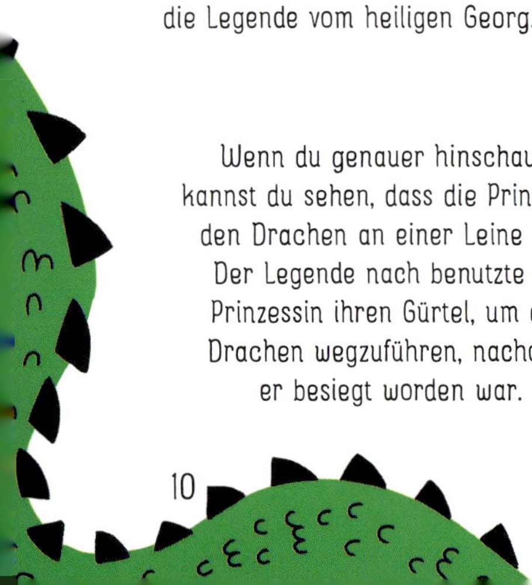

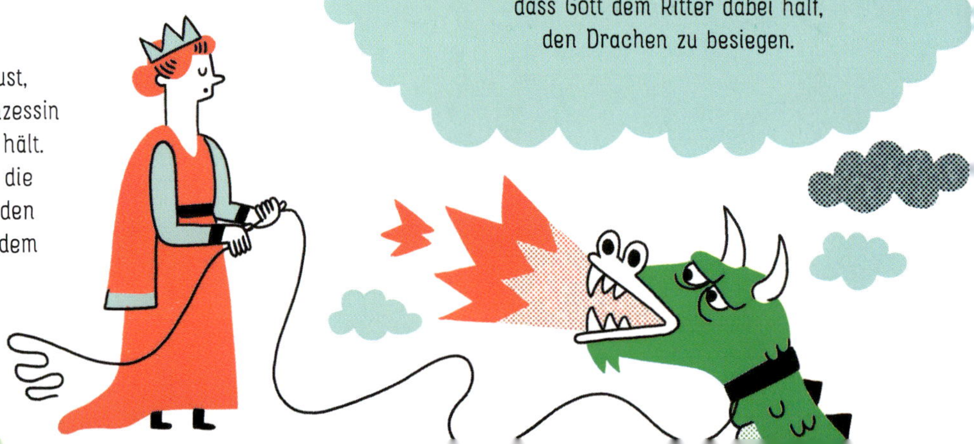

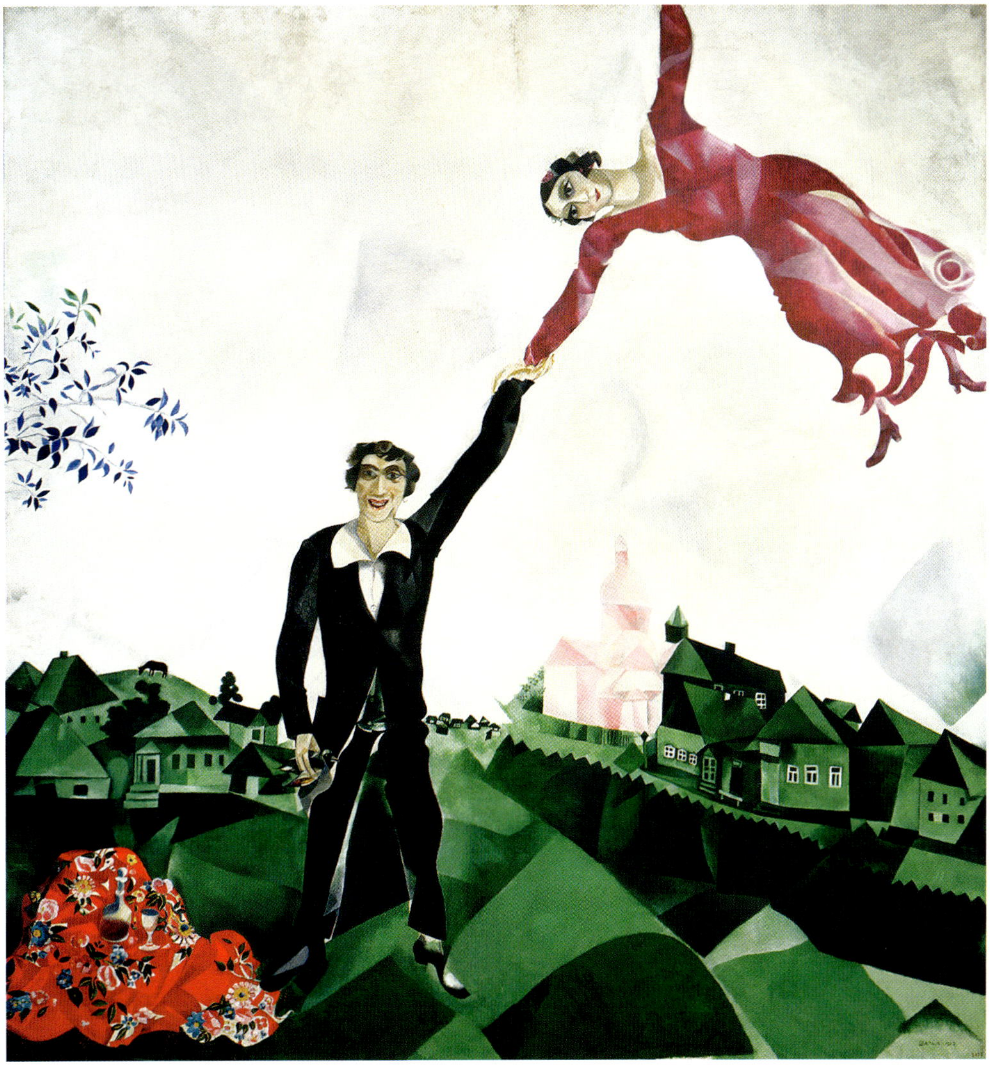

DER SPAZIERGANG
Marc Chagall, um 1917–18

Hast du dich schon einmal so glücklich gefühlt, dass du dachtest, du könntest fliegen? Mit diesem Gemälde drückte der Künstler Marc Chagall ein solches Glücksgefühl und seine Verliebtheit aus.

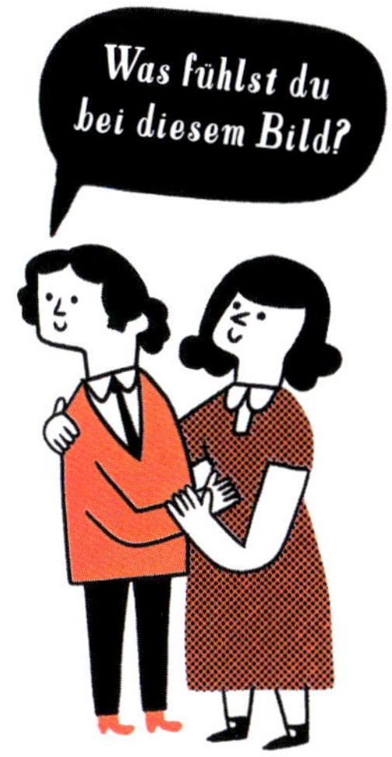

Der Mann ist Chagall selbst. Die schwebende Frau ist seine Ehefrau Bella.

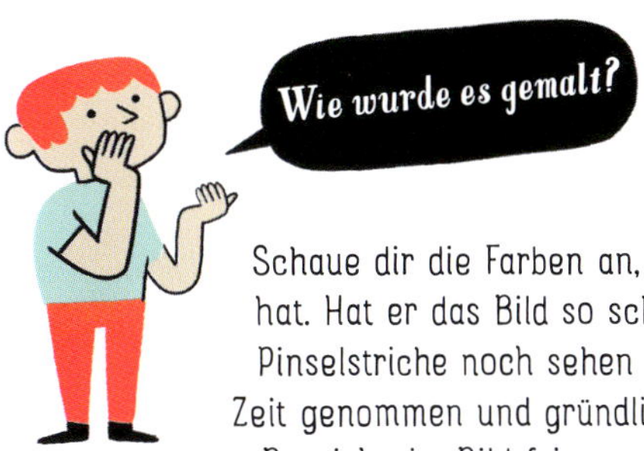

Schaue dir die Farben an, die der Künstler benutzt hat. Hat er das Bild so schnell gemalt, dass du die Pinselstriche noch sehen kannst, oder hat er sich Zeit genommen und gründlich gearbeitet? Sind einige Bereiche im Bild feiner ausgearbeitet als andere?

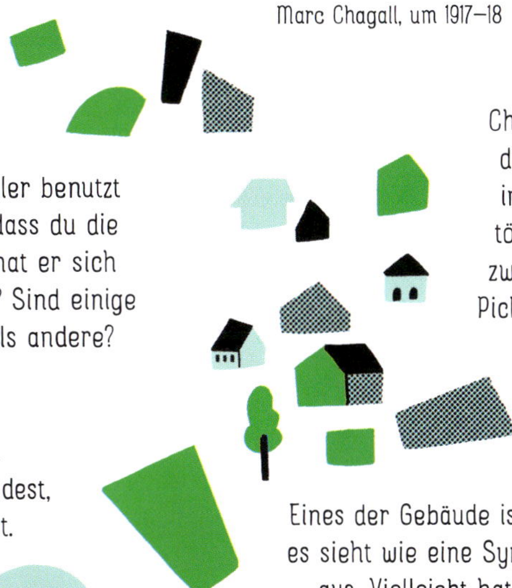

Chagall malte die Wiese und die Häuser im Hintergrund in unterschiedlichen Grüntönen. Dadurch stechen die zwei Personen und die bunte Picknickdecke deutlich hervor.

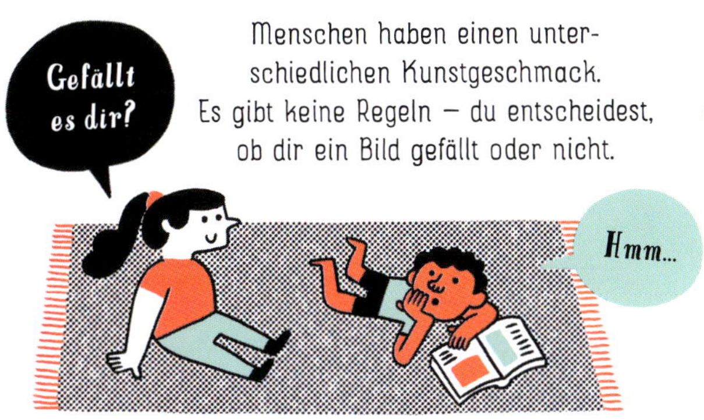

Menschen haben einen unterschiedlichen Kunstgeschmack. Es gibt keine Regeln – du entscheidest, ob dir ein Bild gefällt oder nicht.

Eines der Gebäude ist rosa, es sieht wie eine Synagoge aus. Vielleicht hat der Künstler seine Frau dort geheiratet?

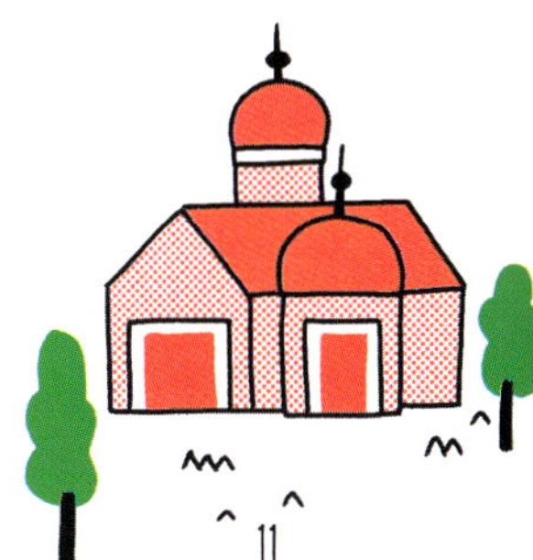

WIE ENTSTEHEN BILDER?

In diesem Buch sind viele verschiedene Gemälde abgebildet. Hier stellen wir einige der Techniken vor, die dabei verwendet wurden.

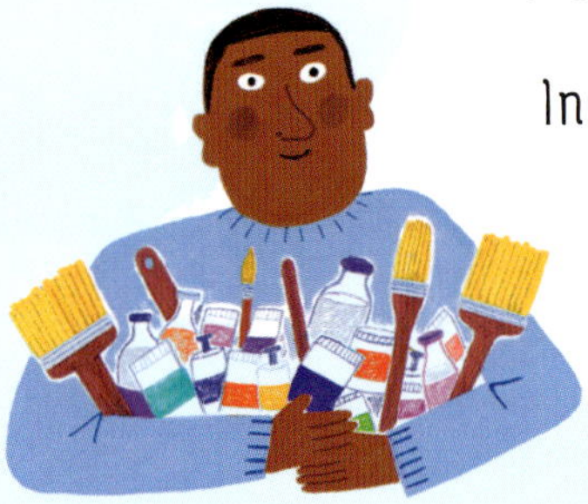

Heutzutage kann man Farben problemlos kaufen. Früher mussten sie per Hand hergestellt werden. Es war ein aufwendiges Verfahren.

Man zermahlte Steine, Pflanzen und andere Substanzen, um farbige Pulver herzustellen, sogenannte PIGMENTE.

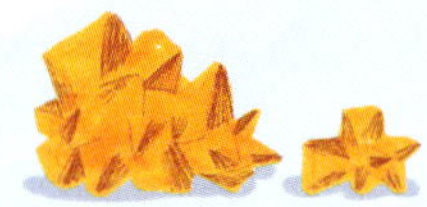

Aus dem Mineral Operment wurde Gelb hergestellt.

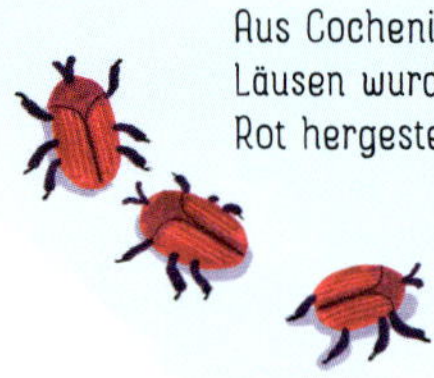

Aus Cochenille-Läusen wurde Rot hergestellt.

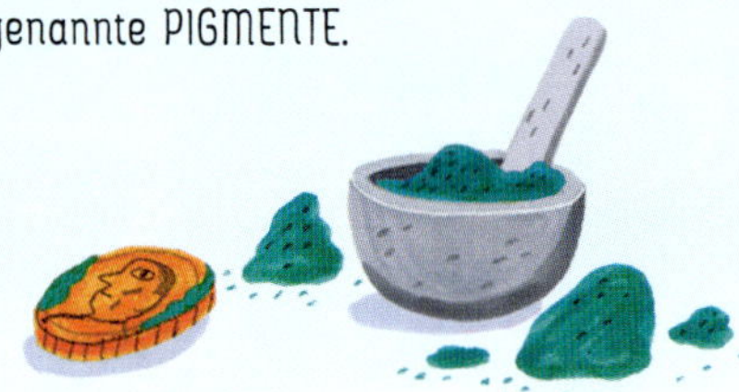

Aus Grünspan, der aus einer Reaktion von Kupfer mit Essigsäure entsteht, wurde Grün.

Trockene Pigmente wurden mit einem BINDEMITTEL wie Ei oder Öl vermischt, sodass eine zähe Paste entstand.

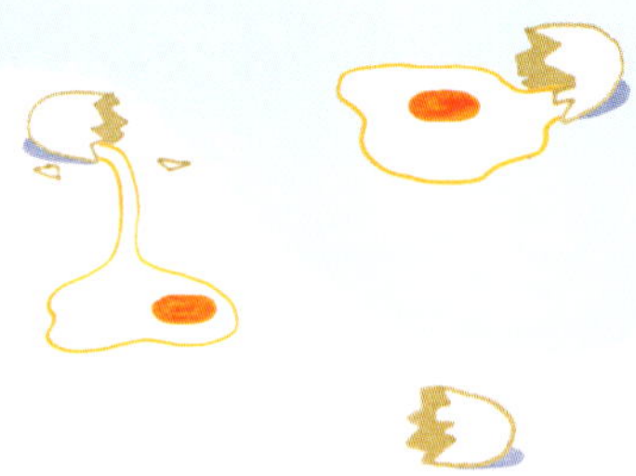

FRESKOFARBEN wurden für Wandgemälde verwendet. Man vermischte die Pigmente mit Kalkwasser und trug sie direkt auf den feuchten Verputz auf, sodass sie sich beim Trocknen damit verbanden.

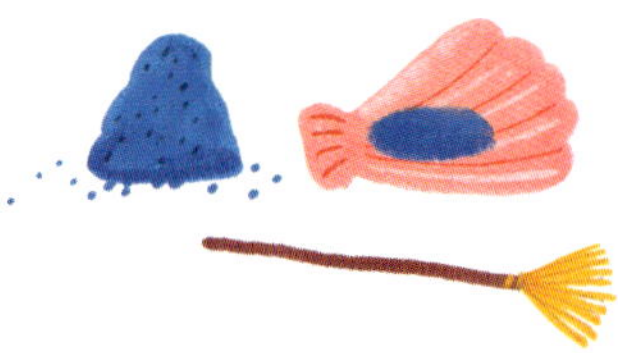

Die Freskotechnik wird seit der Antike verwendet und ist sehr haltbar. Das Fresko rechts wurde vor fast 2000 Jahren gemalt.

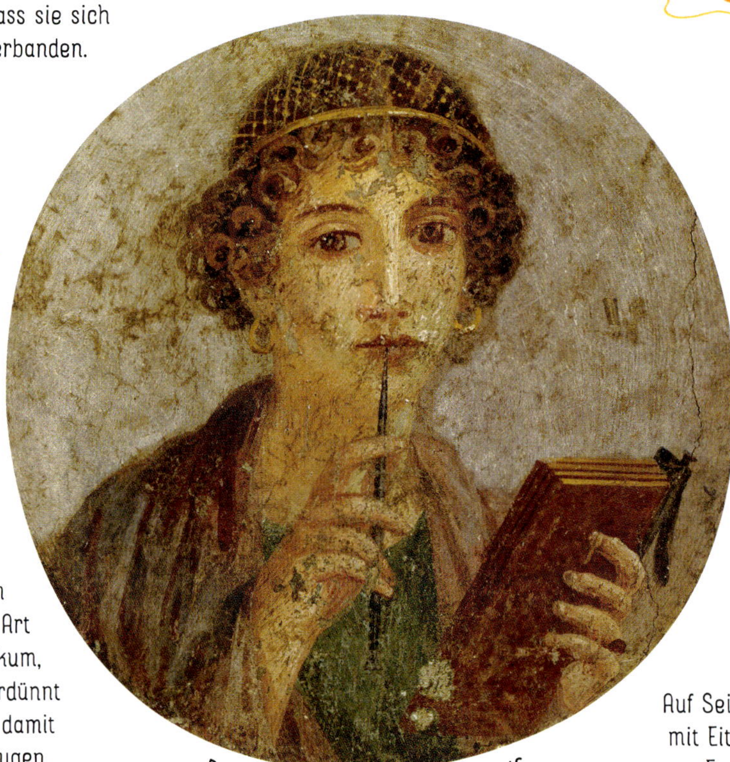

PORTRÄT EINES JUNGEN MÄDCHENS
Unbekannter römischer Künstler, um 55–79 n. Chr.

Um auf Holzplatten zu malen, verwendete man **EITEMPERAFARBEN**. Dafür wurden Pigmente mit etwas Wasser und Eigelb vermischt, wodurch leuchtende Farben entstanden. Die Farben mussten kurz vor der Verarbeitung hergestellt werden, da sie sehr schnell verdarben.

WASSERFARBEN bestehen aus Pigmenten, die mit einer Art Baumsaft, dem Gummiarabikum, vermischt werden. Man verdünnt sie mit Wasser und kann damit transparente Farben erzeugen.

Auf Seite 14 siehst du ein Gemälde mit Eitemperafarben. Zwei dieser Farben waren sehr teuer.

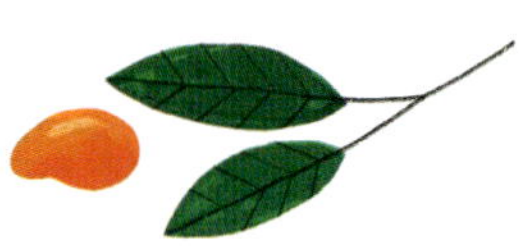

ÖLFARBEN wurden vor ungefähr 600 Jahren erfunden. Um sie herzustellen, mischt man Pigmente mit Öl, wodurch Farben entstehen, die sehr langsam trocknen. Damit können eindrucksvolle Effekte erzeugt und Szenen gemalt werden, die viel echter wirken als mit anderen Farben. Zu der Zeit, als dieses Porträt hier entstand, verwendeten die meisten Künstlerinnen Ölfarben.

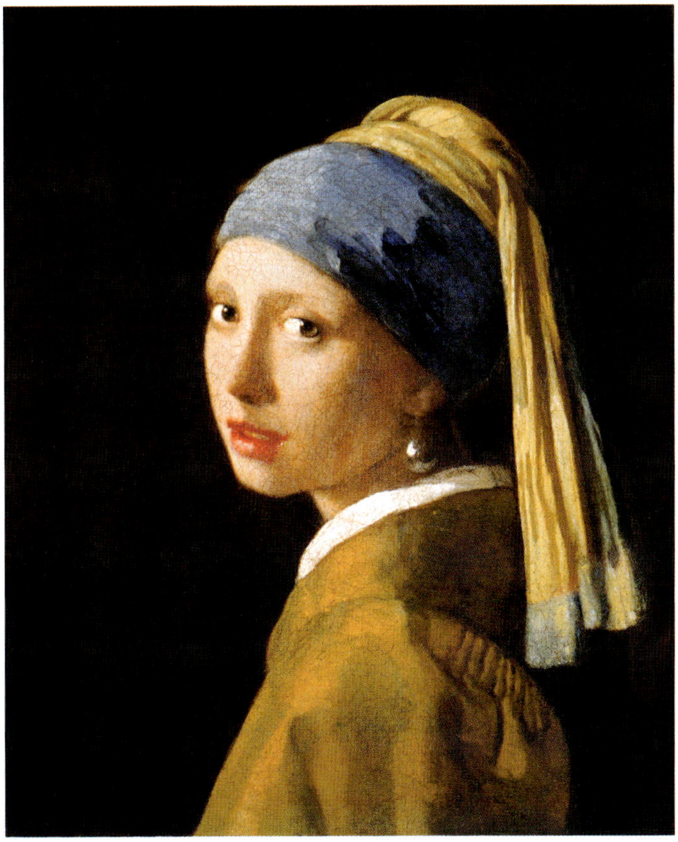

DAS MÄDCHEN MIT DEM PERLENOHRRING
Jan Vermeer, um 1665

SO MALT MAN EIN ÖLGEMÄLDE:

1
Eine Leinwand oder Holzplatte wird mit einer Mischung aus Leim und Kalk beschichtet. Diese Grundierung ergibt eine gute Maloberfläche.

2
Manche Künstler zeichnen ihr Bild detailgenau auf die Leinwand, bevor sie anfangen zu malen.

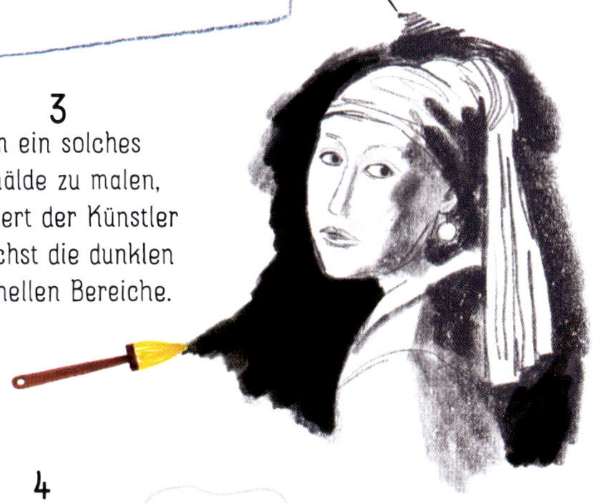

3
Um ein solches Gemälde zu malen, markiert der Künstler zunächst die dunklen und hellen Bereiche.

4
Dann trägt er in dünnen Schichten die Farbe auf.

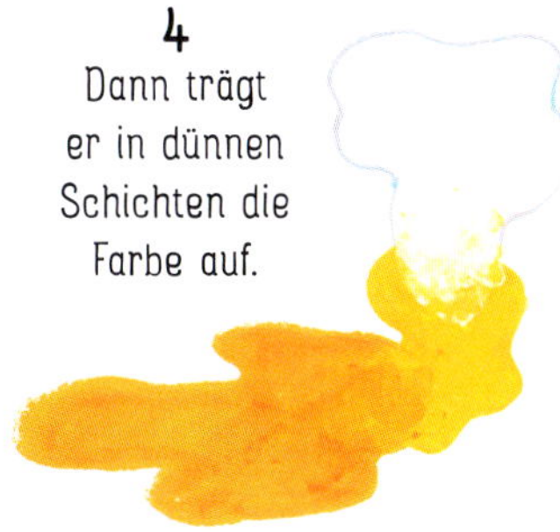

5
Es kann Jahre dauern, bis ein Ölgemälde vollständig getrocknet ist. Dann streichen manche Künstler eine Lackschicht darüber, um die Oberfläche zu schützen.

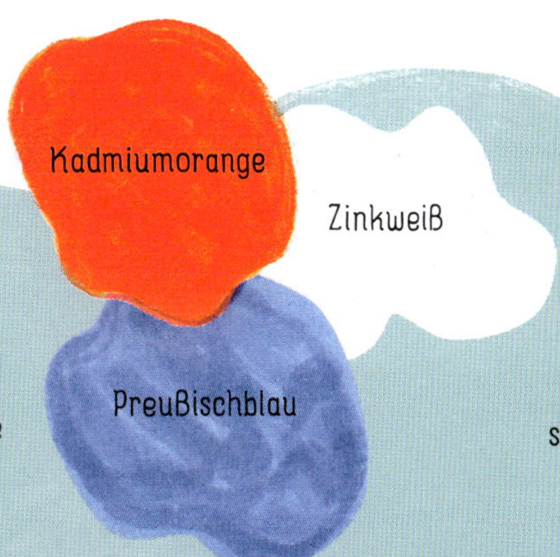

FARBEN ZU VERKAUFEN!

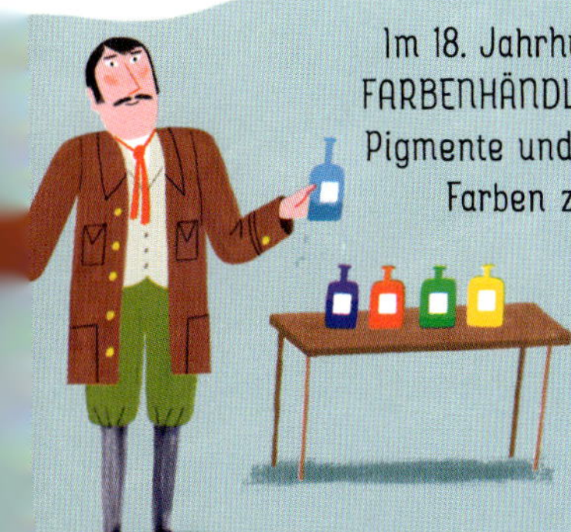

Im 18. Jahrhundert begannen FARBENHÄNDLER, vorgemahlene Pigmente und gebrauchsfertige Farben zu verkaufen.

Es standen nun mehr Farben zur Verfügung, da neue, synthetische Pigmente entdeckt wurden. Die waren oft leuchtender und preiswerter und man konnte buntere Bilder damit malen.

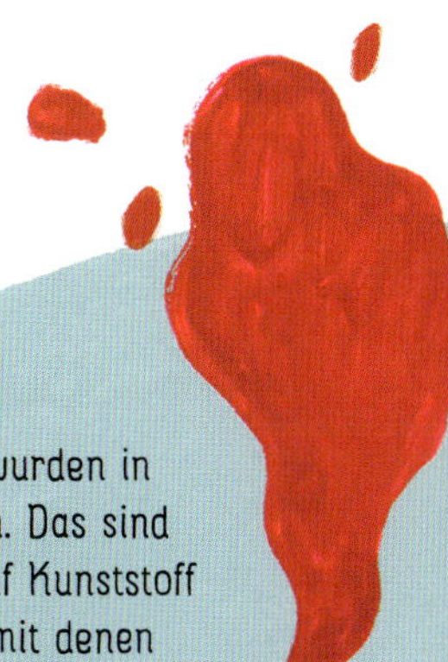

ACRYLFARBEN wurden in den 1940ern erfunden. Das sind schnell trocknende, auf Kunststoff basierende Farben, mit denen man ähnliche Effekte erzeugen kann wie mit Ölfarben.

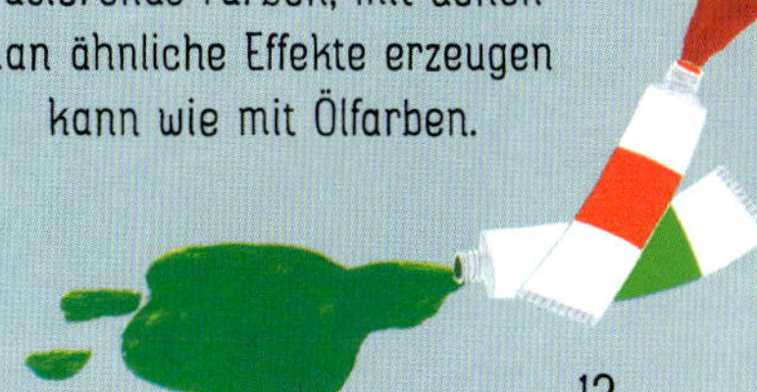

KÖNIGLICHE PRACHT

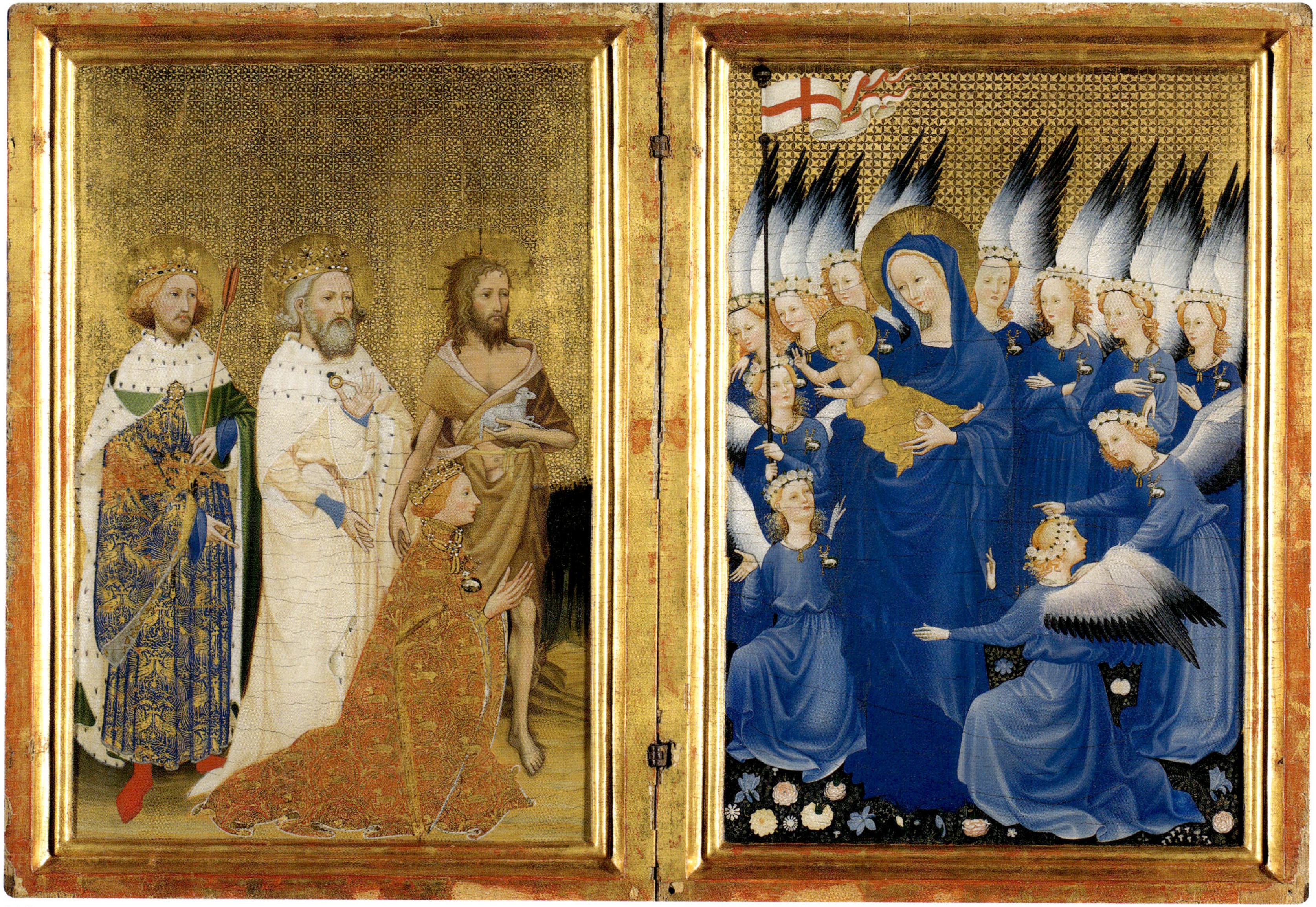

DAS WILTON-DIPTYCHON
Unbekannter englischer oder französischer Künstler, um 1395–1399

Ein **DIPTYCHON** ist ein zweiteiliges Tafelbild. In der Mitte sind die Tafeln mit Scharnieren verbunden, damit das Bild zum Transport zugeklappt

Manche Kunstwerke wurden absichtlich mit teuren Materialien hergestellt. Das sollte zeigen, wie reich die Besitzerin oder der Besitzer war oder wie sehr das Kunstwerk geschätzt wurde.

Dieses 600 Jahre alte Gemälde zeigt den englischen König Richard II., der vor Maria, dem Jesuskind und einer Engelschar kniet. Wahrscheinlich wurde es für König Richard angefertigt, damit er davor beten konnte. Teure Materialien wie Gold stellen Richards Wohlstand zur Schau, sodass das Bild eines Königs würdig ist. Es enthält viele Details, die den Eindruck erwecken, dass Gott auf Richards Seite ist.

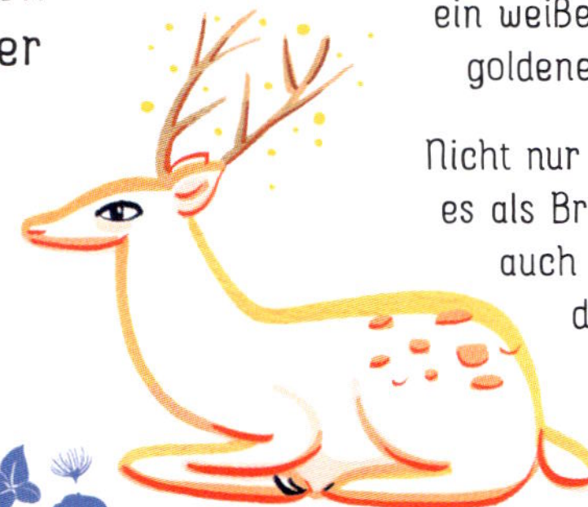

Richards Emblem war ein weißer Hirsch mit goldenem Geweih.

Nicht nur der König trägt es als Brosche, sondern auch die Engel. Das deutet darauf hin, dass sie ihn unterstützen.

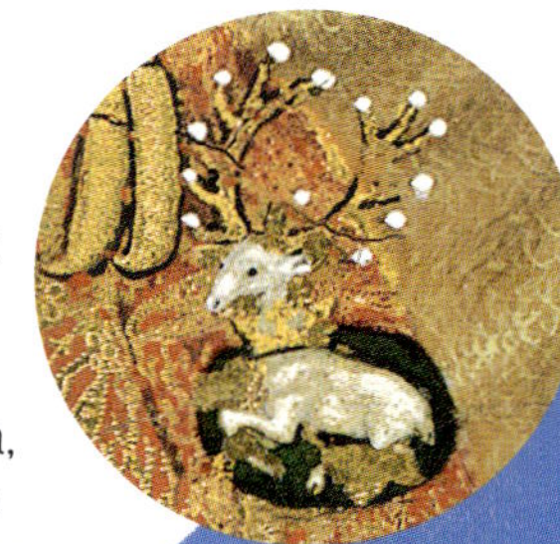

Hinter Richard stehen drei Heilige. Sie haben einen Heiligenschein und halten ihre Symbole in der Hand.

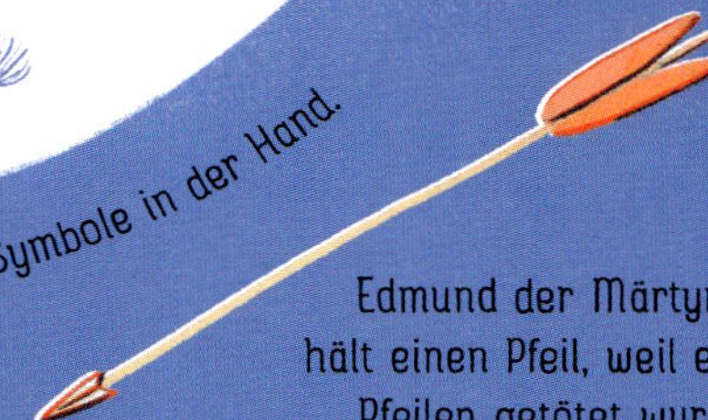

Edmund der Märtyrer hält einen Pfeil, weil er von Pfeilen getötet wurde.

Das Jesuskind streckt Richard seine Arme entgegen, als würde es ihn segnen.

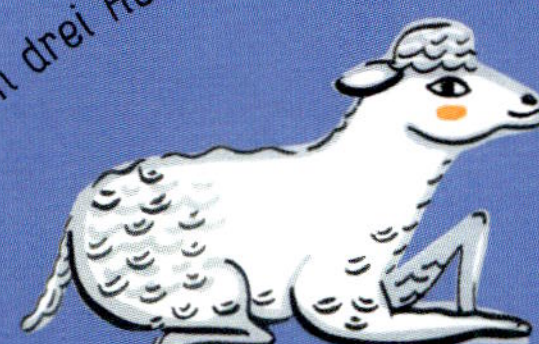

Johannes der Täufer trägt ein Lamm, weil er Jesus das Lamm Gottes nannte.

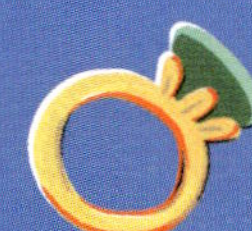

Eduard der Bekenner hat einen Ring.

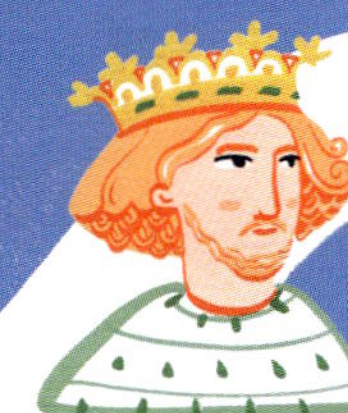

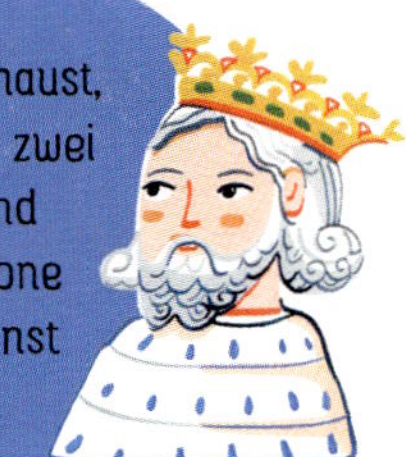

Wenn du genau hinschaust, kannst du sehen, dass zwei der Heiligen (Edmund und Eduard) eine Krone tragen. Sie waren einst englische Könige.

Der glänzende goldene Hintergrund ist aus hauchdünnem echtem Blattgold.

Für das Bild wurde sehr viel Blau verwendet.

Als das Gemälde entstand, war dieses Blau teurer als Gold.

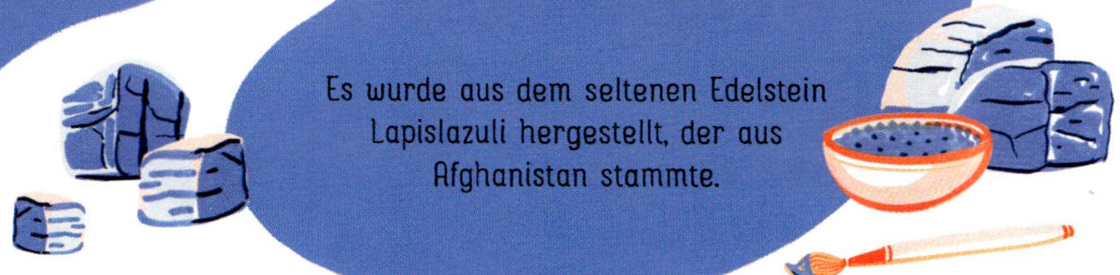

Es wurde aus dem seltenen Edelstein Lapislazuli hergestellt, der aus Afghanistan stammte.

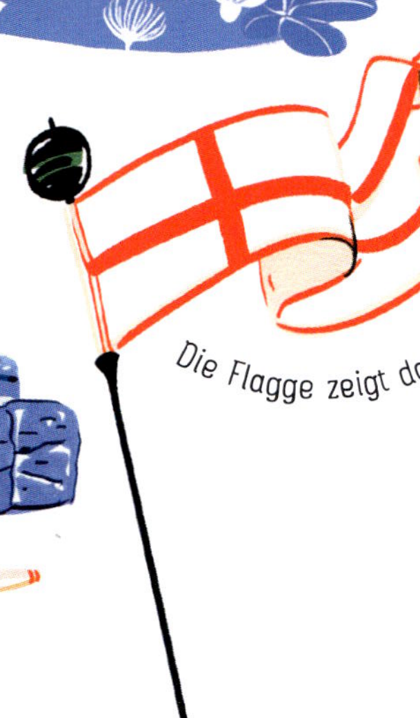

Die Flagge zeigt das Kreuz des heiligen Georg, des Schutzpatrons von England.

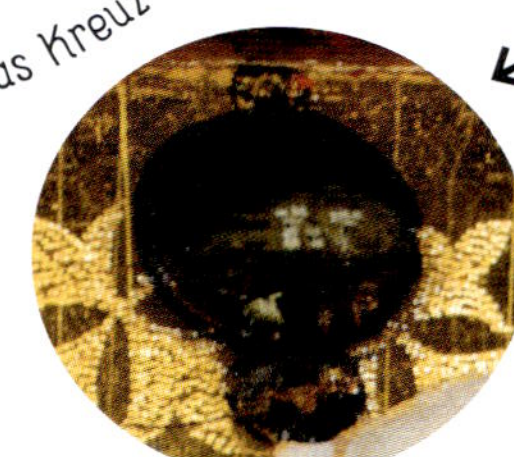

Auf der Kugel am Ende der Fahnenstange ist eine kleine Insel mit einem weißen Turm abgebildet. Man kann sie fast nicht erkennen. Sie soll England repräsentieren.

WER IST EIN KÜNSTLER?

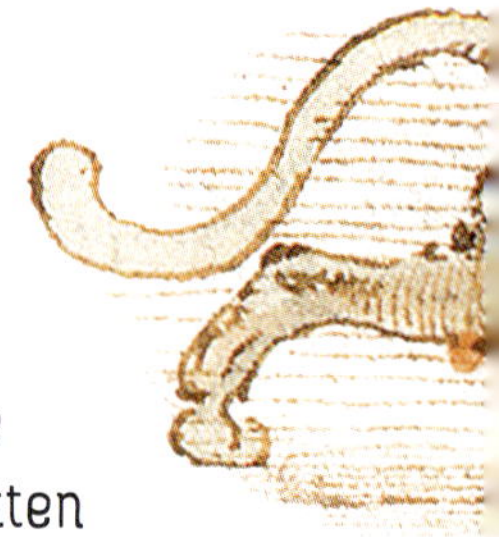

Heutzutage denkt man für gewöhnlich, dass Künstlerinnen und Künstler extrem kreativ sind und viele neue Ideen haben, die sie auf ihre eigene Weise umsetzen – aber das war nicht immer so.

In der Vergangenheit galten Künstler vor allem als geschickte Handwerker. Sie stellten Auftragswerke für reiche Kundinnen her und arbeiteten oft in Werkstätten zusammen. So wurde ein Gemälde wie *Tobias und der Engel* (unten) zum Beispiel von mehreren Personen und nicht nur von einem einzigen Künstler geschaffen.

Die wichtigsten Details wurden vom Meister der Werkstatt gemalt.

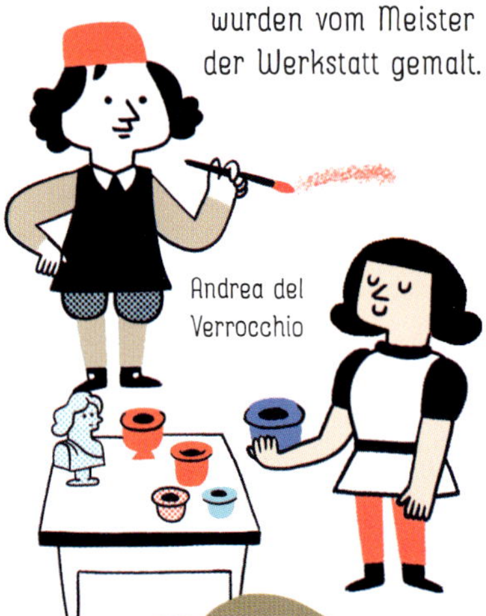

Einfachere Teile wie der Hintergrund wurden von Gesellen und Schülern übernommen.

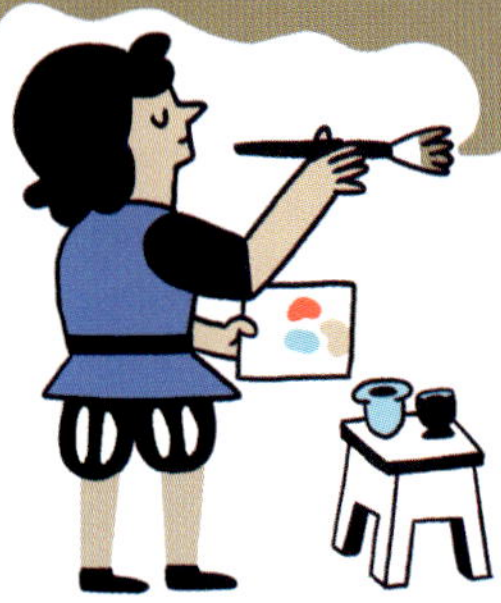

Tobias und der Engel haben ähnliche linke Hände. Werkstätten verwendeten oft Zeichnungen zum Kopieren. Die Hände wurden wahrscheinlich von der gleichen Vorlage kopiert.

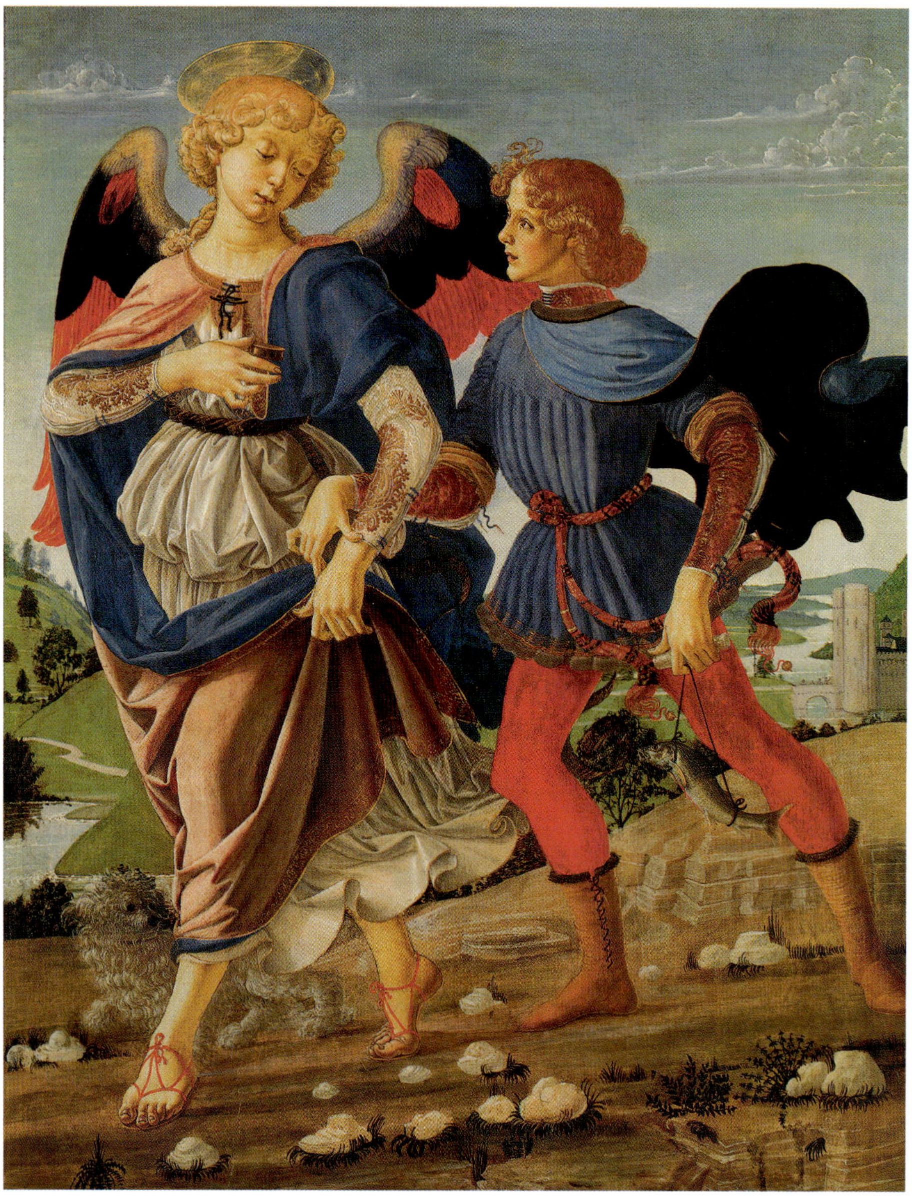

TOBIAS UND DER ENGEL
Werkstatt von Andrea del Verrocchio, um 1470–1475

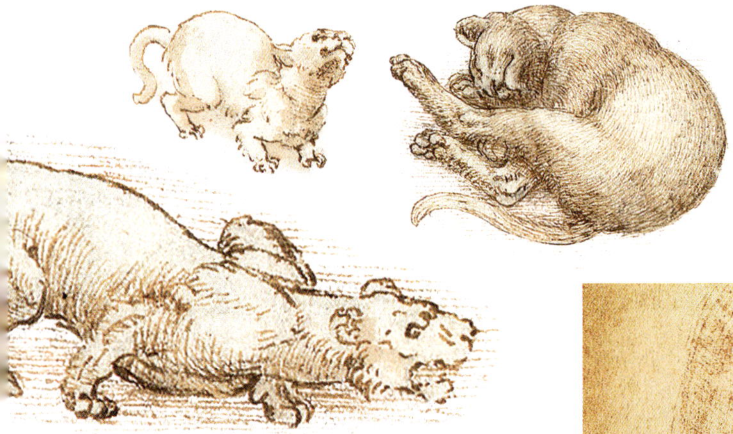

Einer der ersten Künstler, der zu Berühmtheit gelangte, war Leonardo da Vinci. Viele mächtige Monarchen beauftragten ihn, Gemälde und Skulpturen für sie zu erschaffen – obwohl er diese nicht immer fertigstellte. Seine Zeichnungen wurden sehr bewundert.

Der Stellenwert einer Künstlerin oder eines Künstlers begann sich vor etwa 500 Jahren zu ändern. Kunst wurde immer mehr als schöpferischer Akt eines Genies angesehen. Menschen sahen Künstlerinnen allmählich so, wie wir es heute tun.

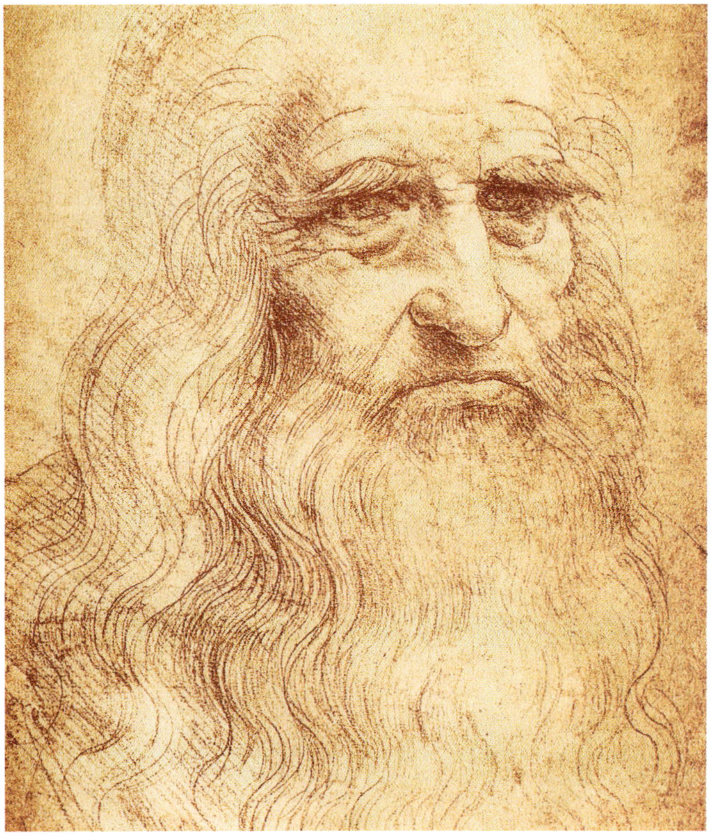

SELBSTPORTRÄT (Ausschnitt)
Leonardo da Vinci, um 1512

Leonardo zeichnete, was ihm gefiel. Die Tiere auf dieser Seite stammen alle von einem seiner Skizzenblätter.

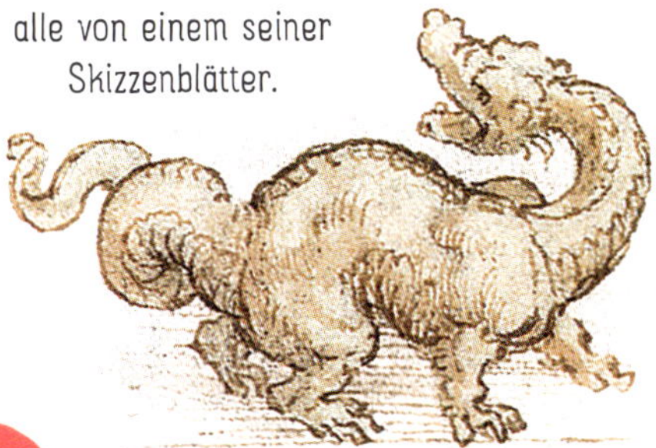

Heute neigen Künstler dazu, etwas zu schaffen, um es später zu verkaufen. Wenn eine Künstlerin berühmt ist, erhöht es den Wert des Kunstwerks enorm. Aber nicht alles ist anders geworden. Viele Künstler haben immer noch Assistenten, die ihnen bei großen Kunstwerken oder bei Drucktechniken helfen.

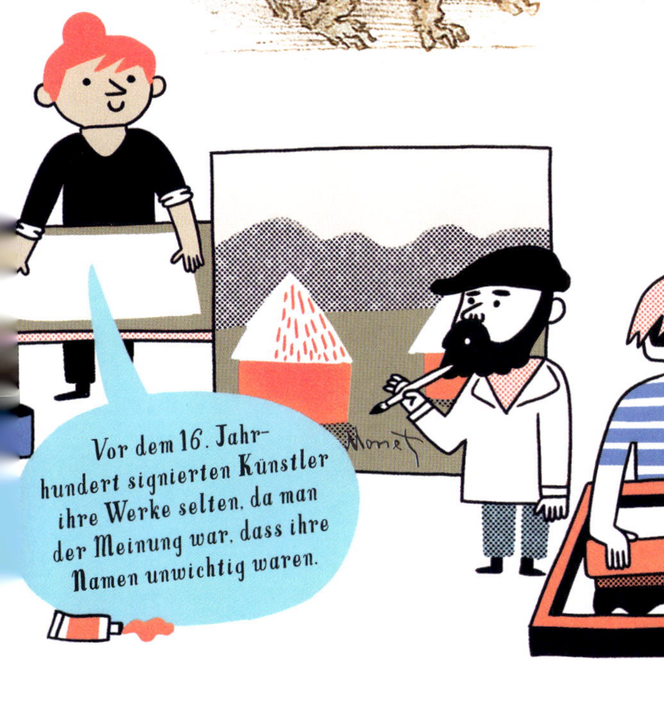

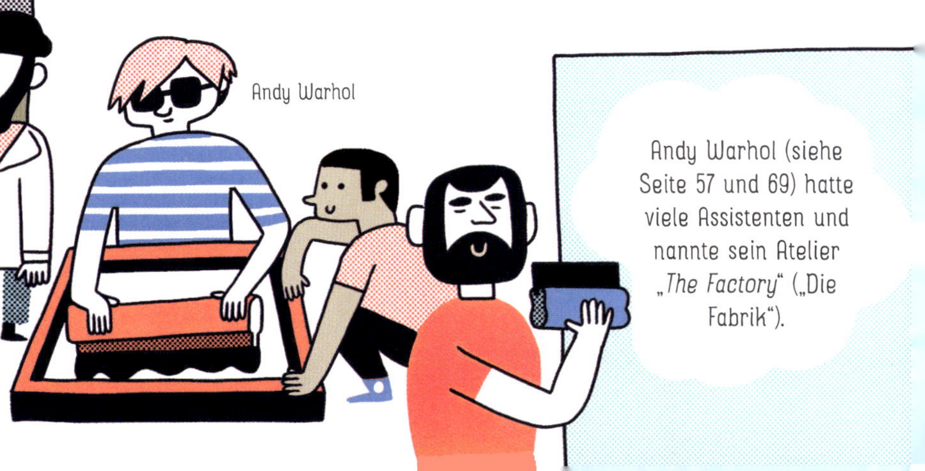

WIE ENTSTEHEN 3D-BILDER?

Seit der Antike haben Künstlerinnen und Künstler versucht, Bilder zu schaffen, die realistisch und dreidimensional (3D) aussehen – als würde man durch einen Rahmen auf eine echte Szene blicken. Es ist kompliziert, diesen Effekt zu erzeugen. Daher wirken alte Bilder manchmal etwas merkwürdig.

Vor etwa 600 Jahren entwickelte der Architekt Filippo Brunelleschi einige Gestaltungsprinzipien, die den Künstlern dabei halfen, Szenen lebensecht darzustellen. Er erfand das Prinzip der Zentralperspektive: Alles wird von einem Standpunkt aus gezeigt, den die Betrachterin einnimmt.

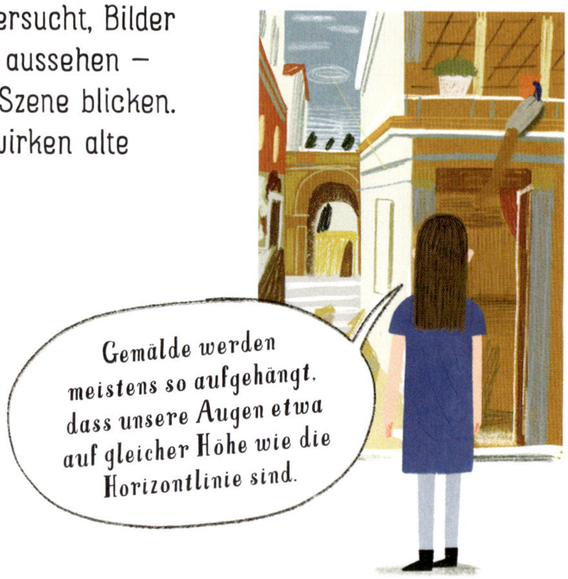

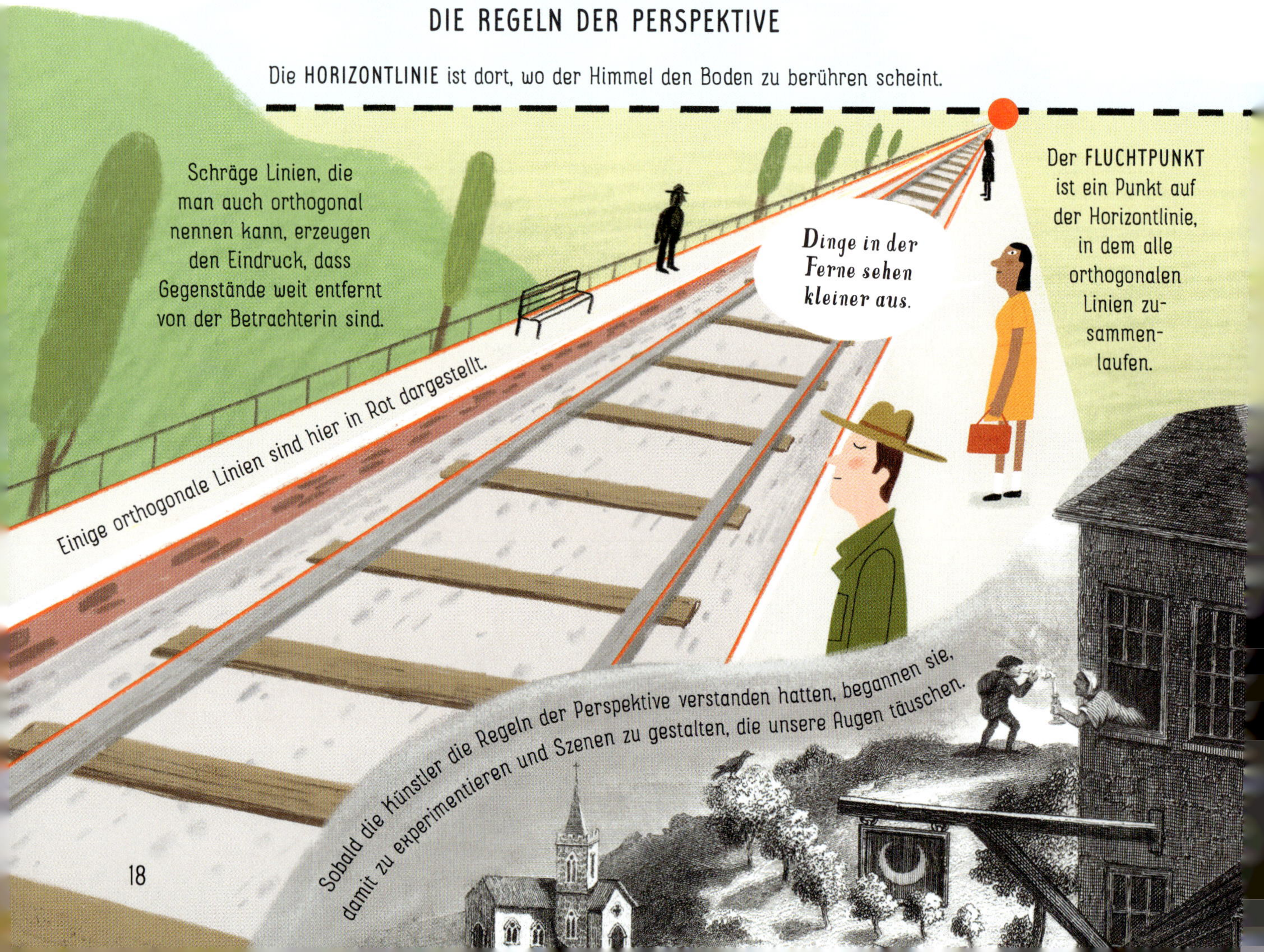

Dieses Bild hier veranschaulicht Brunelleschis Regeln.

ORTHOGONALE LINIE

Die Fliesen und Ziegelsteine folgen alle der Fluchtlinie.

HORIZONTLINIE

Alle orthogonalen Linien laufen in einem roten Hut zusammen.

ORTHOGONALE LINIE

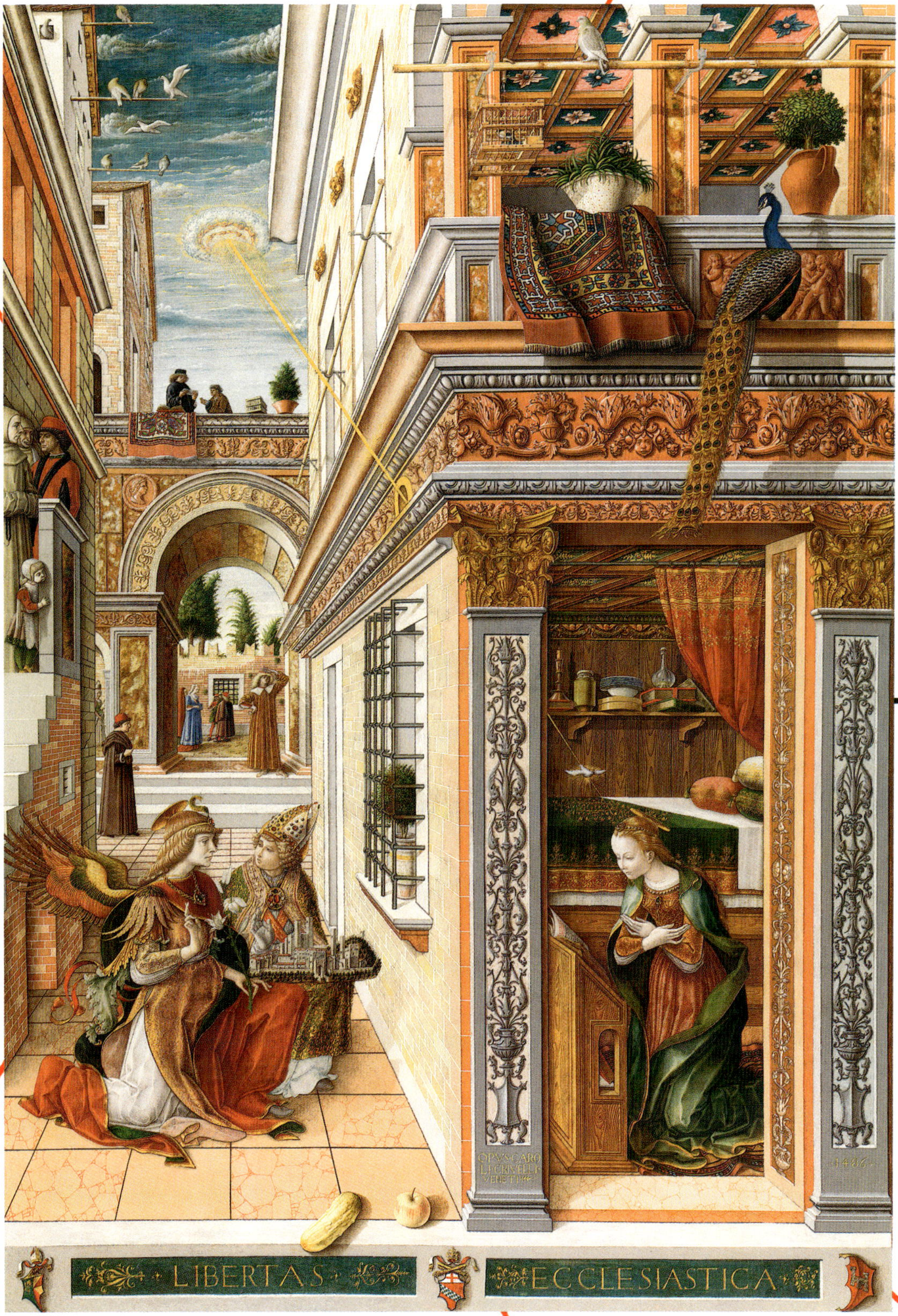

MARIA VERKÜNDIGUNG MIT DEM EMYGDIUS VON ASCOLI PICENO
Carlo Crivelli, 1486

Die Verkündigung ist das Ereignis in der Bibel, als der Engel Gabriel zu Maria sagt, dass sie ein Kind mit dem Namen Jesus bekommen wird.

SCHATTEN UND LICHT

Um Bilder wirklich dreidimensional zu zeichnen, reicht es nicht, nur die Regeln der Perspektive anzuwenden. Künstlerinnen müssen auch Schatten und Glanzlichter hinzufügen, die natürliche Lichteffekte imitieren.

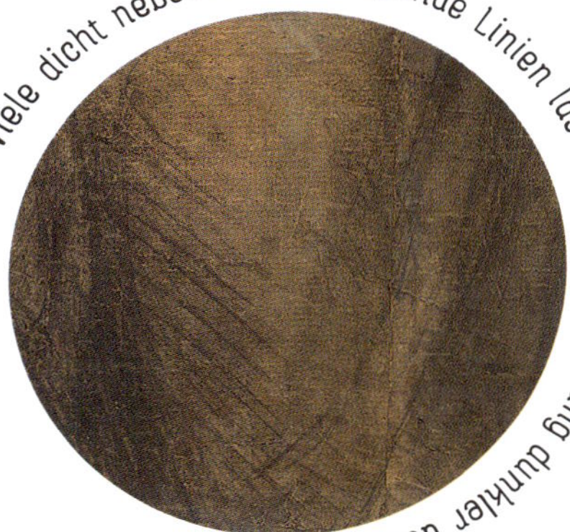

Viele dicht nebeneinanderliegende Linien lassen die Schattierung dunkler aussehen.

Auf der unvollendeten Skizze rechts sieht man, wie solche Schattierungen wirken. Schraffierte Flächen erscheinen gewölbt und freie Stellen ganz flach, wie zum Beispiel die erhobene Hand über dem Kind.

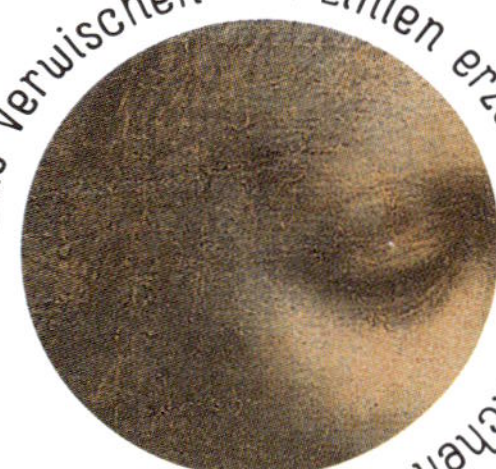

Das Verwischen von Linien erzeugt einen weichen Effekt.

Starke Licht- und Schatteneffekte lassen das Bild dramatischer wirken und ziehen die Aufmerksamkeit des Betrachters auf sich, wie in der Bibel-Szene hier unten.

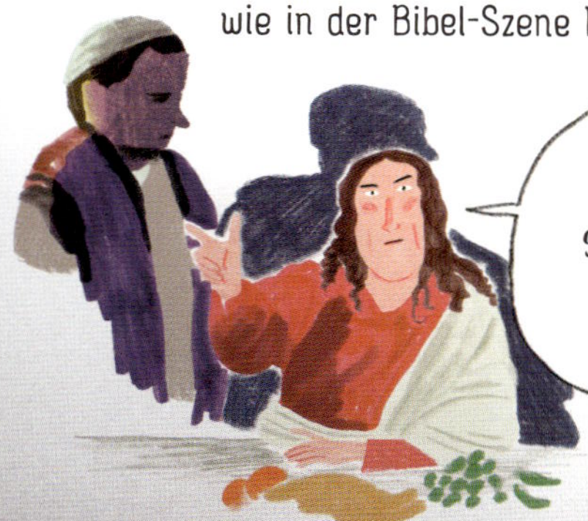

Der Künstler gestaltete den Schatten der Obstschale in der Form eines Fisches – ein frühes christliches Symbol.

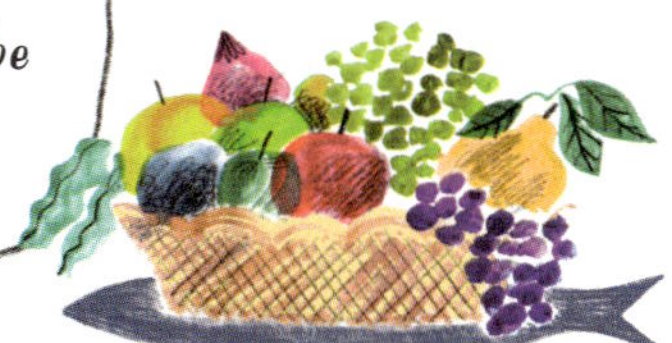

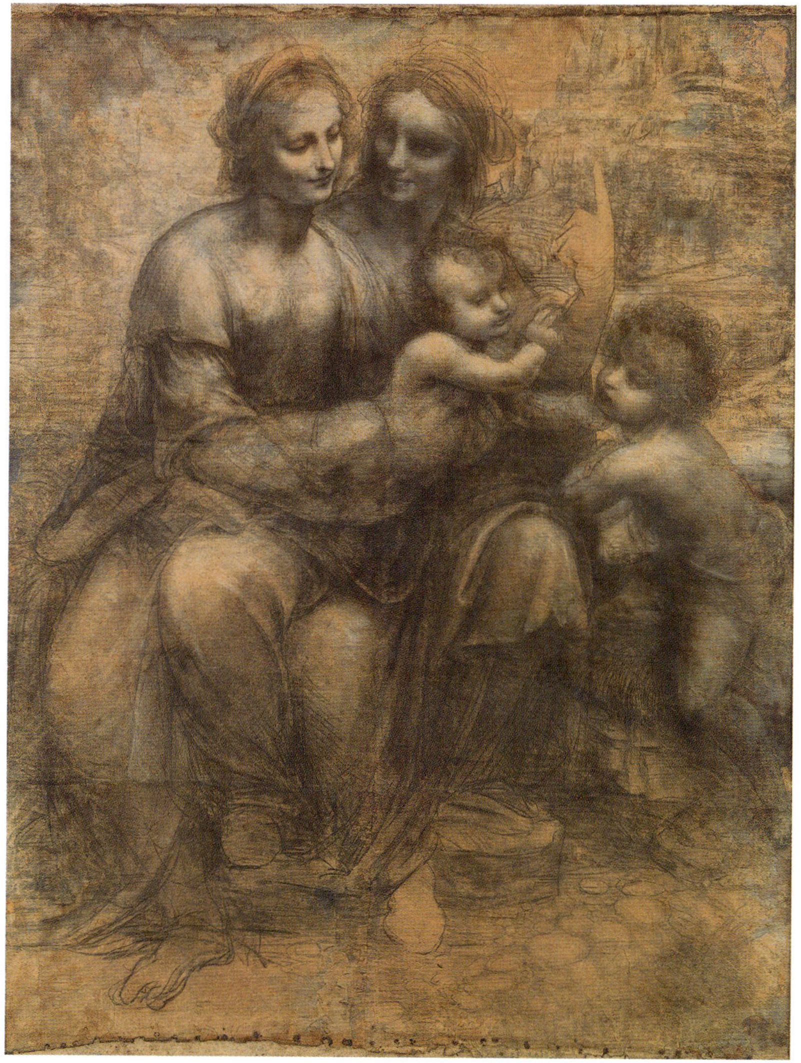

JUNGFRAU UND KIND MIT DER HL. ANNA UND JOHANNES DEM TÄUFER
Leonardo da Vinci, um 1499–1500

Der Künstler verwendete schwarze Kohle für die Schatten und weiße Kreide für die Lichteffekte.

An einigen Stellen scheint das Braun des Papiers wie ein Übergangston durch.

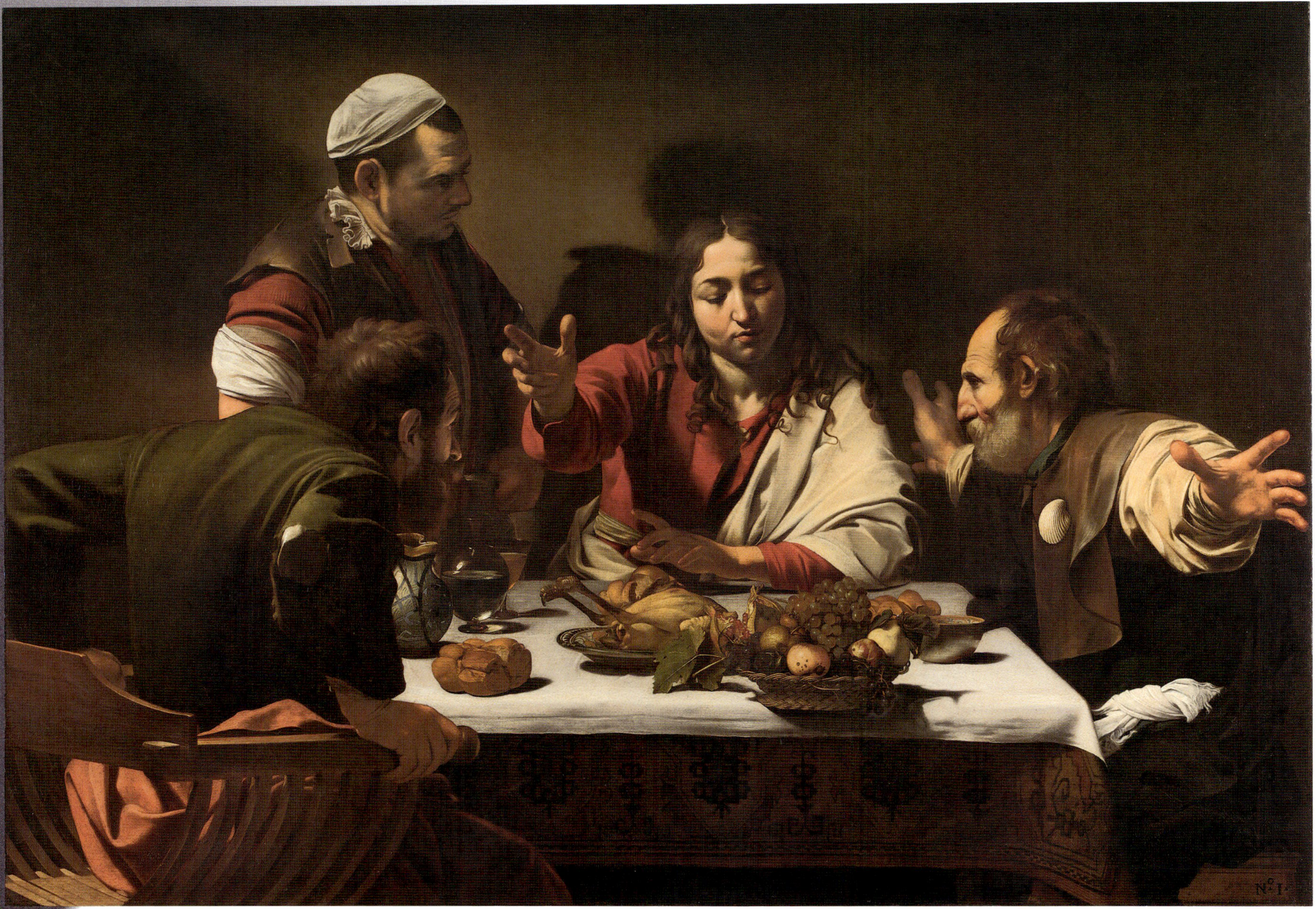

DAS ABENDMAHL IN EMMAUS
Michelangelo Merisi da Caravaggio, 1601

Die Verwendung starker Hell-Dunkel-Kontraste wie in diesem Gemälde nennt man **CHIAROSCURO**, italienisch für „hell-dunkel".

WIE IST EIN BILD AUFGEBAUT?

Wie die verschiedenen Teile eines Bildes angeordnet sind und wie sie zusammenwirken, wird als KOMPOSITION bezeichnet. Durch die Komposition eines Bildes betrachten wir es auf eine bestimmte Weise, denn sie lenkt unsere Aufmerksamkeit auf wichtige Elemente und kann sogar beeinflussen, ob uns ein Gemälde gefällt.

Der Aufbau vieler Bilder basiert auf Formen und Linien, obwohl wir diese für gewöhnlich nicht sehen.

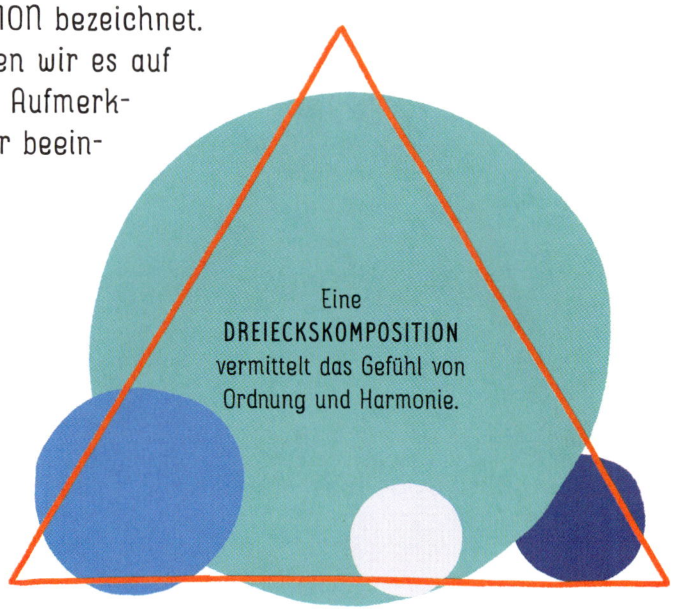

Die Komposition rechts wirkt sehr **AUSGEGLICHEN** – die Elemente auf beiden Seiten sind fast spiegelbildlich.

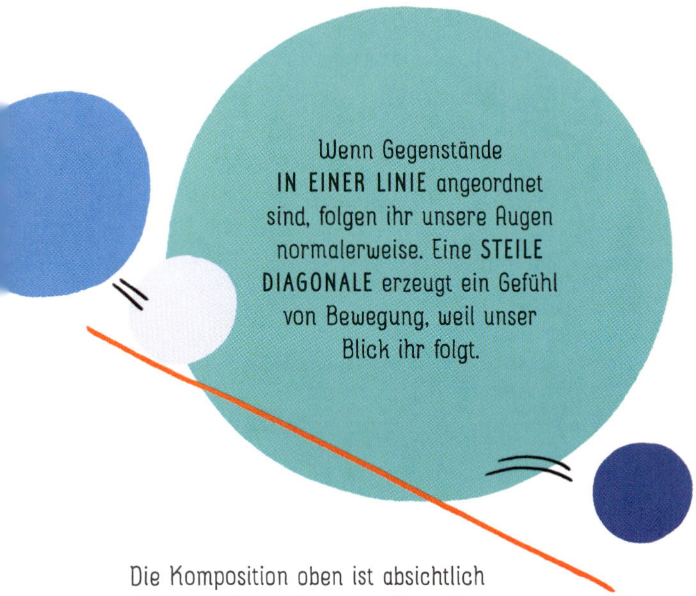

Die Komposition oben ist absichtlich **UNAUSGEGLICHEN** – es gibt mehr Elemente im oberen als im unteren Bereich. Dadurch entsteht ein dramatischer Effekt oder der Eindruck, dass sich bald etwas ändern wird.

Manche Kompositionen wirken ungeordnet ...

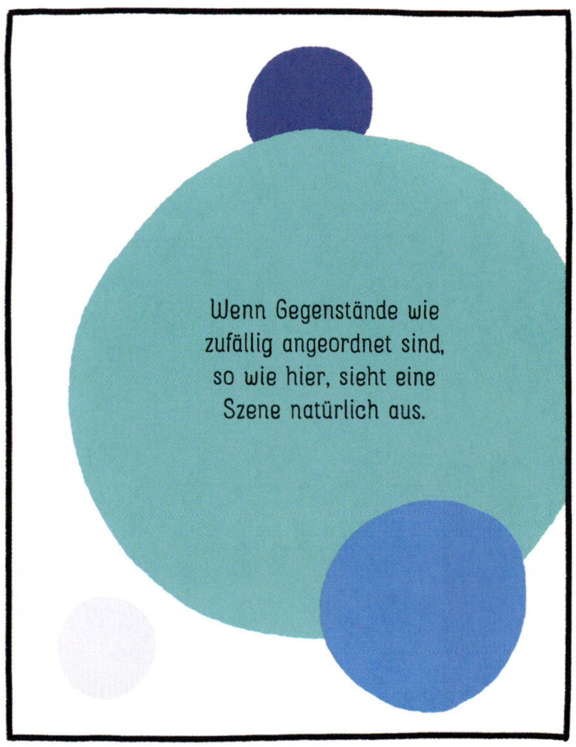

Auf Seite 75 findest du ein Beispiel einer natürlich wirkenden Szene.

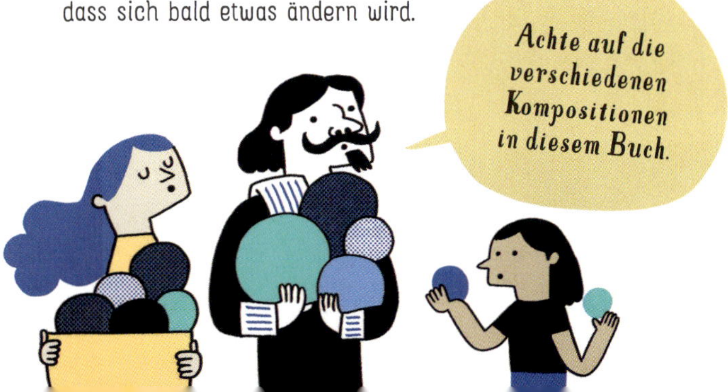

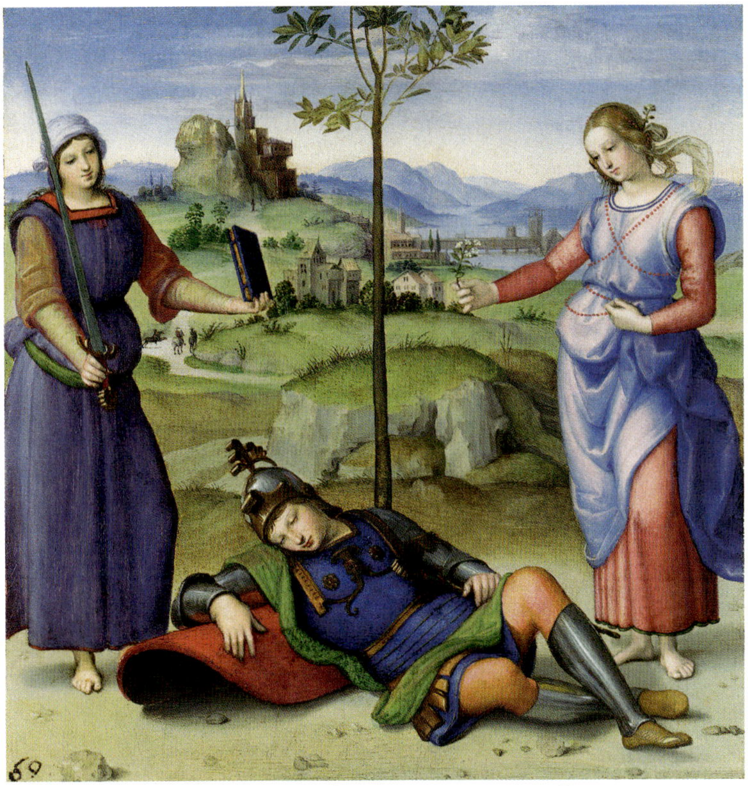

EINE ALLEGORIE („VISION EINES RITTERS")
Raffael, um 1504

Dieses Gemälde basiert auf einer genau ausgewogenen Dreieckskomposition. Es stellt die Wahl zwischen der Tugend (dargestellt durch die Frau links) und dem Vergnügen dar (die Frau rechts).

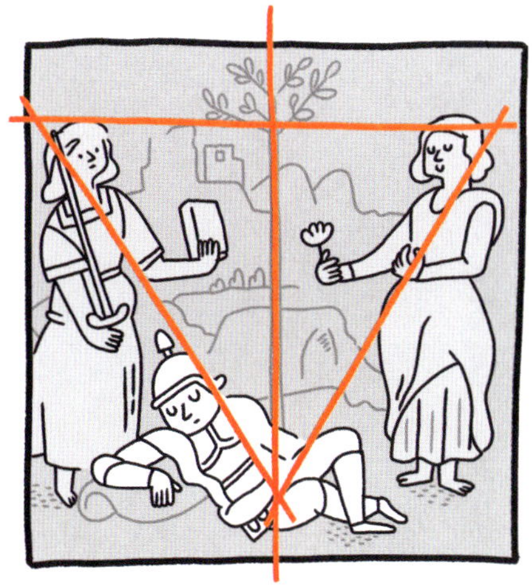

Ein Baum unterteilt die Szene und lenkt unseren Blick zu dem Ritter auf dem Boden, der die Wahl trifft.

Eine unausgeglichene Komposition verstärkt den dramatischen Effekt in diesem Gemälde hier. Es zeigt Samson, einen Helden aus der Bibel, der von seinen Feinden gefangen genommen wird.

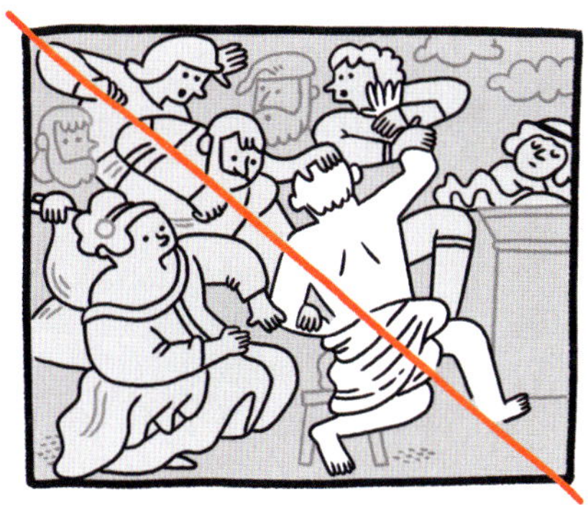

Eine Diagonale lenkt unseren Blick auf den Helden, der zu entkommen versucht. Fast alle anderen Figuren befinden sich auf der linken Seite. Dadurch wird der Eindruck verstärkt, dass seine Feinde sich auf ihn stürzen.

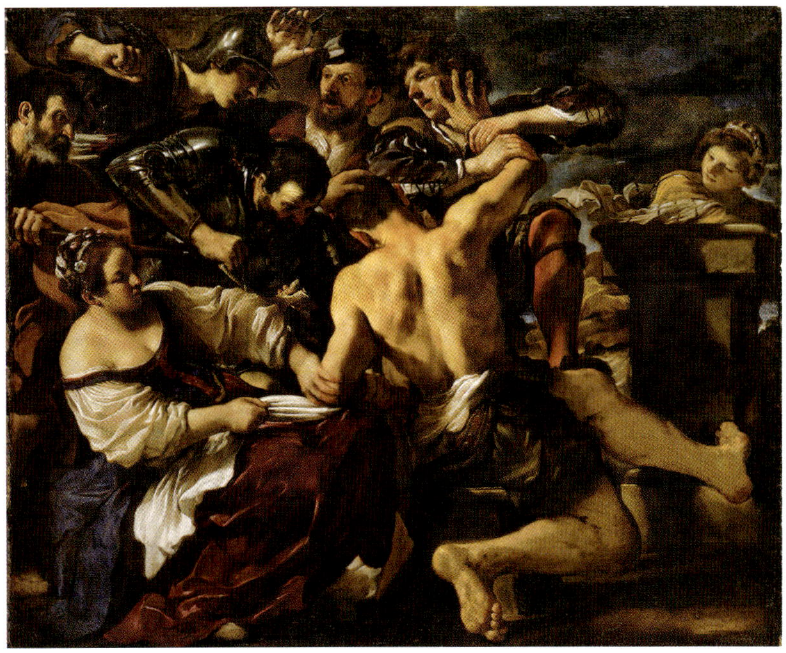

SAMSON VON DEN PHILISTERN ERGRIFFEN
Giovanni Francesco Barbieri, genannt Guercino, 1619

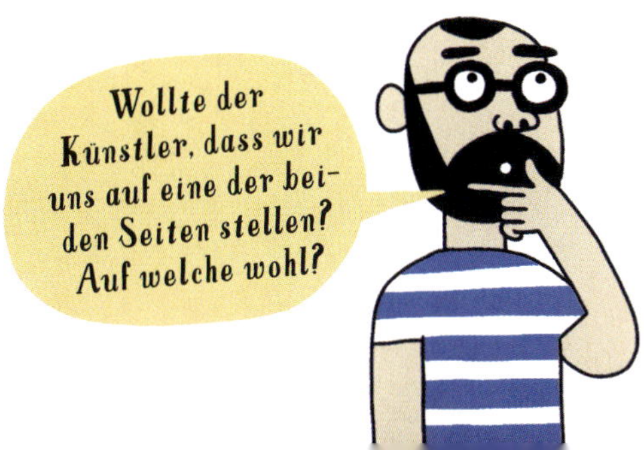

VERSCHIEDENE BLICKWINKEL

Künstler können für die Szenen auf ihren Bildern unterschiedliche Blickwinkel wählen. Dadurch können sie beeinflussen, wie die Betrachterin das Bild erlebt.

HOHER BLICKWINKEL

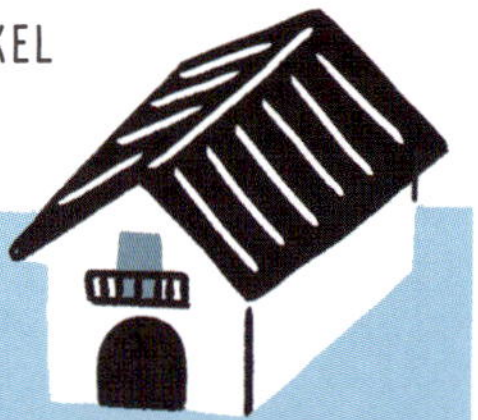

Ein hoher Blickwinkel bewirkt, dass die Betrachterin denkt, sie schaue von oben auf die Szene.

AUGENHÖHE

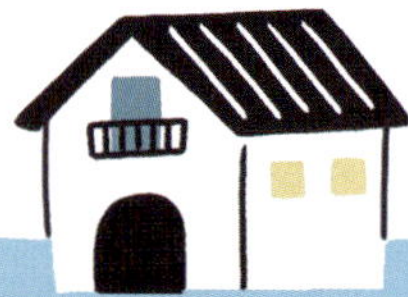

Aus der Augenhöhe scheinen Gegenstände näher an der Betrachterin zu sein.

Ein niedriger Blickwinkel bewirkt, dass die Betrachterin meint, sie würde nach oben schauen. Der Himmel wird dadurch hervorgehoben.

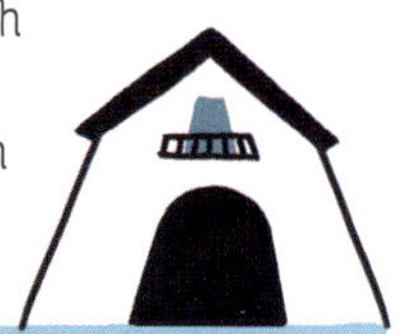

NIEDRIGER BLICKWINKEL

Dieses Bild zeigt eine Ansicht von Middelharnis in Südholland in den Niederlanden. Der Künstler hat sie so genau gemalt, dass man den Ort auch heute noch erkennen würde, wenn man dort wäre.

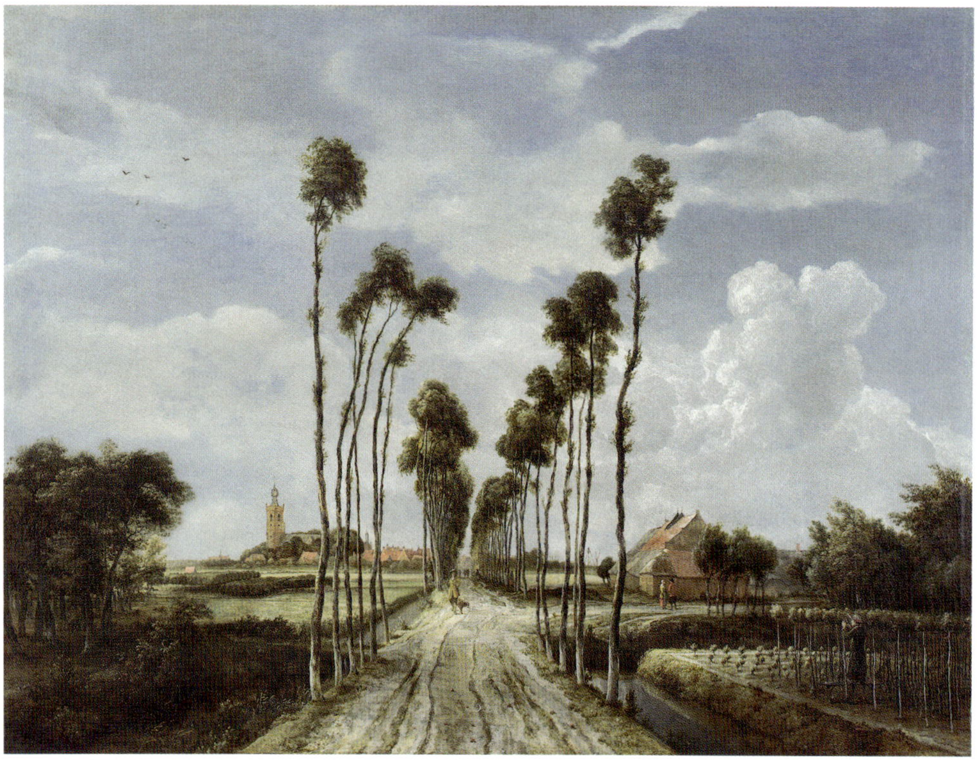

ALLEE VON MIDDELHARNIS
Meindert Hobbema, 1689

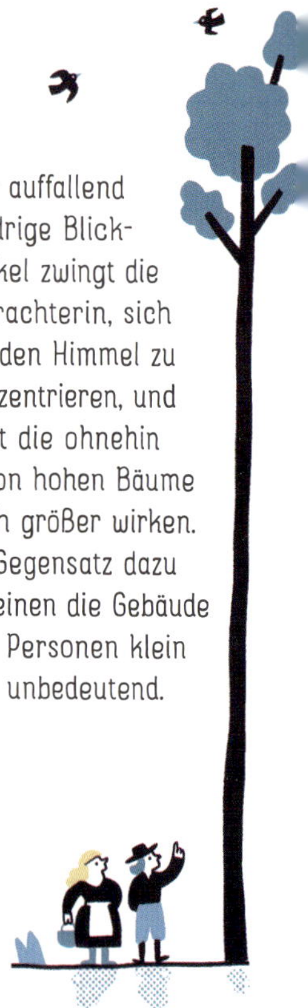

Der auffallend niedrige Blickwinkel zwingt die Betrachterin, sich auf den Himmel zu konzentrieren, und lässt die ohnehin schon hohen Bäume noch größer wirken. Im Gegensatz dazu scheinen die Gebäude und Personen klein und unbedeutend.

Viele niederländische Maler betonten den Himmel, weil das Land in den Niederlanden so flach und ohne besondere Merkmale war.

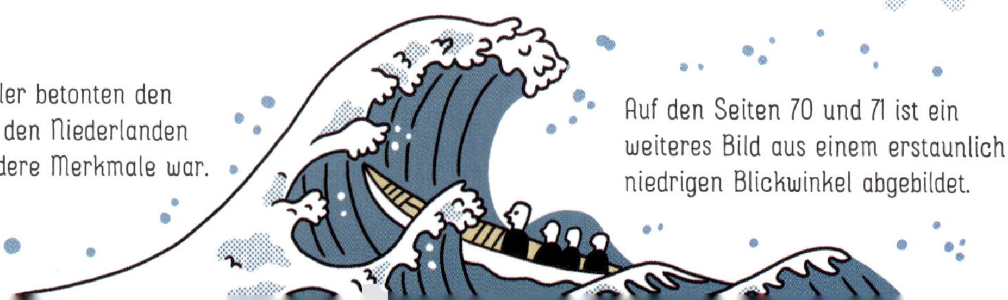

Auf den Seiten 70 und 71 ist ein weiteres Bild aus einem erstaunlich niedrigen Blickwinkel abgebildet.

Dieses Bild wirkt durch den höheren Blickwinkel wie eine schöne Postkarte. Zu sehen ist ein Bootsrennen in Venedig (Italien) mit den dazugehörigen Festlichkeiten.

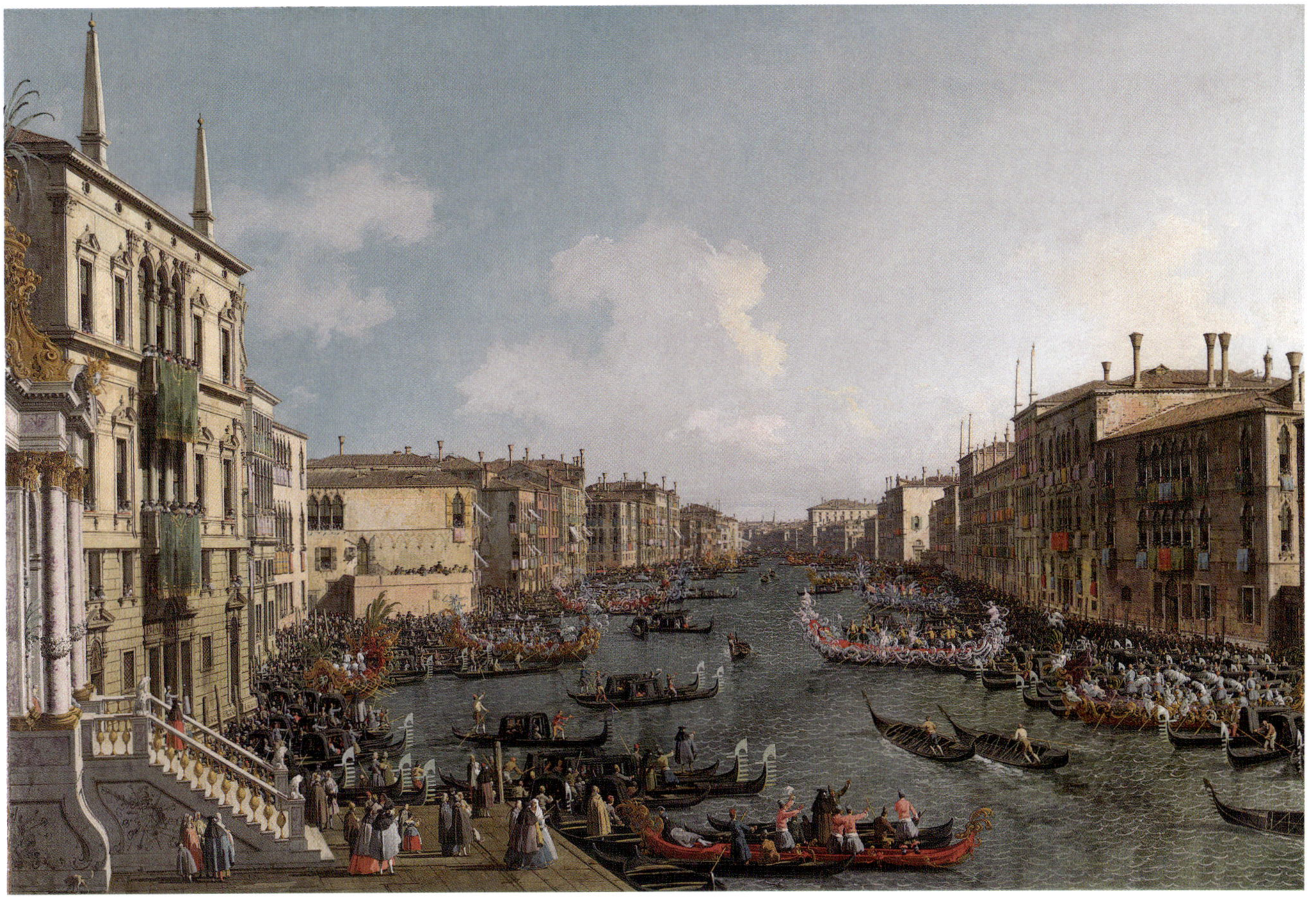

REGATTA AUF DEM CANALE GRANDE
Giovanni Antonio Canal, genannt Canaletto, um 1740

Durch den Blick von oben können wir in die Boote hineinsehen.

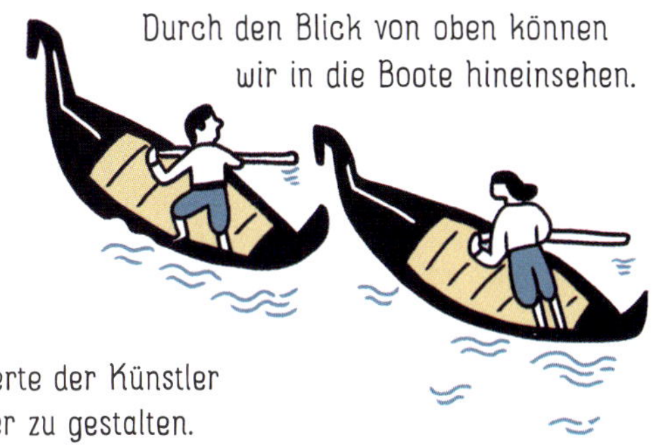

Der Künstler malte solche Szenen für Touristinnen und Touristen, die die Stadt besuchten. Seine Bilder von öffentlichen Festen waren besonders beliebt.

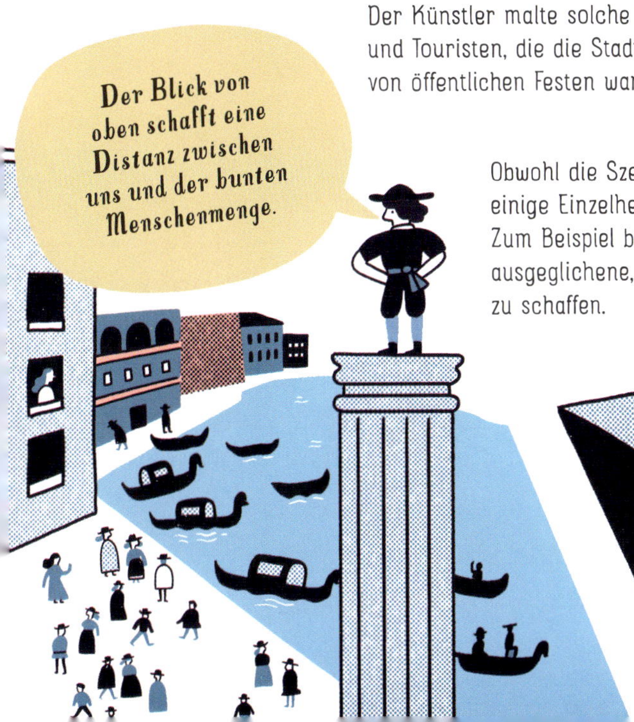

Obwohl die Szene sehr echt aussieht, änderte der Künstler einige Einzelheiten, um sie noch attraktiver zu gestalten. Zum Beispiel begradigte er den Kanalverlauf, um eine ausgeglichene, symmetrische Komposition zu schaffen.

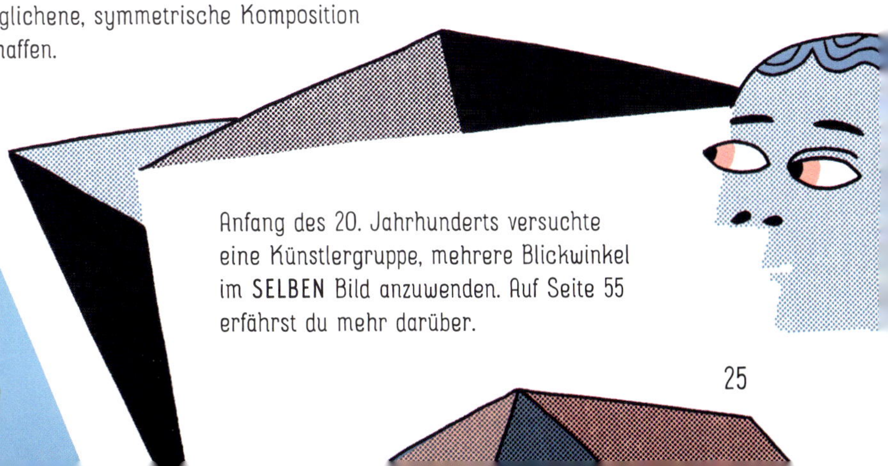

Anfang des 20. Jahrhunderts versuchte eine Künstlergruppe, mehrere Blickwinkel im **SELBEN** Bild anzuwenden. Auf Seite 55 erfährst du mehr darüber.

WIE FERTIGT MAN EINE SKULPTUR AN?

Eine Skulptur kann vieles sein: eine glatte Marmorstatue oder eine Form aus Metall, Beton, Schokolade oder sogar aus irgendwelchen Fundstücken. Eine Skulptur ist ganz allgemein ein dreidimensionales Kunstwerk.

Die meisten Skulpturen werden mit einer dieser VIER Techniken hergestellt: Sie können aus weichem Material wie Ton GEFORMT, aus harten Materialien GEMEISSELT, in eine Form GEGOSSEN oder aus vorhandenen Objekten ZUSAMMENGESETZT werden.

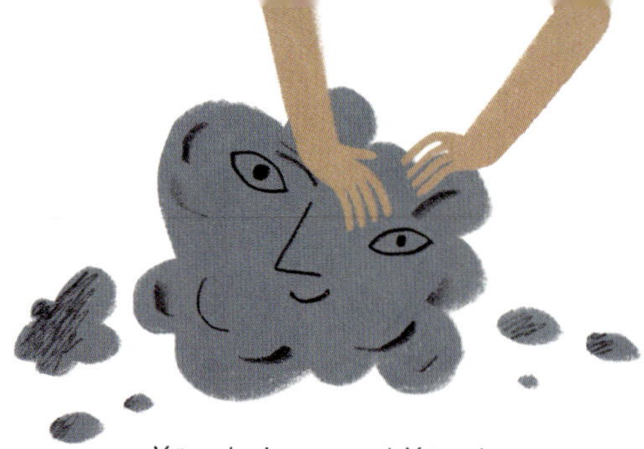

Künstlerinnen und Künstler **FORMEN** schon seit Tausenden von Jahren Skulpturen aus Ton.

Ich trage eine Last auf meinen Schultern wie Atlas aus der griechischen Mythologie, der den Himmel stützte.

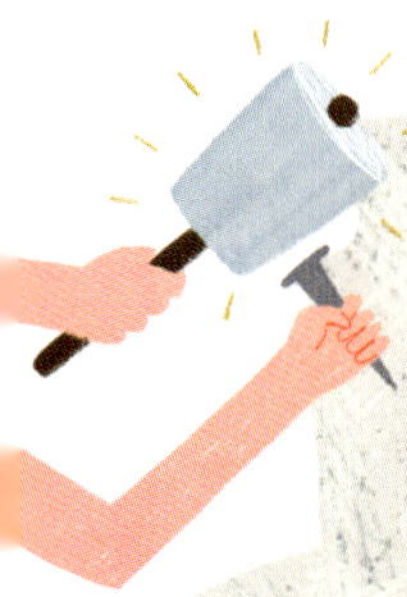

Die Skulptur rechts wurde aus einem Marmorblock **GEMEISSELT**. Da sie nicht vollendet ist, kann man die Meißelspuren sehen, die normalerweise wegpoliert worden wären.

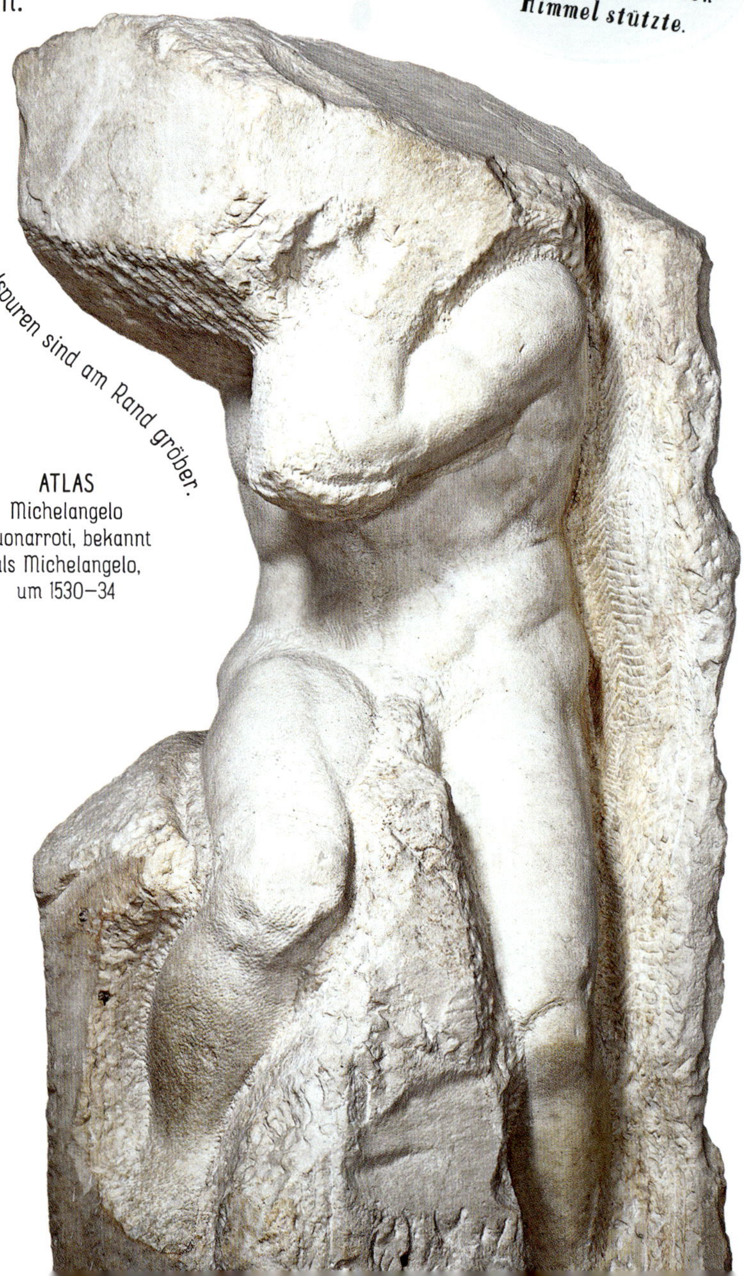

Die Meißelspuren sind am Rand gröber.

ATLAS
Michelangelo Buonarroti, bekannt als Michelangelo, um 1530–34

Zu Beginn des 20. Jahrhunderts begannen Künstlerinnen und Künstler, **ALLTAGSGEGENSTÄNDE ZUSAMMENZUSETZEN** oder einfach Gegenstände als Skulpturen auszustellen.

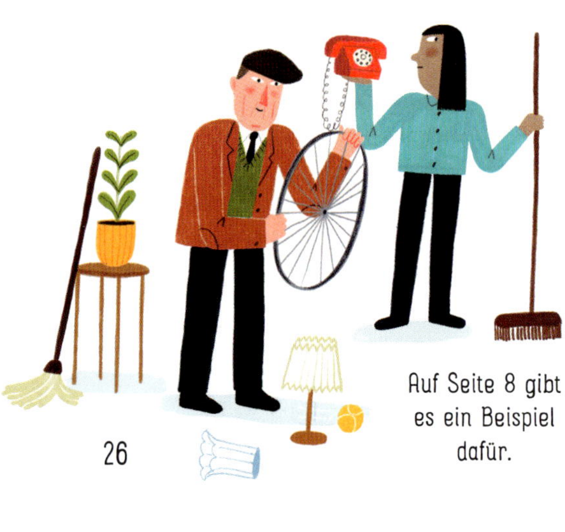

Auf Seite 8 gibt es ein Beispiel dafür.

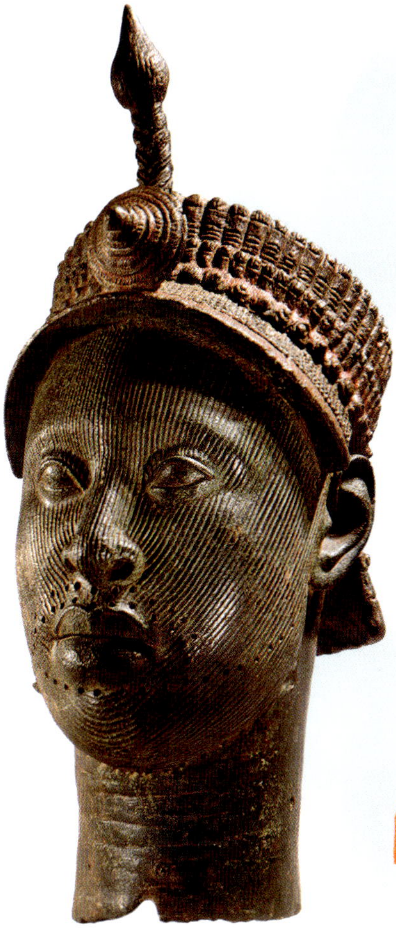

BRONZEKOPF (möglicherweise von König Oni von Ife)
unbekannte afrikanische Künstlerin, 14.–15. Jahrhundert

Die **GUSSTECHNIK** ist ein Verfahren, bei dem meist flüssiges Metall in eine Form gegossen wird. Das Metall wird dann hart. Dieser Bronzekopf wurde mit einer der ältesten Gusstechniken hergestellt: dem Wachsausschmelzverfahren.

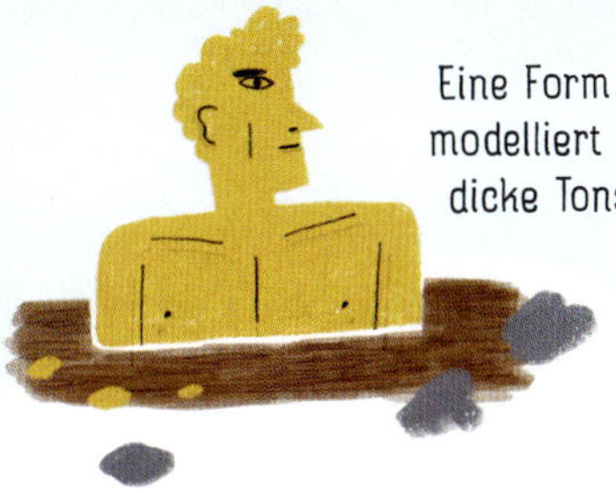

1
Eine Form wird aus Wachs modelliert und dann in eine dicke Tonschicht gepackt.

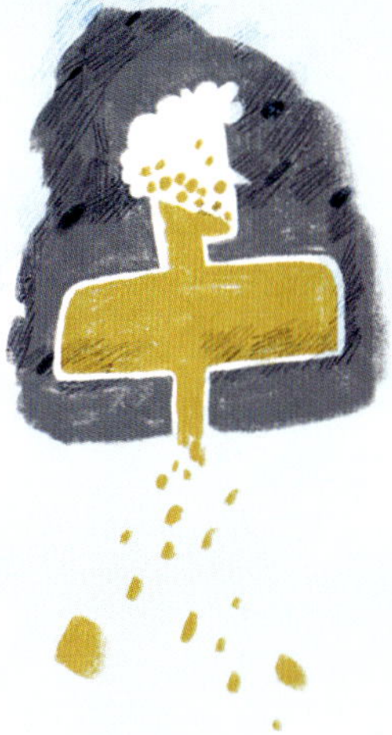

2
Danach wird sie ausgeschmolzen: Das Wachs schmilzt weg und der Ton wird hart.

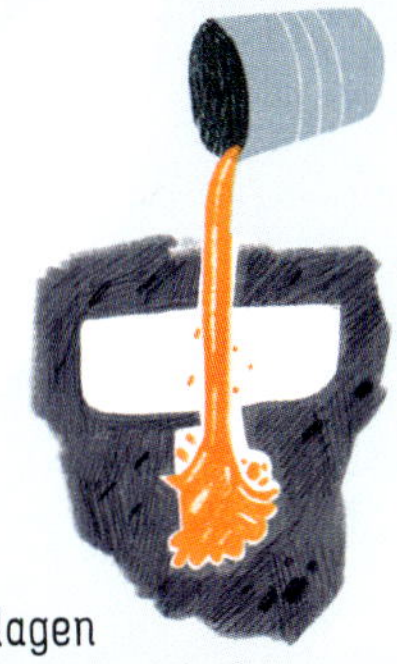

3
Geschmolzenes Metall wird in den Hohlraum gegossen, den das Wachs hinterlassen hat. Das Metall kühlt ab und erstarrt.

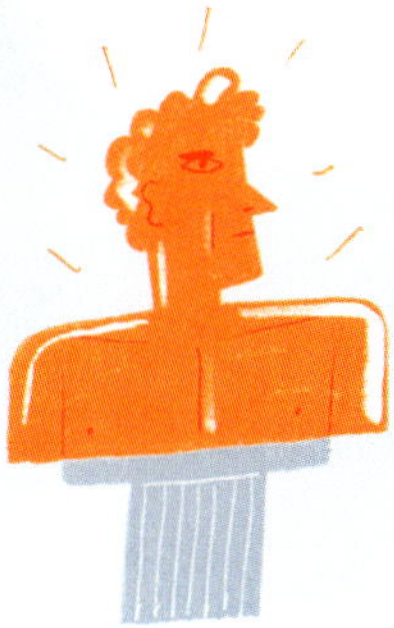

4
Der Ton wird zerschlagen und der Metallguss wird entnommen und poliert.

Die englische Künstlerin Rachel Whiteread verwendet traditionelle Gusstechniken, um Skulpturen vom Inneren von Alltagsdingen herzustellen. Für eine ihrer Arbeiten wählte sie ein Haus als Gussform.

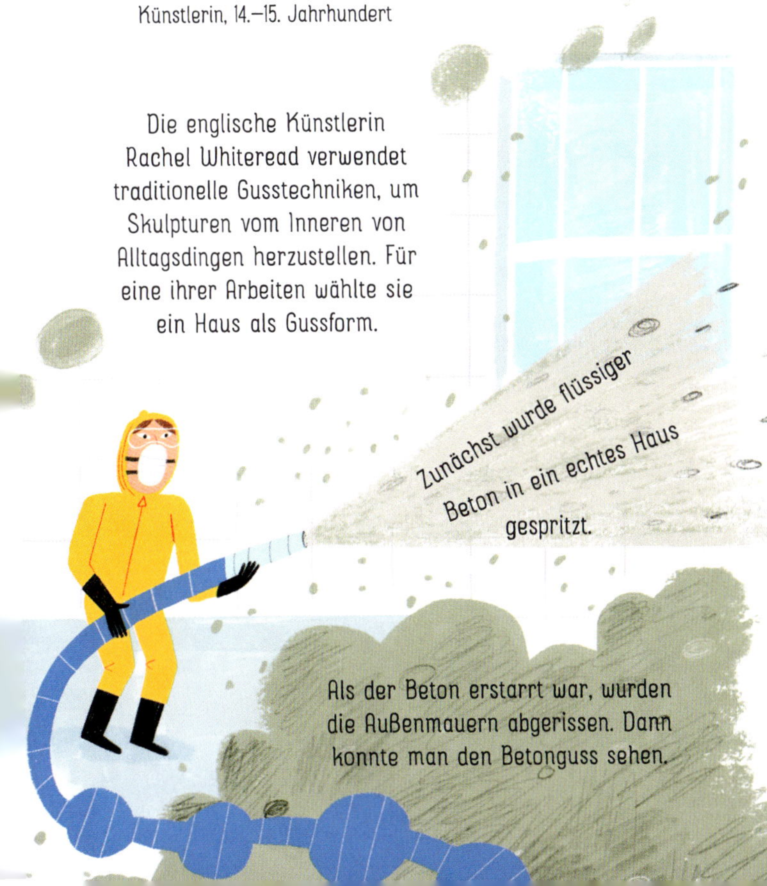

Zunächst wurde flüssiger Beton in ein echtes Haus gespritzt.

Als der Beton erstarrt war, wurden die Außenmauern abgerissen. Dann konnte man den Betonguss sehen.

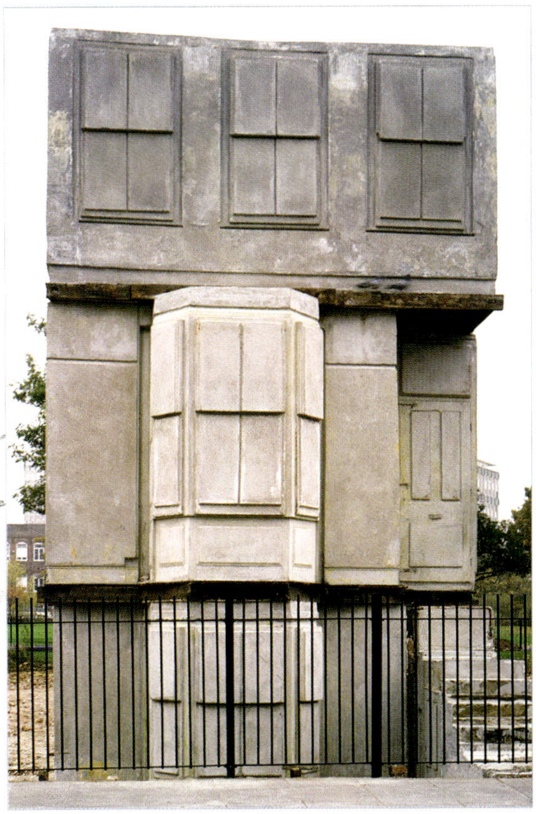

HAUS
Rachel Whiteread, 1993

WIE FUNKTIONIEREN FARBEN?

Damit Farben in Bildern gut wirken, muss man sie nicht nur entsprechend mischen, sondern auch auf das ZUSAMMENSPIEL mit anderen Farben achten. Die gleiche Farbe kann eine unterschiedliche Wirkung haben, je nachdem neben welcher anderen Farbe sie steht.

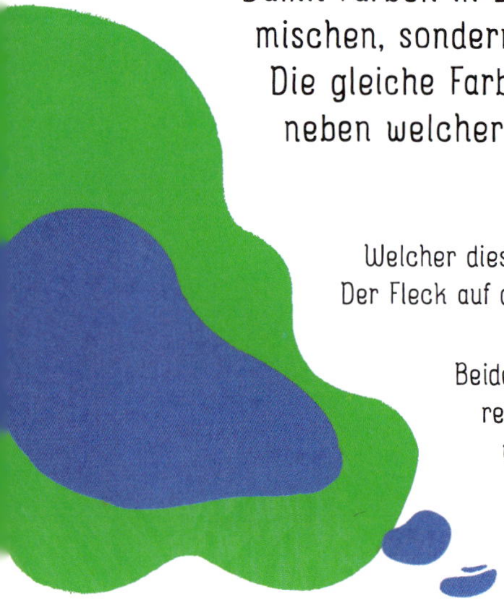

Welcher dieser blauen Flecken leuchtet mehr? Der Fleck auf dem Grün oder der auf dem Orange?

Beide sind gleich – aber das Blau rechts sieht leuchtender aus, weil der Kontrast zu dem Orange stärker ist.

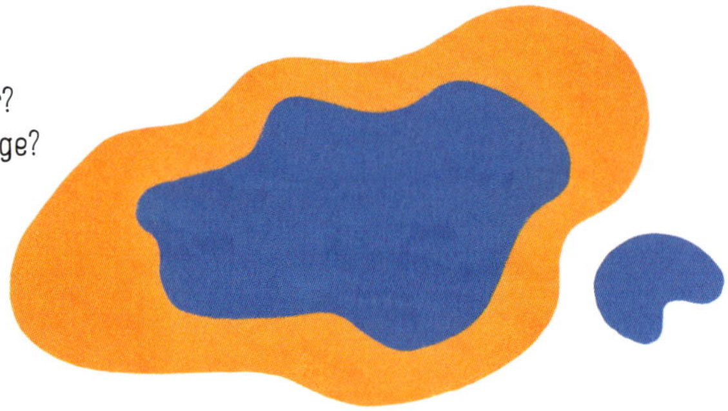

Michel Eugène Chevreul und andere Wissenschaftler begannen im 19. Jahrhundert, diese Effekte zu untersuchen. Sie ordneten Farben in einem Farbkreis an, um herauszufinden, wie sie wirken.

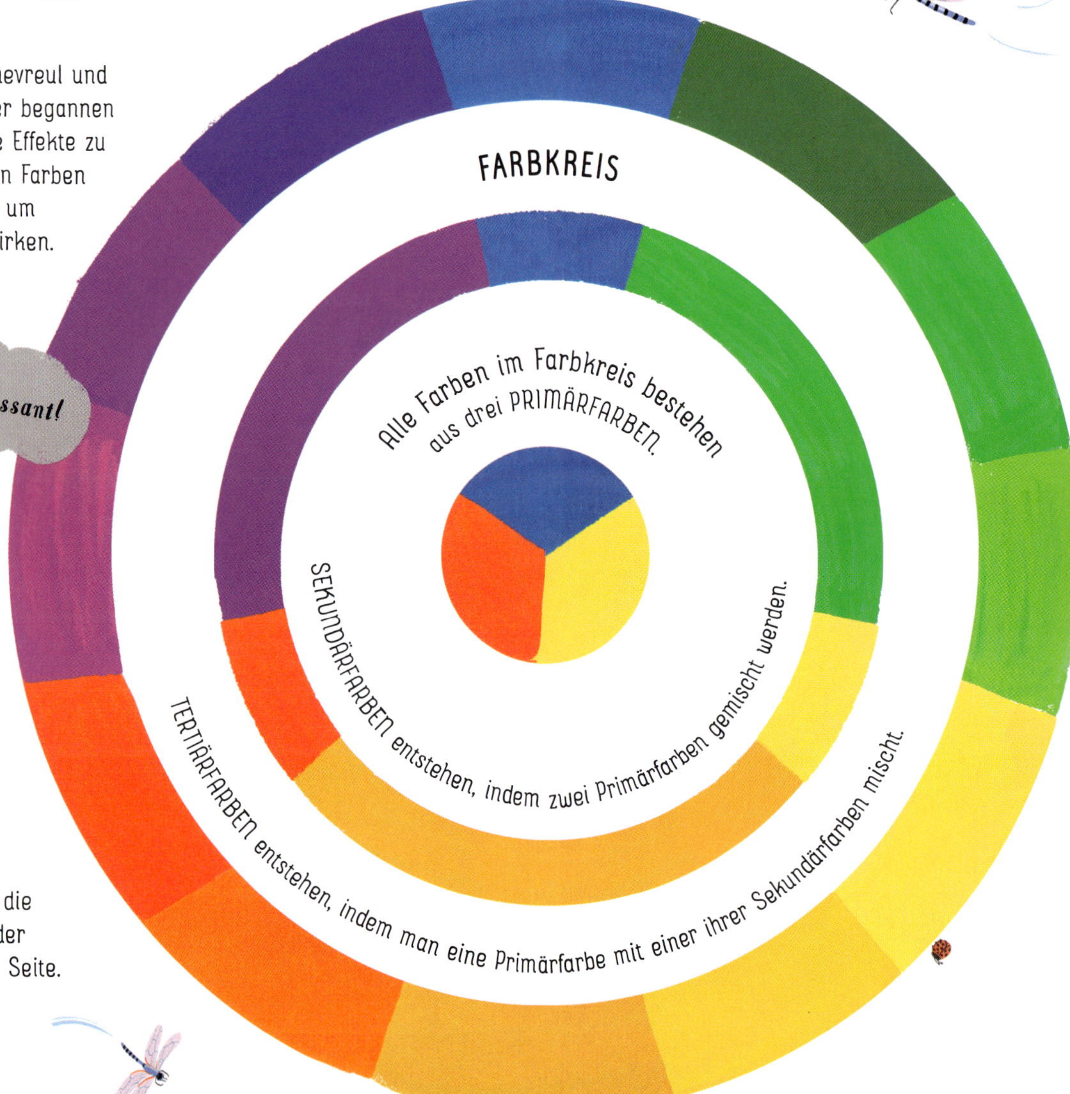

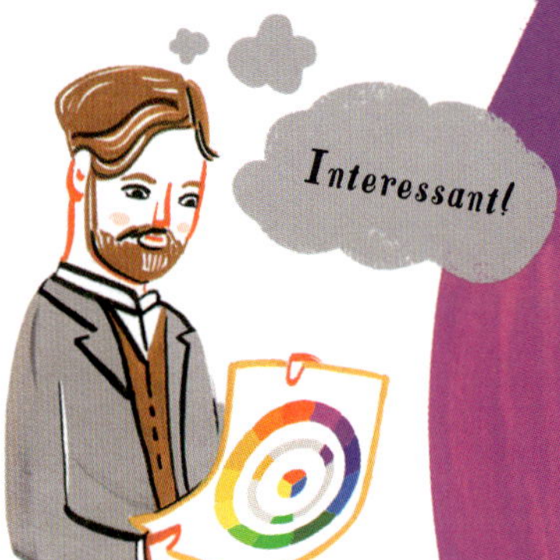

Künstlerinnen und Künstler verwendeten diesen Farbkreis, um Farben bewusster einzusetzen.

Beispiele dafür sind die Wasserbilder auf der gegenüberliegenden Seite.

Zwischen Farben, die in dem Kreis nebeneinanderliegen – wie zum Beispiel die Grün- und Blautöne –, besteht wenig Kontrast.

Man nennt sie HARMONISCHE Farben.

Die friedliche Teichszene rechts wurde fast vollständig in harmonischen Farbtönen gemalt. Sie wirkt still und beruhigend.

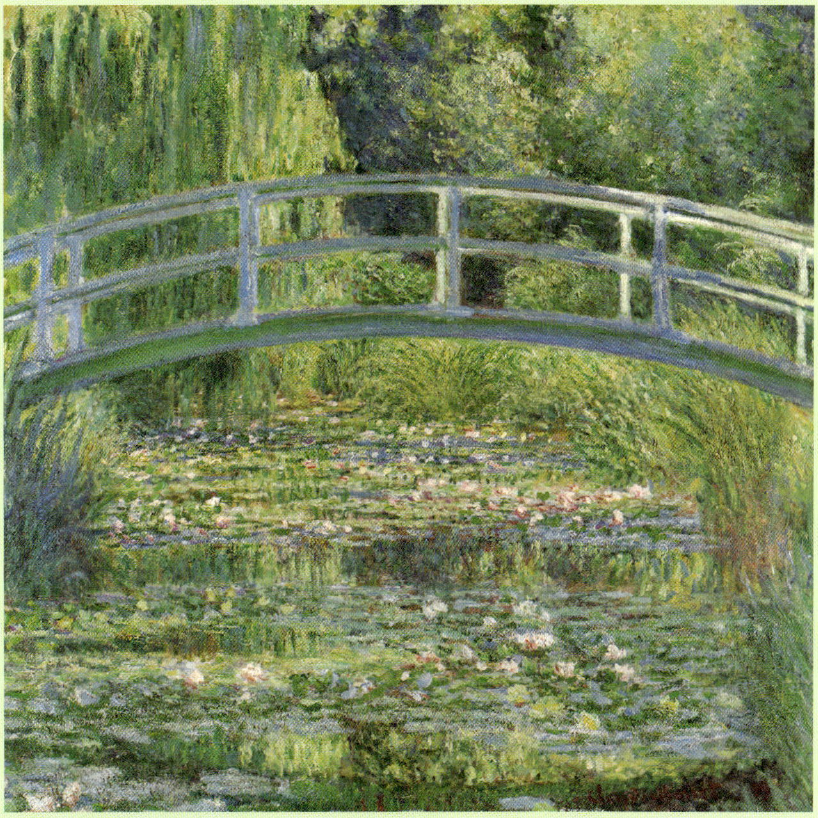

DER SEEROSENTEICH Claude Monet, 1899

Farben, die im Farbkreis weiter voneinander entfernt sind, stehen stärker im Kontrast. Die Farben mit dem größten Kontrast nennt man KOMPLEMENTÄRFARBEN.

Es sind ...

Gelb und Lila

Blau und Orange

Rot und Grün

Wenn sie nebeneinanderstehen, wirken Komplementärfarben leuchtender.

In dem Bild unten leuchtet das orangefarbene Boot im blauen Wasser, weil Blau und Orange Komplementärfarben sind.

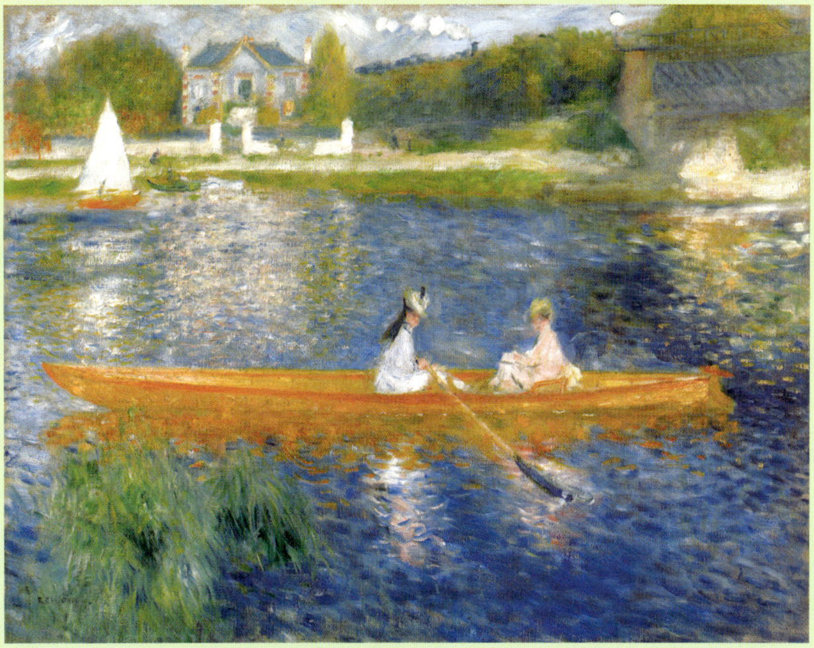

DAS SKIFF (DAS BOOT) Pierre-Auguste Renoir, 1875

WILDE FARBEN

Man kann Farben auch dafür verwenden, Stimmungen und Gefühle bei der Betrachterin wachzurufen. Wässrige Blau- und Grüntöne, auch „kühle" Farben genannt, wirken friedlich und ruhig, während man bei „warmen" Rot- und Orangetönen oft an Hitze und Energie denkt. Farben können auch persönliche Bedeutungen haben.

Ende des 19. Jahrhunderts begannen einige Künstlerinnen und Künstler, Farben als Ausdrucksmittel einzusetzen. In dem Bild unten ist beispielsweise fast alles in Rottönen gemalt. Man hat den Eindruck, dass es in dem Zimmer warm ist – vielleicht sogar unerträglich heiß.

Für den Maler Vincent van Gogh verkörperte die Farbe Gelb ein Glücksgefühl. Auf Seite 82 sind die fröhlichen gelben Blumen zu sehen, die er für einen Freund malte.

WARME Farben werden mit Feuer und Sonnenschein assoziiert. Sie verkörpern oft Energie und Begeisterung.

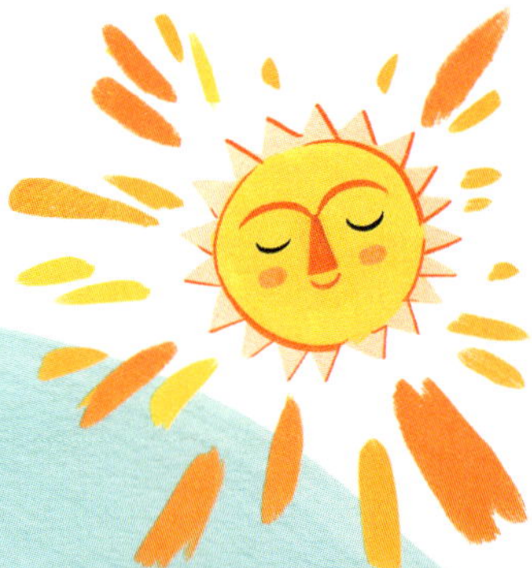

KÜHLE Farben deuten auf Wasser oder einen bewölkten Tag hin. Sie wirken beruhigend.

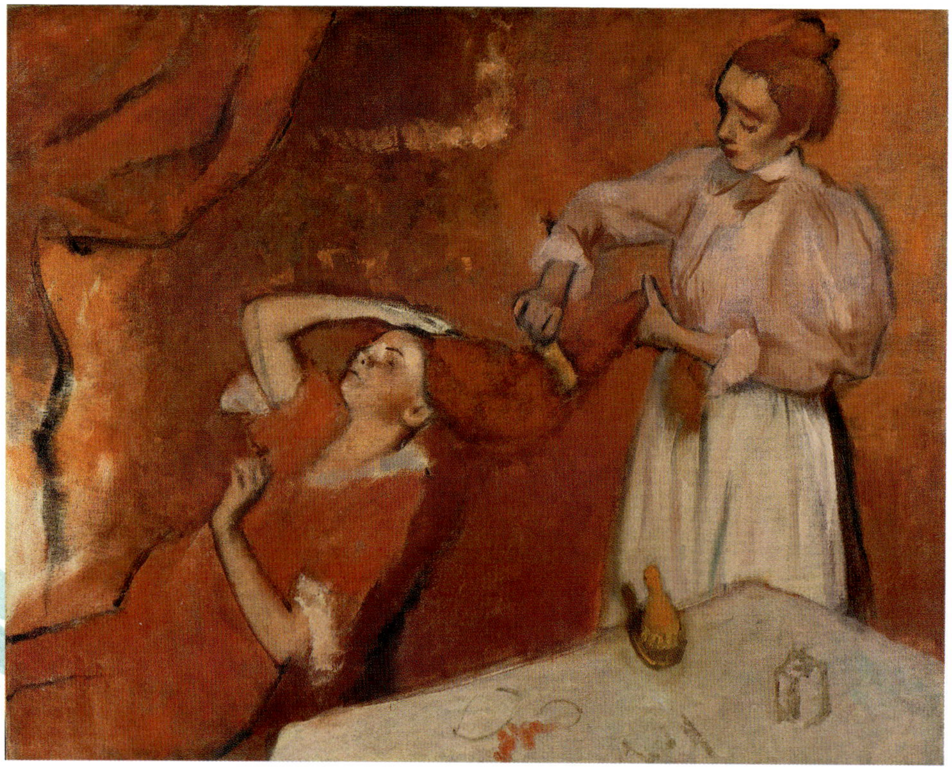

KÄMMEN DER HAARE
Edgar Degas, um 1896

In der Szene auf der rechten Seite wählte Henri Matisse warme *und* kühle Farben, um starkes Sonnenlicht einzufangen. Die sonnige Seite des Zimmers ist in einem warmen Pink gehalten, die schattige in kühlem Blaugrün.

Weil sie Farben in ungewohnter Form verwendeten, bekamen Matisse und Künstler wie er den französischen Spitznamen FAUVES. Das bedeutet „wilde Bestien".

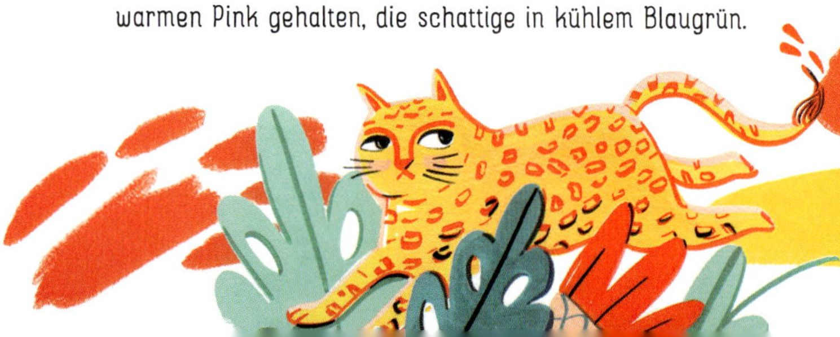

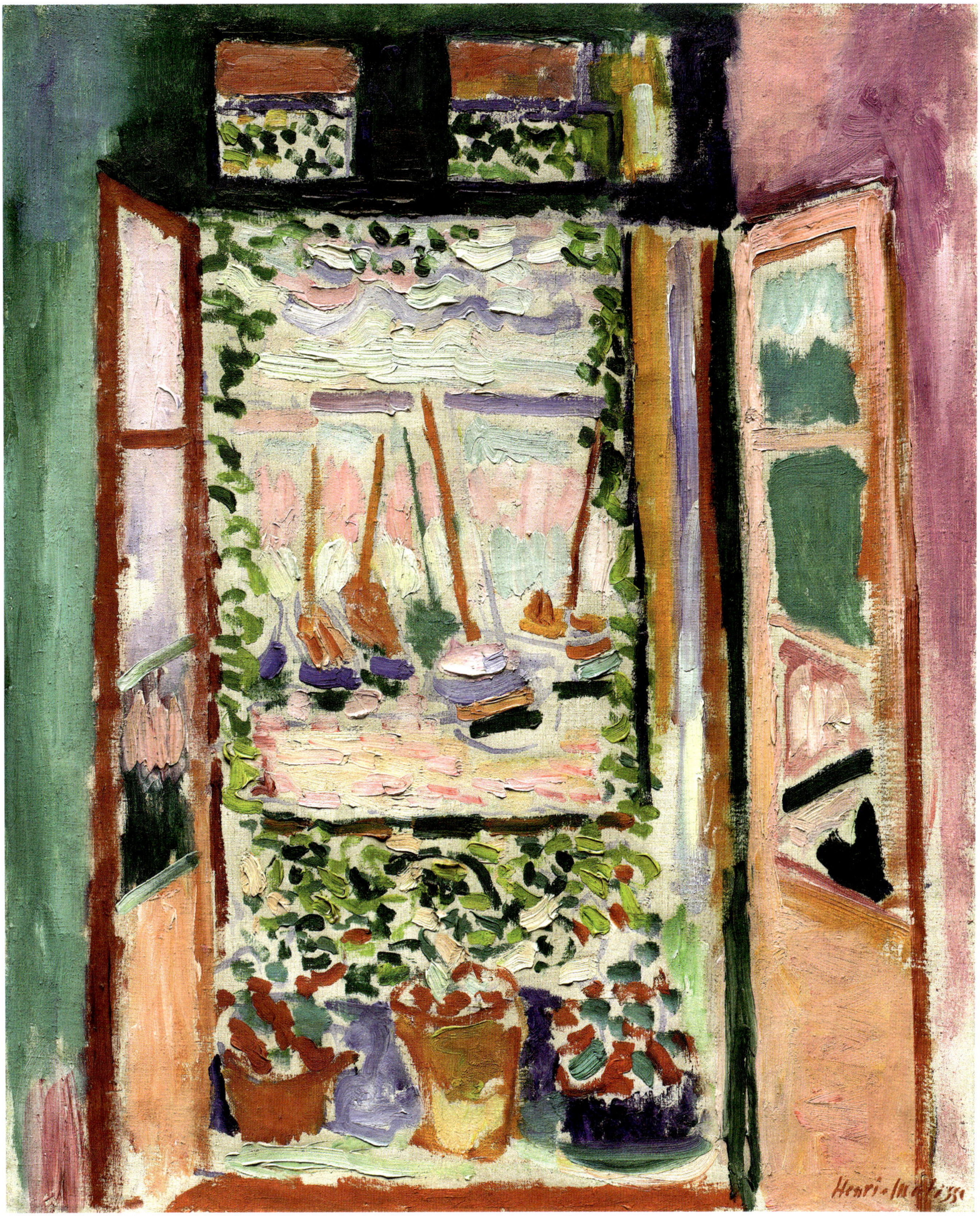

OFFENES FENSTER IN COLLIOURE
Henri Matisse, 1905

WIE KANN KUNST UNS TÄUSCHEN?

Künstlerinnen und Künstler verwenden verblüffende Tricks, um unsere Wahrnehmung zu täuschen, und zeigen uns damit ihr Können. Manche malen so realistische Bilder, dass man sich fragt, was darin gemalt und was echt ist. Andere verwirren unsere Augen mit Mustern.

Der Künstler dieses Bildes wollte den Eindruck erwecken, dass der Junge tatsächlich aus dem Rahmen steigt. Deshalb malte er einen Rahmen, den der Junge mit seinen Händen umgreift. Licht und Schatten verstärken den realistischen Effekt und lassen den Jungen dreidimensional wirken.

Viele Künstler versuchen, möglichst realistisch zu malen. Einer griechischen Legende nach malte ein Künstler so naturgetreue Trauben, dass Vögel versuchten, sie zu fressen.

Ein anderer übertrumpfte ihn noch – er malte einen Vorhang, der so echt wirkte, dass Leute ihn öffnen wollten.

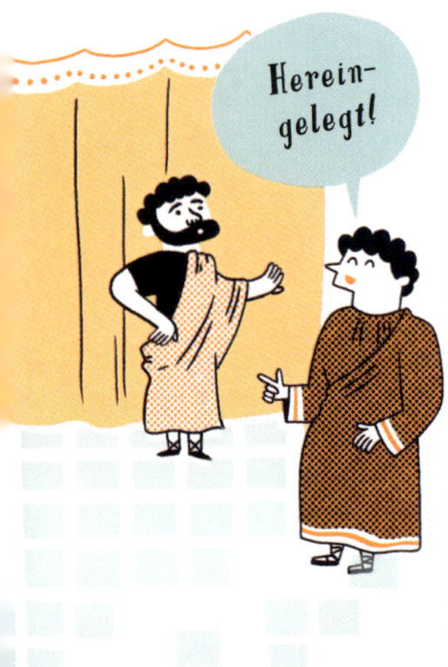

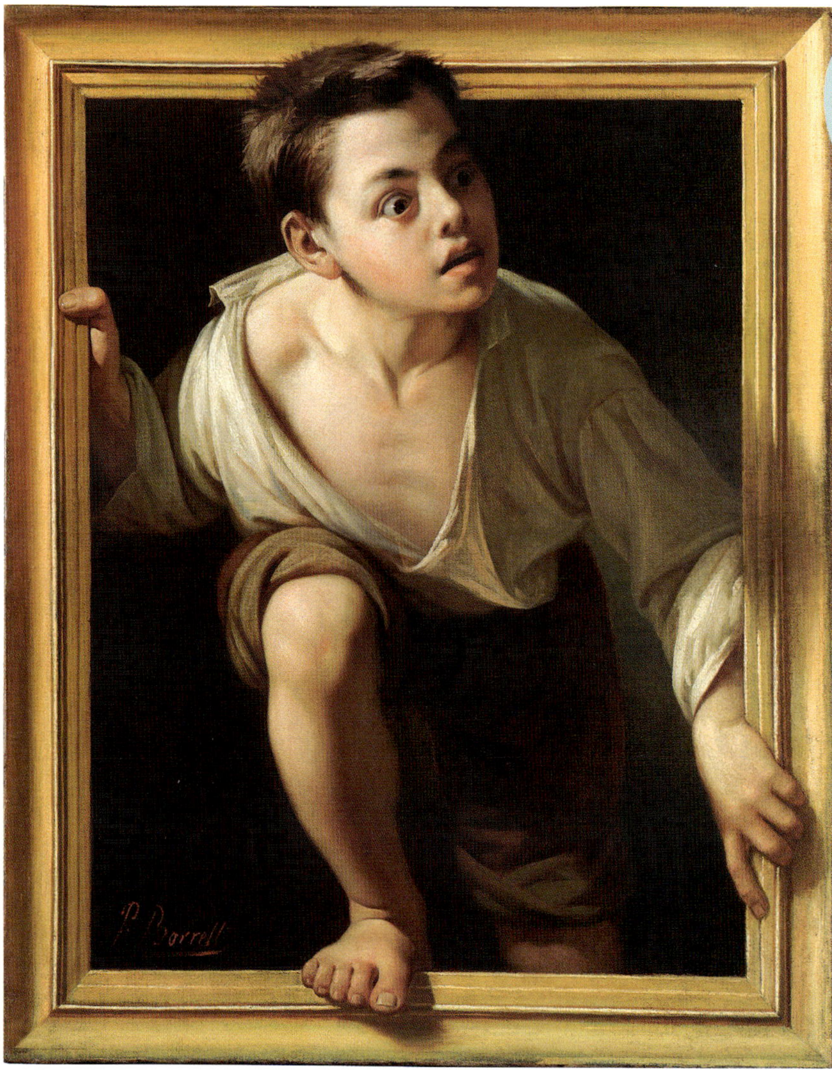

FLUCHT VOR DER KRITIK
Pere Borrell del Caso, 1874

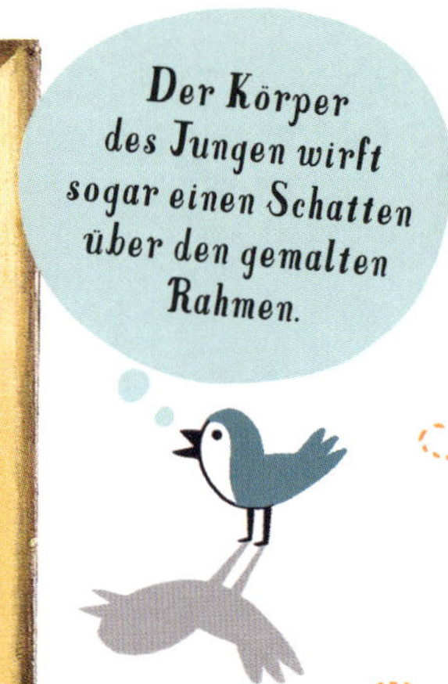

Solche Tricks nennt man TROMPE L'ŒIL – das ist französisch und bedeutet „täuscht das Auge“.

Manche Künstlerinnen und Künstler malten Insekten auf ihre Bilder, die so realistisch aussehen, dass man sie wegscheuchen will.

In diesem Gemälde entsteht die optische Täuschung durch ein Muster. Es beginnt mit runden Punkten, die immer schmaler werden und immer enger nebeneinanderstehen. Dadurch entsteht die Illusion, dass sich das Bild nach hinten wölbt, obwohl es flach ist. Veränderungen in den Graustufen lassen die Punkte schimmern und pulsieren. Bilder, die solche Effekte erzeugen, nennt man OP-ART (optische Kunst).

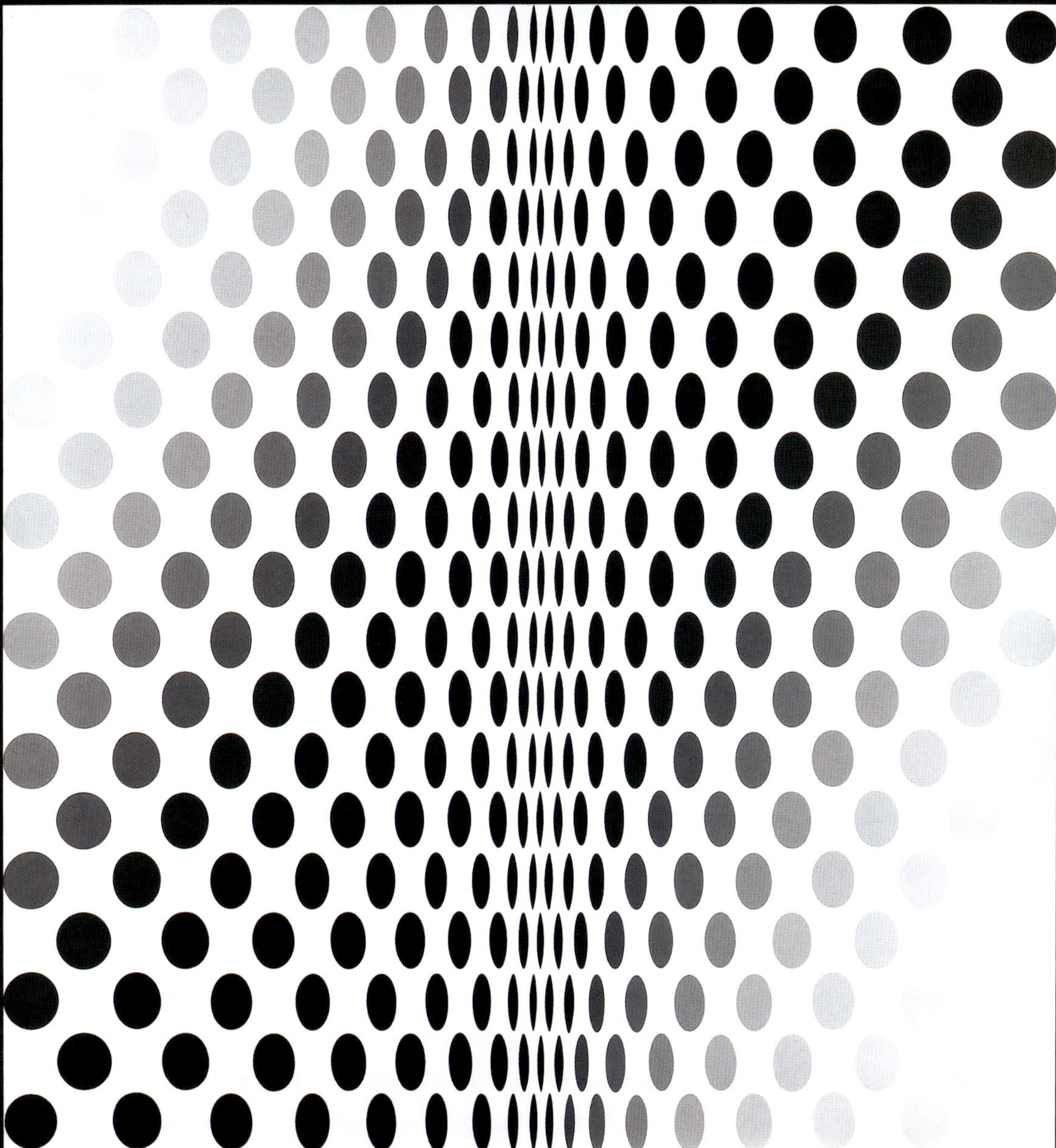

METAMORPHOSIS
Bridget Riley, 1964

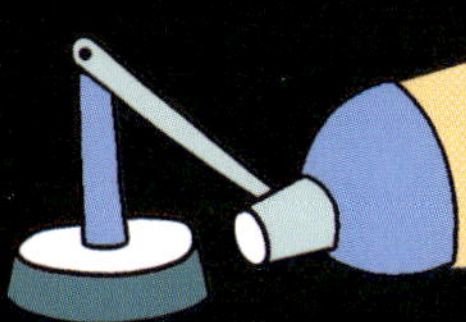

Die Punkte werden zur Mitte hin dunkler und auch der Hintergrund verändert sich. Es wirkt, als ob Licht auf eine gewölbte Oberfläche scheinen würde.

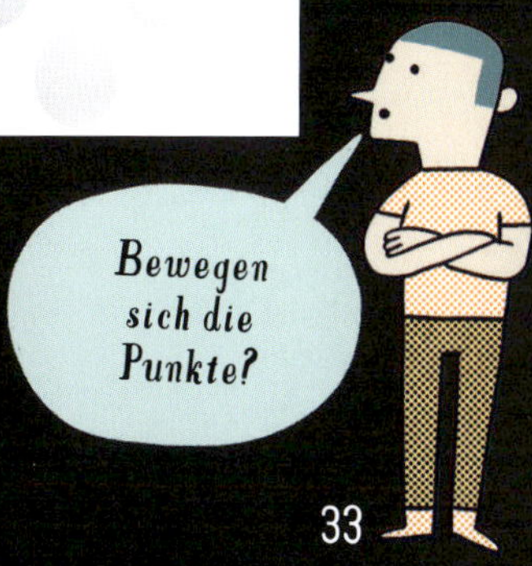

WO KANN MAN KUNST SEHEN?

Wenn du in eine Kunstgalerie gehst, kannst du in allen Räumen Bilder, Skulpturen oder andere Kunstobjekte sehen. Aber nicht alle Kunstwerke werden in einem Gebäude ausgestellt. Die OUTDOOR-KUNST integriert Kunst in eine bestimmte Landschaft oder in ein städtisches Umfeld. Oft steht das Kunstwerk dort nur für einen begrenzten Zeitraum.

Auf dem Foto unten ist ein Kunstwerk abgebildet, das für den Central Park in New York City angelegt wurde. Ein Künstlerpaar schuf einen Weg mit 7503 orangefarbenen Vinyltoren, von denen Stoffbahnen herabhingen. Nach 16 Tagen wurden sie wieder abgebaut.

Auf Seite 84–85 erfährst du mehr über Kunstgalerien und Museen.

THE GATES
Christo und Jeanne-Claude, 1979–2005

Sieh dir die Jahreszahlen an. Es hat 26 Jahre gedauert, dieses Projekt zu planen und eine Genehmigung dafür zu erhalten.

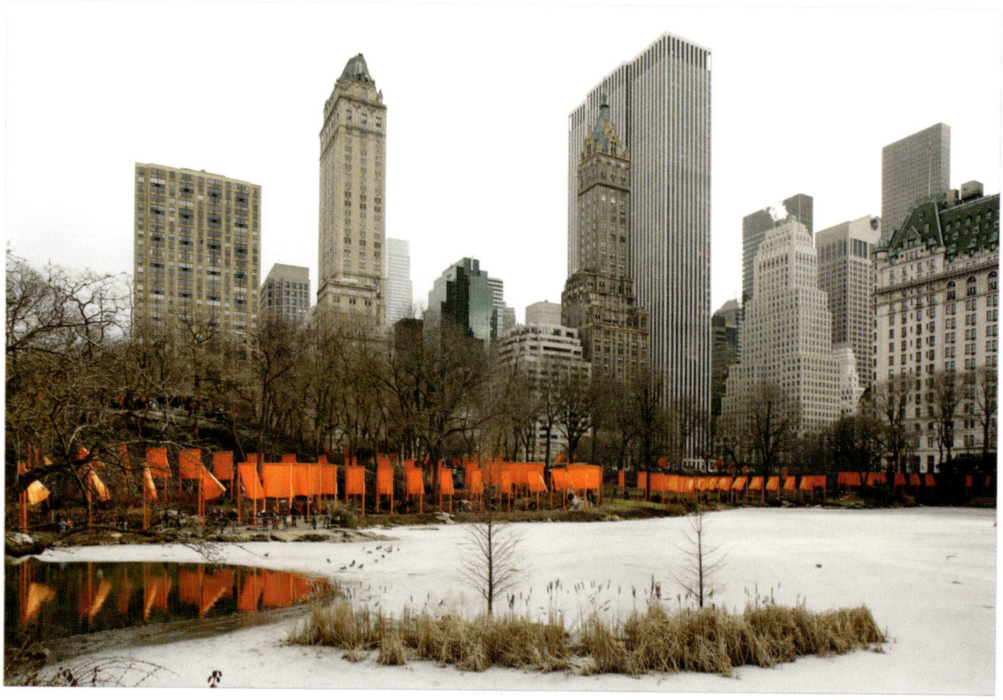

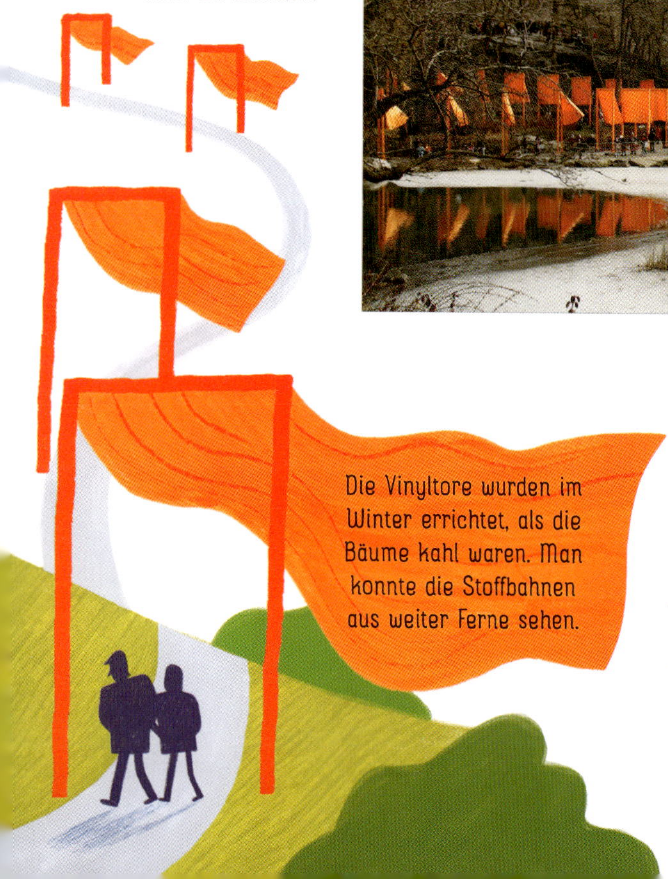

Die Vinyltore wurden im Winter errichtet, als die Bäume kahl waren. Man konnte die Stoffbahnen aus weiter Ferne sehen.

Manche Outdoor-Künstlerinnen arbeiten mit Laub, Steinen und anderen Dingen, die sie in der Natur finden.

Kunst gibt es schon seit Tausenden von Jahren, aber Kunstgalerien sind eine ziemlich moderne Erfindung. Bis vor etwa zweihundert Jahren gab es keine Museen, die man besuchen konnte. Wenn man keine reiche Sammlerin war, konnte man Kunst eigentlich nur in einer Kirche sehen.

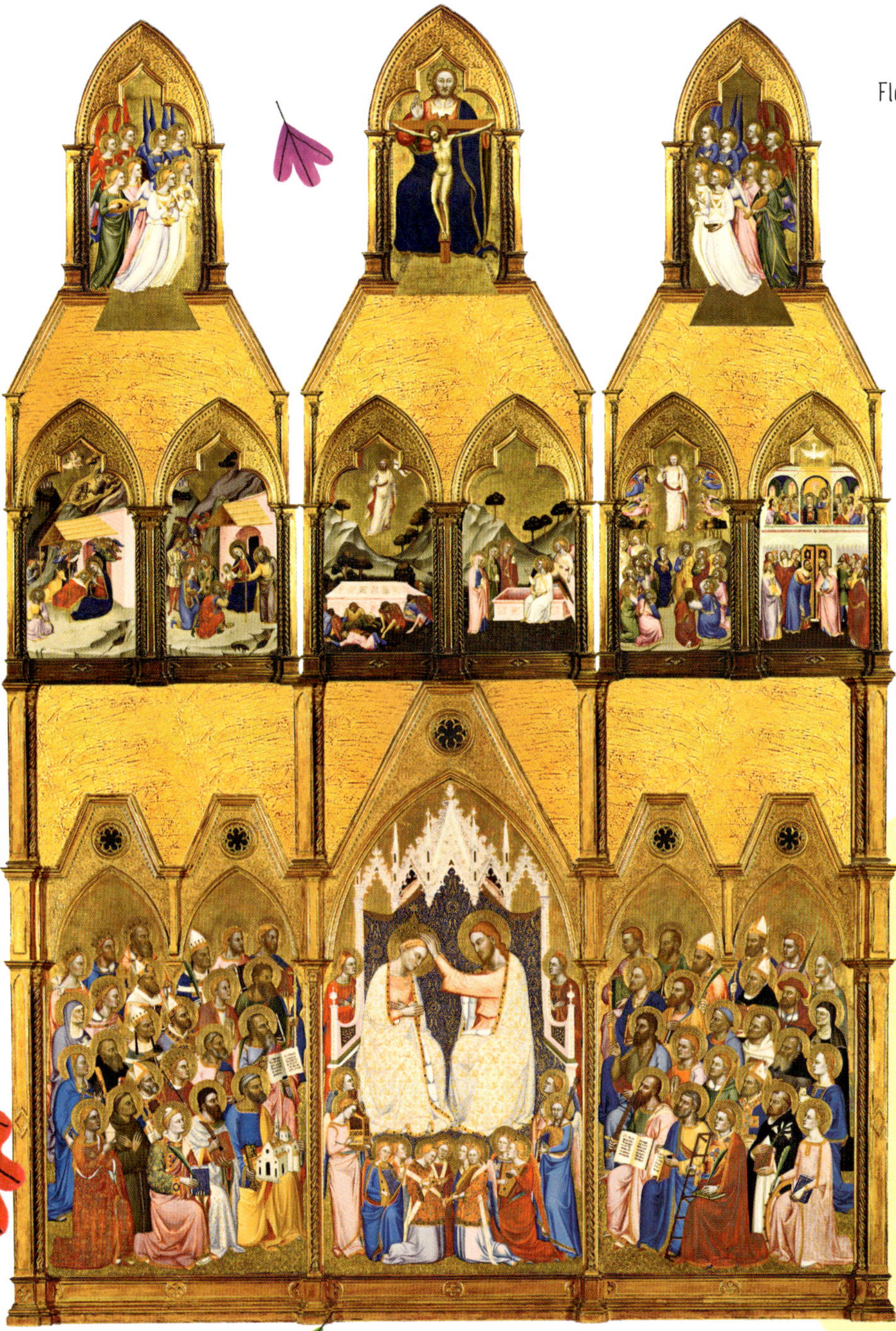

Dieses Gemälde wurde vor über 600 Jahren für eine Kirche in Florenz gemalt. Es zeigt Szenen aus dem Leben von Jesus Christus.

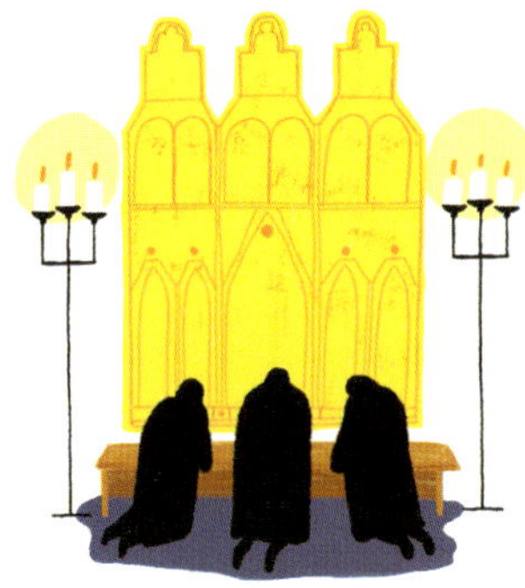

Damals konnten nur wenige Menschen lesen, deshalb waren solche Bilder wichtig, um die Geschichten aus der Bibel zu verbreiten.

Der Rahmen, der damals wahrscheinlich noch kunstvoller verziert war, war vermutlich mit echtem Gold überzogen. Im Kerzenlicht muss er wahrlich „himmlisch" ausgesehen haben.

DAS ALTARBILD VON SAN PIER MAGGIORE
(Rekonstruktion)
Jacopo di Cione und Werkstatt, 1370–71

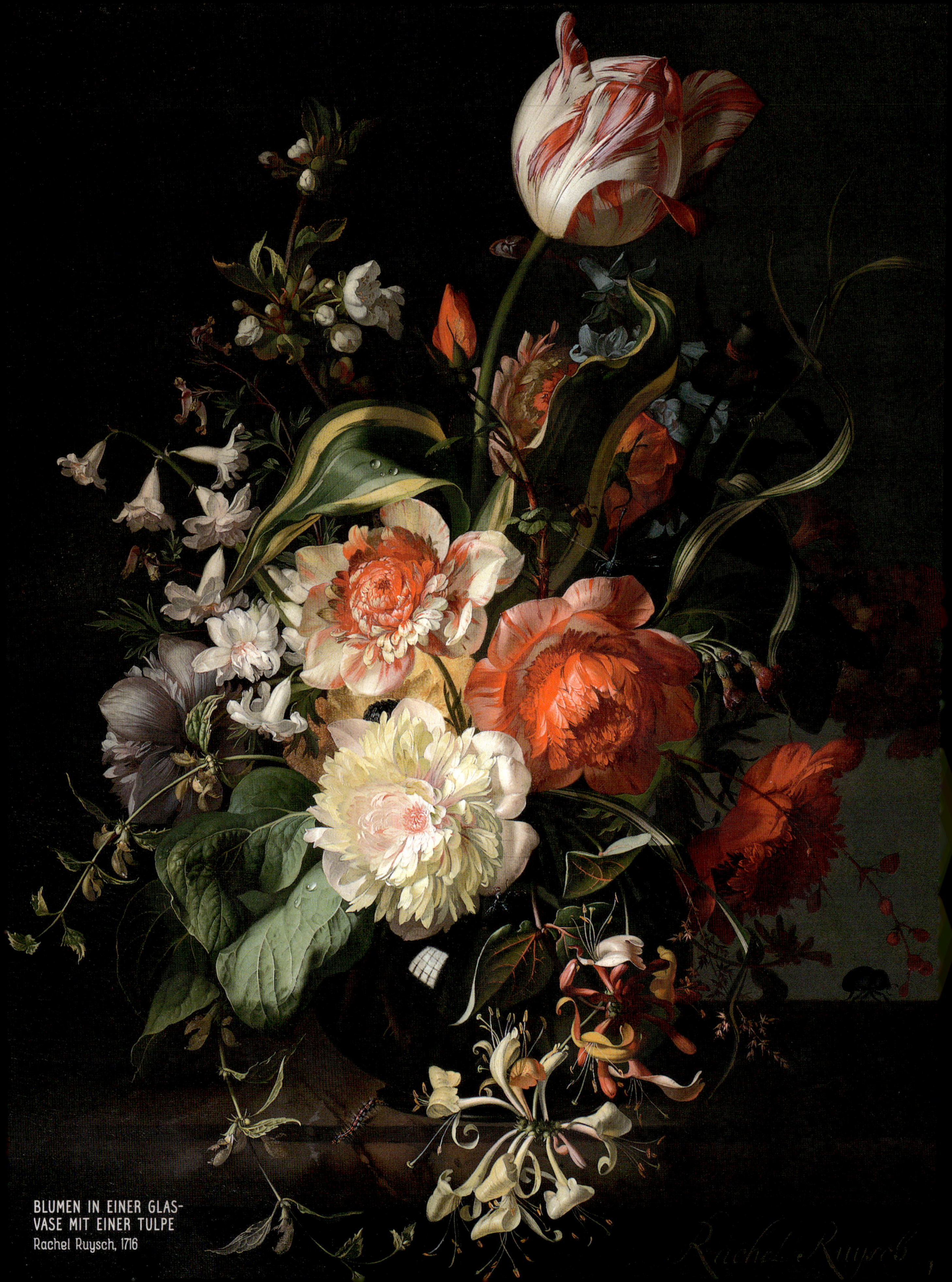

BLUMEN IN EINER GLAS-
VASE MIT EINER TULPE
Rachel Ruysch, 1716

WAS IST EIN STILLLEBEN?

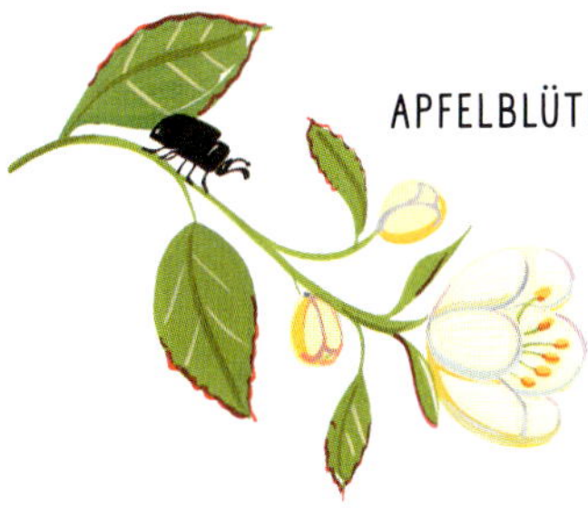

Ein STILLLEBEN ist ein Bild mit Gegenständen, die sich nicht bewegen. Das mag nicht sehr interessant klingen, aber wenn man es genauer anschaut, ist es oft komplexer, als man denkt.

Das Gemälde links stammt aus einer Zeit, als Blumengemälde in Mode waren. Es geht dabei aber um mehr als nur um Schönheit. Schnittblumen verwelken schnell, deshalb ist dieser Strauß auch ein *Memento Mori* – ein Symbol für die Vergänglichkeit.

Später haben Künstlerinnen und Künstler bei ihren Stillleben verschiedene Stile ausprobiert oder Gegenstände gewählt, die für sie bedeutend waren.

Jede Blüte und jedes Blatt im Bild links wurden detailgetreu wiedergegeben, aber der Strauß ist nicht wirklich realistisch. Warum wohl?

Diese Blumen blühen nicht zur selben Zeit, deshalb kann dieser Strauß so nicht existiert haben.

Auf Seite 55 ist ein weiteres Stillleben zu sehen.

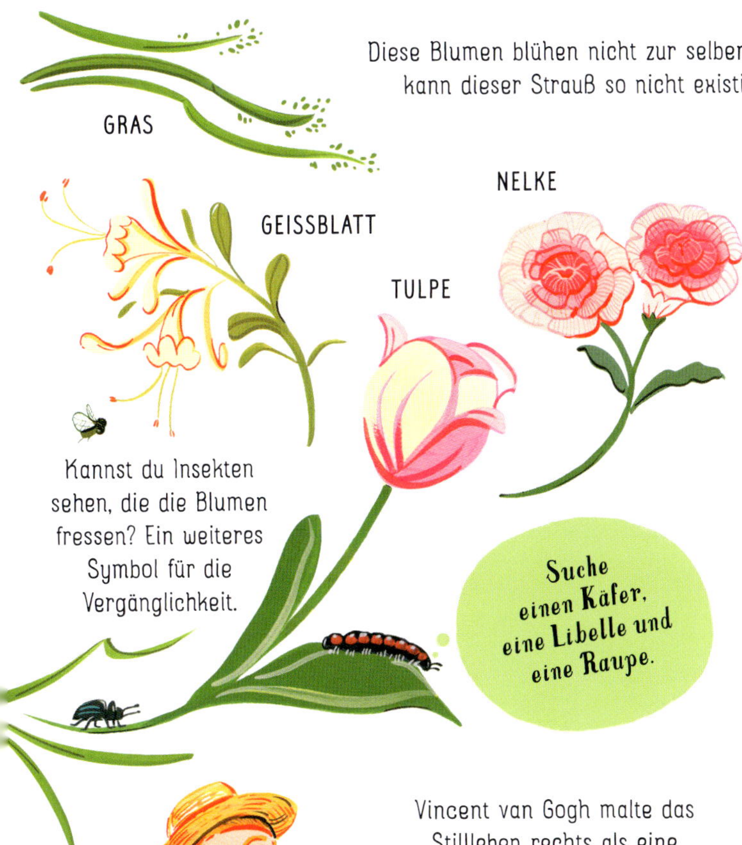

Kannst du Insekten sehen, die die Blumen fressen? Ein weiteres Symbol für die Vergänglichkeit.

Suche einen Käfer, eine Libelle und eine Raupe.

Die leuchtenden Farben der Blumen heben sich von dem dunklen Hintergrund ab.

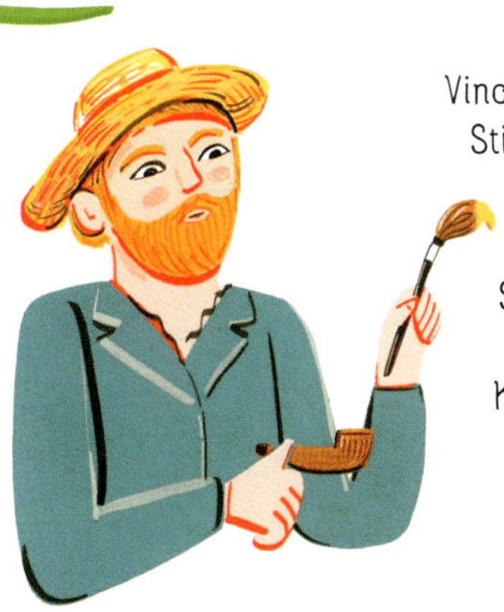

Vincent van Gogh malte das Stillleben rechts als eine Art Selbstporträt.

Sowohl der Stuhl als auch die Pfeife gehörten dem Künstler und symbolisieren das einfache, ländliche Leben, das er führte.

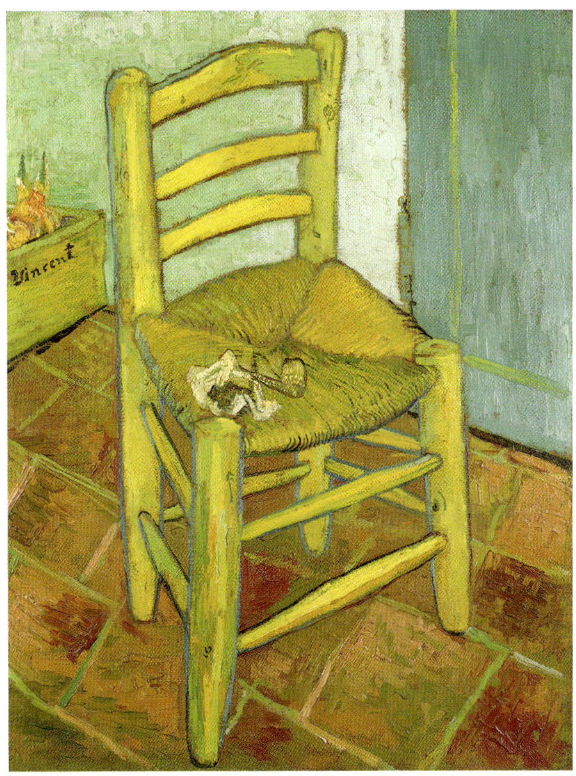

VINCENTS STUHL MIT PFEIFE
Vincent van Gogh, 1888

MUSS KUNST ERNST SEIN?

Viele Kunstwerke behandeln große Themen wie Wahrheit, Schönheit und Religion, aber das bedeutet nicht, dass Kunst immer ernst sein muss.

Im Jahr 1916 waren einige Künstlerinnen und Künstler der Meinung, dass sich die Kunstwelt viel zu ernst nimmt. Sie begannen unter dem Namen DADA zusammenzuarbeiten und entwickelten viele neue, spielerische Kunstformen.

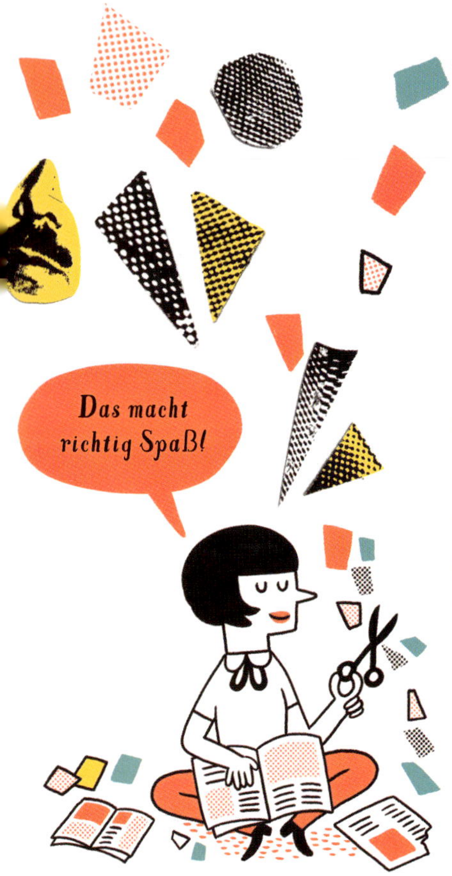

Einige Dadaistinnen zerschnitten Fotos und klebten sie neu zusammen. Man nennt diese Technik **FOTOMONTAGE**.

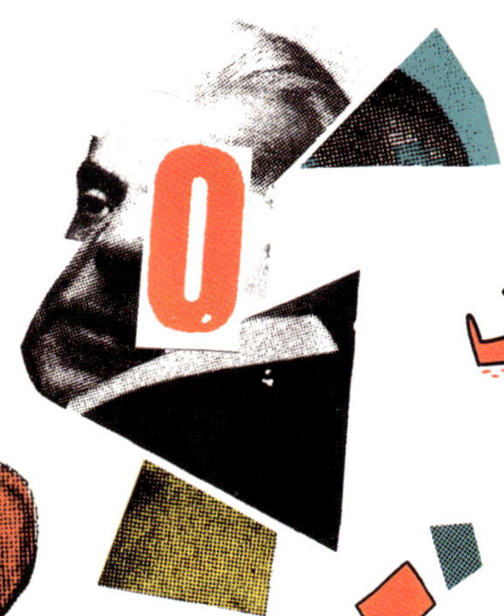

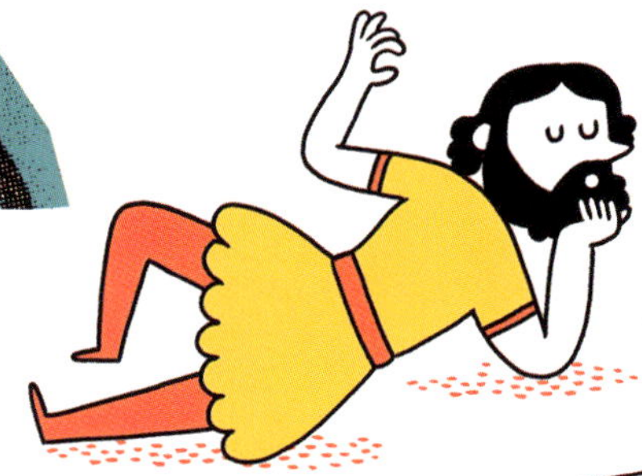

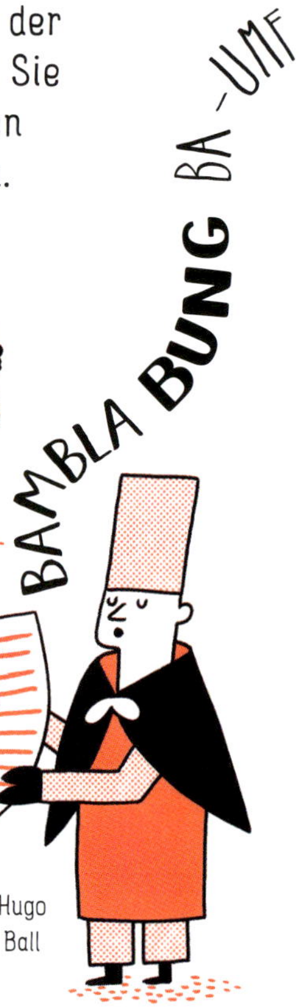

Andere Dadaisten verkleideten sich mit selbst gemachten Kostümen, tanzten oder trugen unsinnige Gedichte vor.

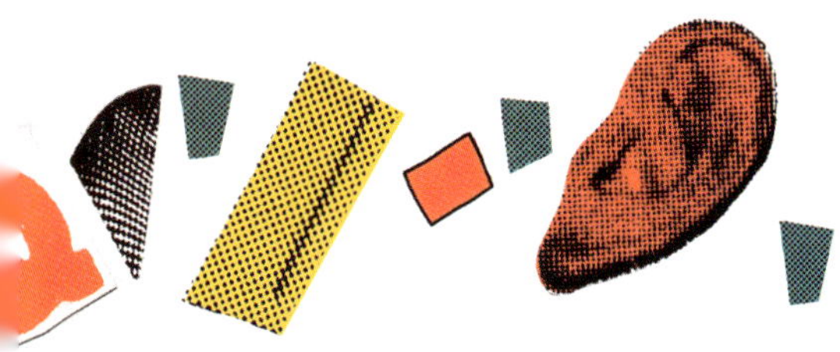

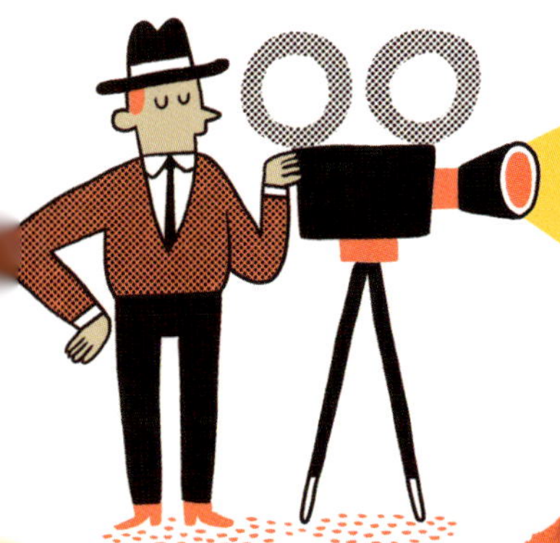

Andere Dada-Künstler drehten experimentelle Filme, sangen Lieder und schufen Kunst aus Gebrauchsgegenständen.

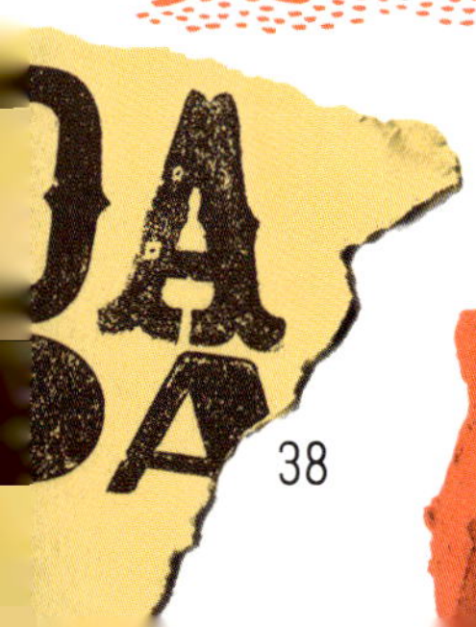

Der Name „Dada" bedeutet nichts Spezielles. Er wurde angeblich zufällig aus einem Wörterbuch ausgewählt.

KEINE REGELN

All diese unkonventionellen Kunstformen hatten jedoch einen ernsten Hintergrund. Die Dadaisten waren von der Brutalität des Ersten Weltkrieges schockiert. Sie wollten gegen die traditionellen Werte protestieren, die zu diesem Krieg geführt hatten. Deshalb machten sie eine Kunst, die alle Regeln brach.

Dieses seltsam anmutende Monster ist nicht nur Kunst zum Betrachten. Wenn man eine Treppe dahinter hochklettert, kann man auf einer der drei Monsterzungen hinunterrutschen.

Die Rutsche wurde für einen Spielplatz in Jerusalem angefertigt. Die Stadt ist seit Langem religiös und politisch geteilt, aber dieses Kunstwerk soll die einheimischen Kinder ermutigen, ungeachtet ihrer Herkunft zusammen zu spielen.

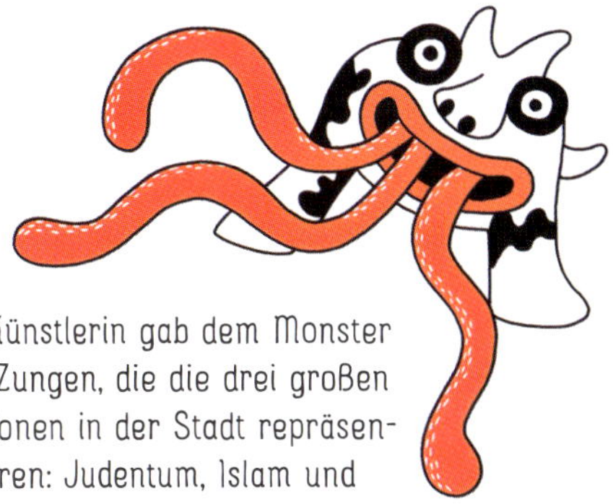

Die Künstlerin gab dem Monster drei Zungen, die die drei großen Religionen in der Stadt repräsentieren: Judentum, Islam und Christentum.

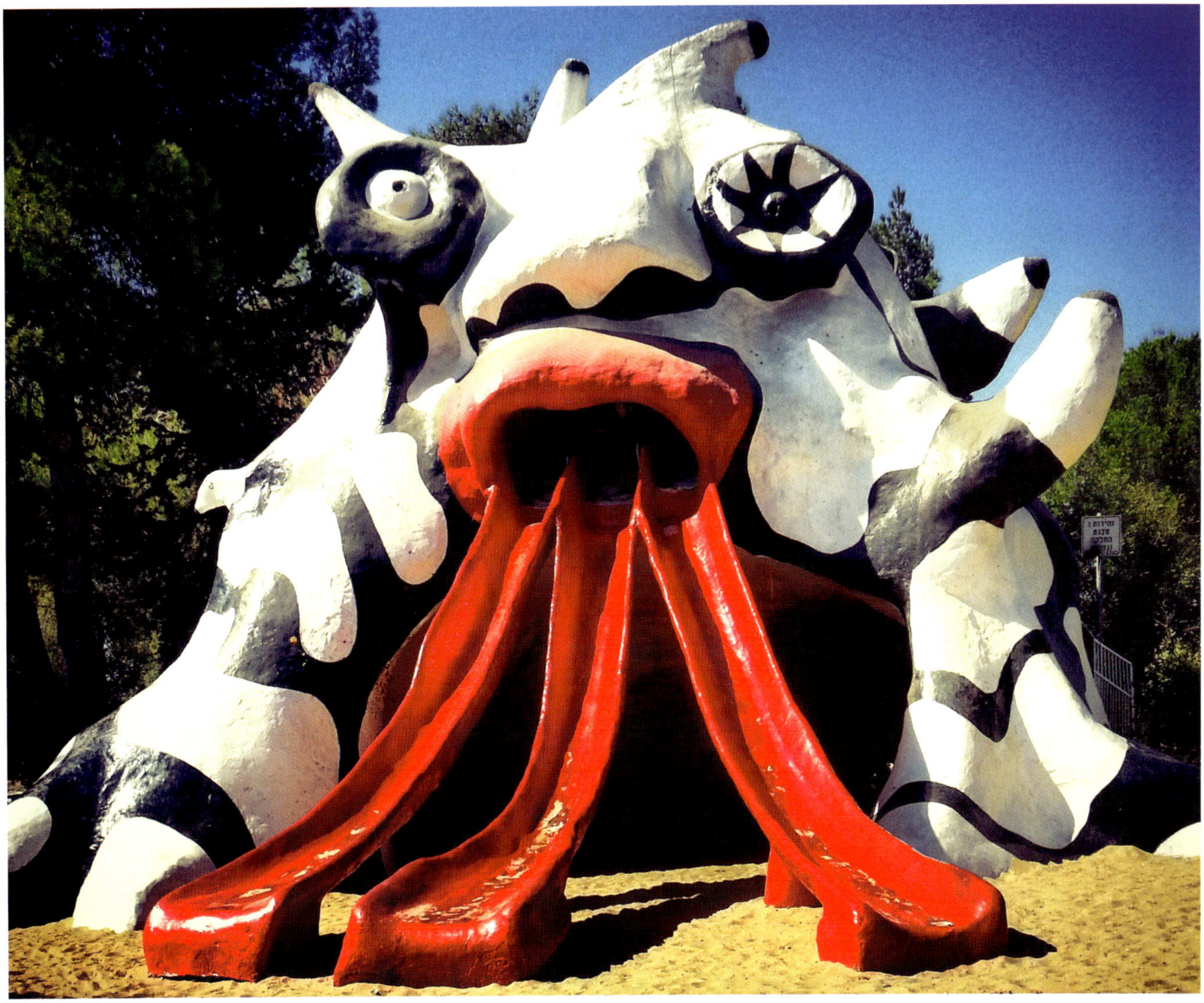

DER GOLEM, auch DAS MONSTER genannt
Niki de Saint Phalle, 1972

Vielleicht wollte die Künstlerin damit hinterfragen, ob Kunst ernst sein muss und ob man sie nur ansehen, aber nicht berühren darf.

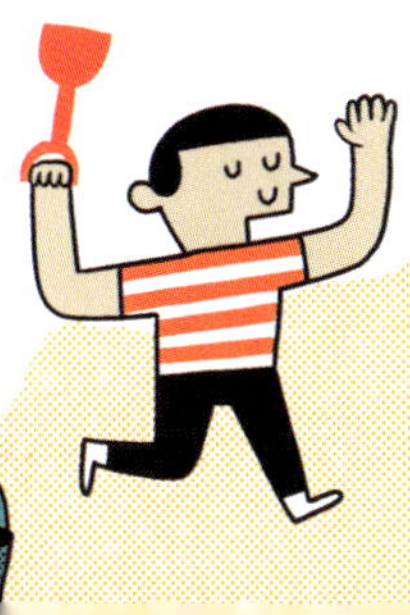

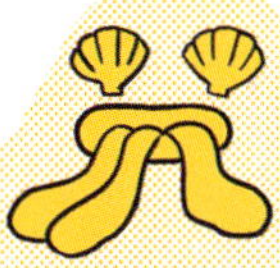

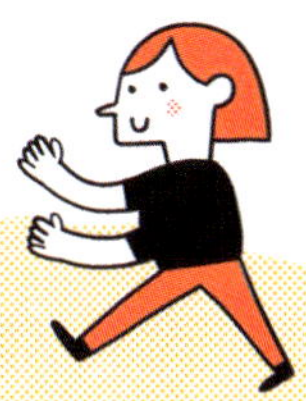

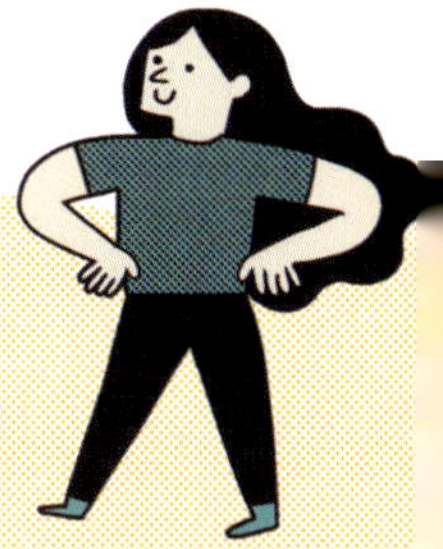

Oder sie wollte zeigen, dass Dinge, die angsteinflößend wirken, es manchmal gar nicht sind.

WAS IST EIN PORTRÄT?

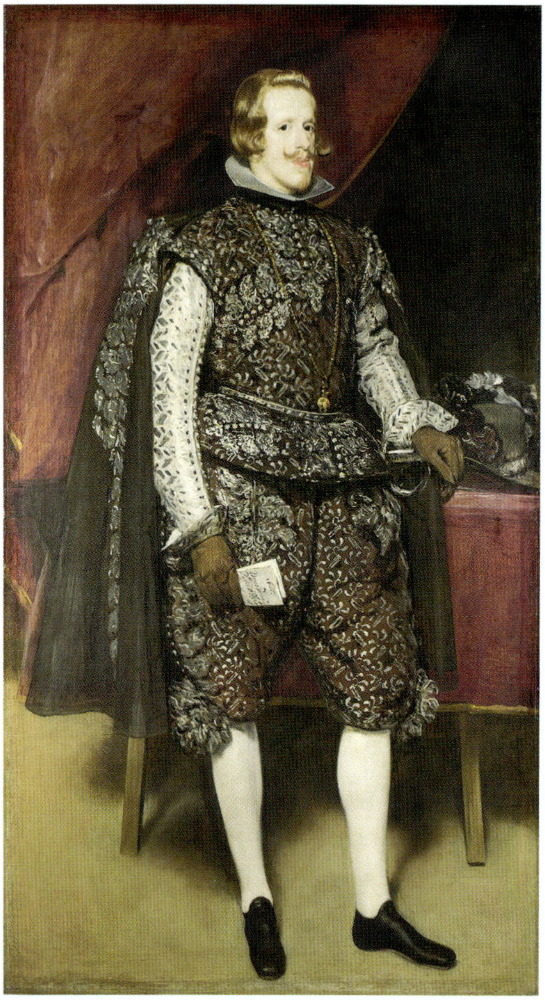

PHILIPP IV. VON SPANIEN IN BRAUN UND SILBER
Diego Velázquez, um 1631–32

Ein Porträt ist ein gemaltes Bild einer echten Person. Bevor die Fotografie aufkam, konnte man nur in einem Porträt festhalten, wie jemand tatsächlich aussah – sofern man es sich leisten konnte. Aber Porträts sind mehr als nur das Ebenbild einer Person. Sie können die Person schmeichelhaft darstellen, ihren wahren Charakter zeigen oder ihre Beziehung zum Künstler.

Für Königinnen und Könige wie Philipp IV. von Spanien waren Porträts eine Möglichkeit, ihren Reichtum und ihre Macht zur Schau zu stellen. Porträts wie das links wurden viele Male kopiert, um es an verschiedene Orte im Königreich und ins Ausland zu senden.

Philipps elegante Kleidung und selbstbewusste Haltung betonen seinen königlichen Stand. Das Porträt ist lebensgroß und daher besonders eindrucksvoll.

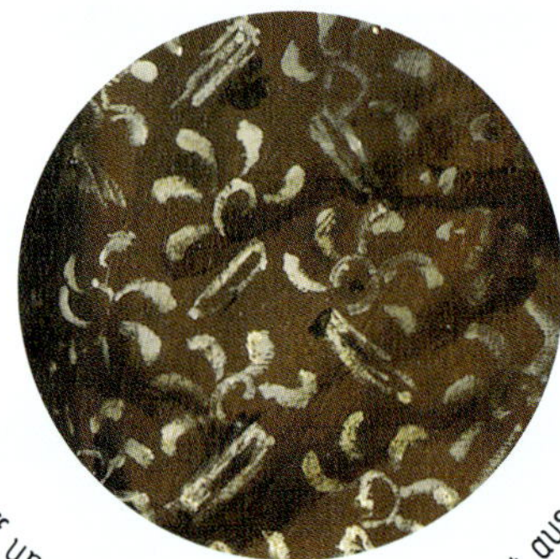

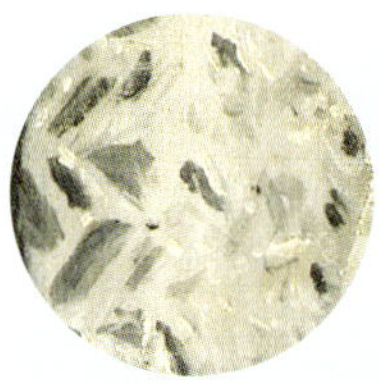

Aus der Ferne sieht der Stoff unglaublich detailgenau gezeichnet aus. Aber aus der Nähe kann man sehen, dass der Künstler schnelle, schnörkelige Pinselstriche verwendete.

Philipp hatte angeblich ein ungewöhnlich spitzes Kinn. Auf dem Bild sieht es weniger spitz aus, da der Künstler den König mit leicht gedrehtem Kopf malte.

Velázquez war ein so geschickter Porträtmaler, dass sich Philipp – von wenigen Ausnahmen abgesehen – fast vierzig Jahre lang nur von ihm porträtieren ließ.

PORTRÄTS MALEN

Man begann mit Porträtsitzungen, in denen Skizzen des Modells angefertigt wurden.

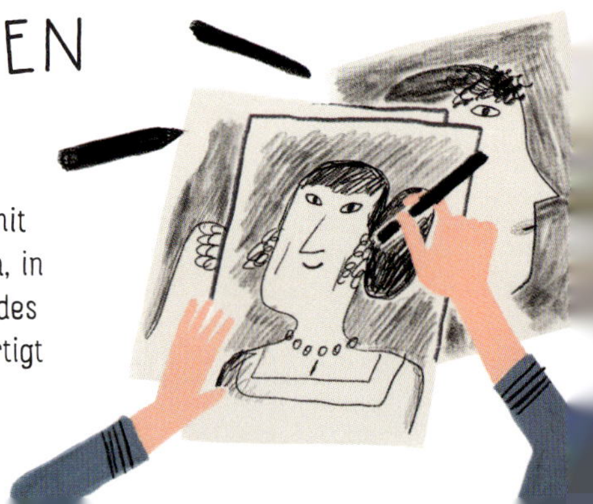

Im 18. Jahrhundert waren viele Menschen wohlhabend und konnten es sich leisten, ein Porträt von sich malen zu lassen. Künstler wie Thomas Gainsborough verdienten sich damit ihren Lebensunterhalt.

Gainsborough malte auch einige ganz natürliche Porträts seiner Familie. In dieser unvollendeten Skizze zeigt er seine Töchter in einer entspannten, lockeren Haltung.

Kannst du den Umriss einer Katze auf den Armen der Mädchen erkennen?

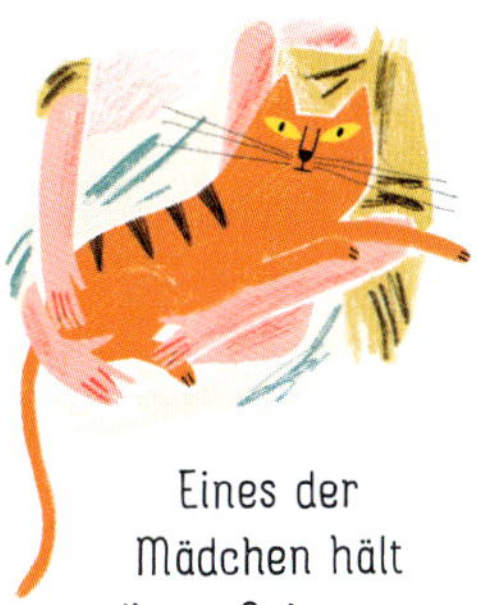

Eines der Mädchen hält ihren Schwanz. Wahrscheinlich malte er die Katze nicht fertig, weil sie nicht stillhielt.

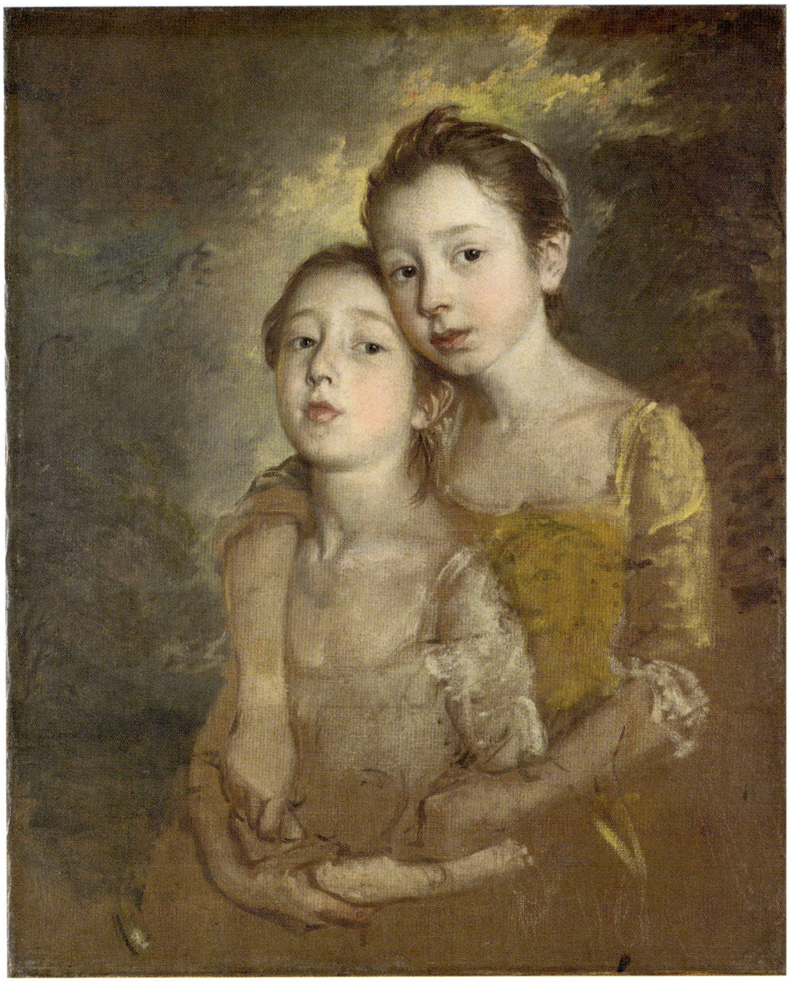

DIE TÖCHTER DES MALERS MIT EINER KATZE
Thomas Gainsborough, um 1760–61

Hinter den Mädchen sind skizzenhafte Wolken und Bäume angelegt. Gainsborough sagte, dass er lieber Landschaften statt Porträts male, und zeigte seine Modelle oft im Freien.

Künstlerinnen und Künstler malen auch Porträts von sich selbst. Man nennt sie Selbstporträts. Sie zeigen oft, wie man von der Welt gesehen werden wollte.

Manche Künstler skizzierten verschiedene Haltungen und ließen das Modell eine davon auswählen.

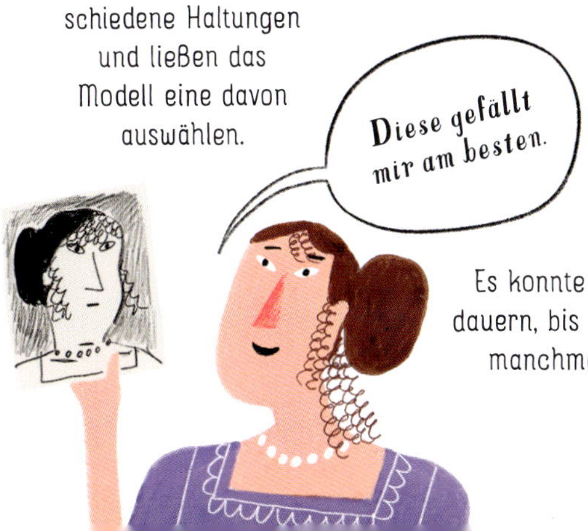

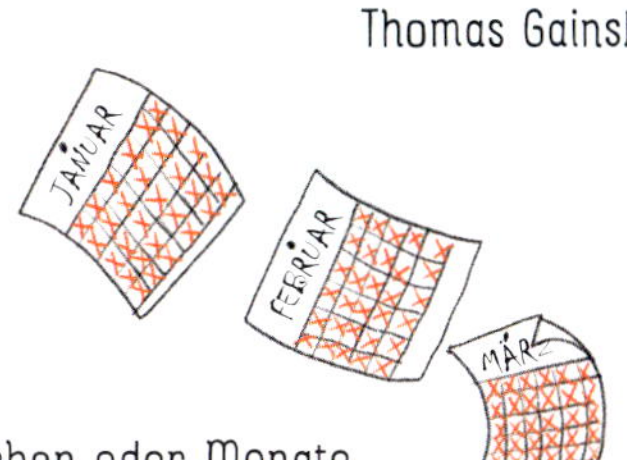

Es konnte Wochen oder Monate dauern, bis das Porträt fertig war – manchmal sogar noch länger.

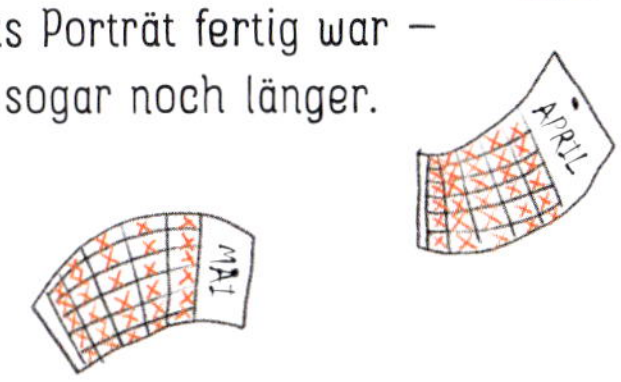

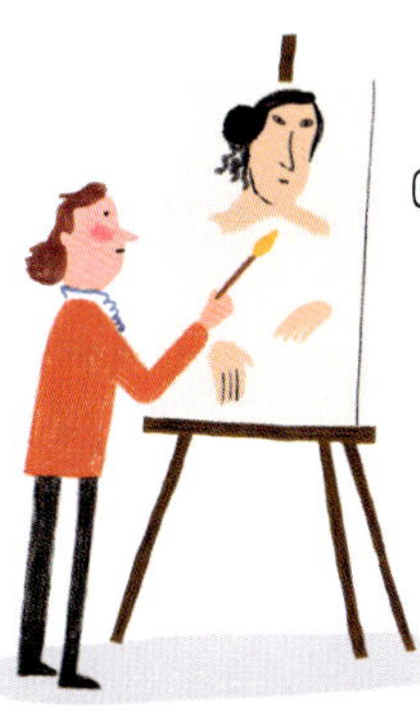

Gefragte Künstler malten oft nur das Gesicht und die Hände und ließen ihre Assistenten das Porträt fertigstellen.

WER IST AUF DEM BILD ZU SEHEN?

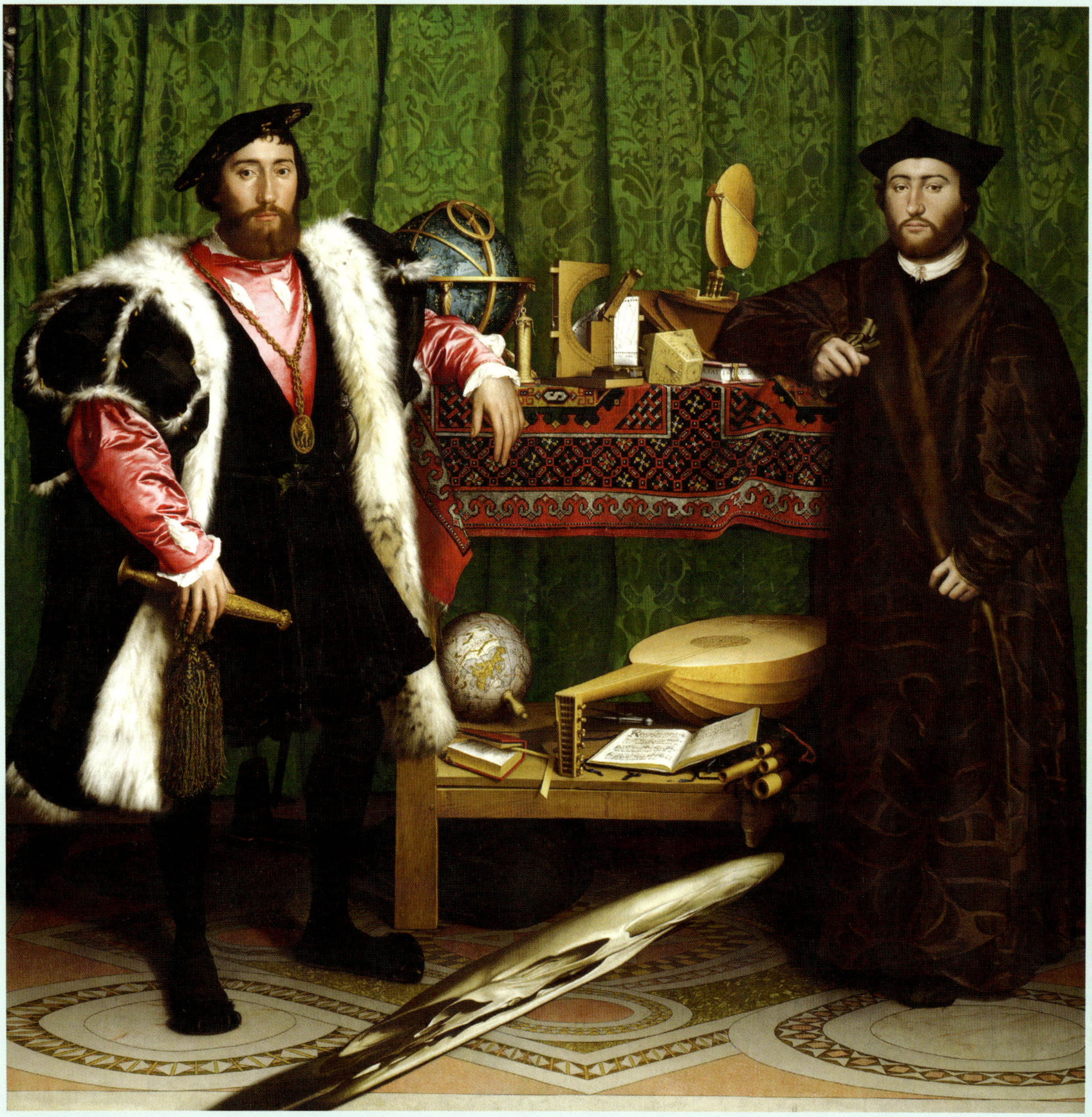

DIE GESANDTEN
Hans Holbein der Jüngere, 1533

Mache ein Auge zu und folge mit deinem Blick dem Pfeil. Kannst du einen Totenschädel sehen? Der Künstler malte ihn verzerrt oder „anamorph", sodass er nur aus bestimmten Blickwinkeln gesehen werden kann.

Ein Porträt kann uns viel über die abgebildete Person sagen. Dabei kommt es auf die Art des Porträts und auf die Person an, die es darstellt.

Das Porträt links zeigt auf der linken Seite den französischen Diplomaten Jean de Dinteville und auf der rechten Seite seinen Freund, den Bischof Georges de Selve. Es veranschaulicht, wie mächtig, reich und gebildet die beiden Männer waren.

Jeder Gegenstand im Bild wurde sorgfältig ausgewählt, um die Merkmale der zwei Männer zu beschreiben.

Wissenschaftliche Instrumente, Bücher und Musikinstrumente deuten auf das Wissen und die Bildung der Männer hin.

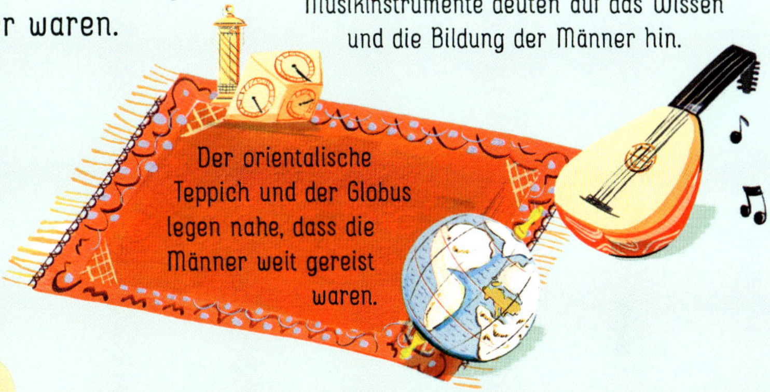

Zwei halb versteckte Gegenstände verraten die religiöse Haltung der Männer – ein verzerrter Totenschädel und ein Kreuz in der Ecke links oben. Der Schädel ist ein MEMENTO MORI und soll daran erinnern, dass alles vergänglich ist. Das Kreuz ist ein christliches Symbol für den Tod, aber auch für die Hoffnung auf ein Leben danach.

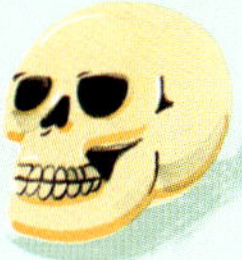

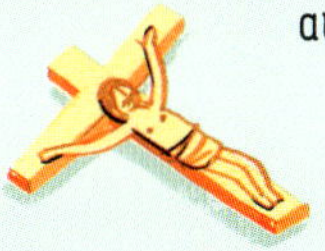

Porträts können auch ganz anders aussehen, wenn Künstlerinnen und Künstler sie für sich selbst malen statt für einen Auftraggeber.

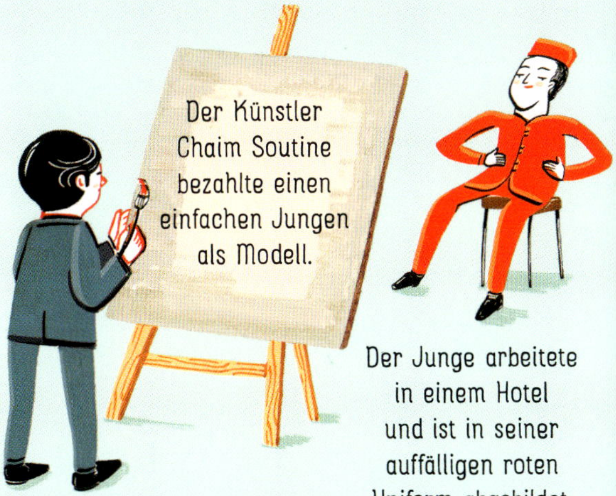

Der Junge arbeitete in einem Hotel und ist in seiner auffälligen roten Uniform abgebildet.

Der Künstler idealisierte den Jungen nicht. Er malte ihn mit kantigem Kopf und traurigen Augen, sodass er müde und zermürbt wirkt.

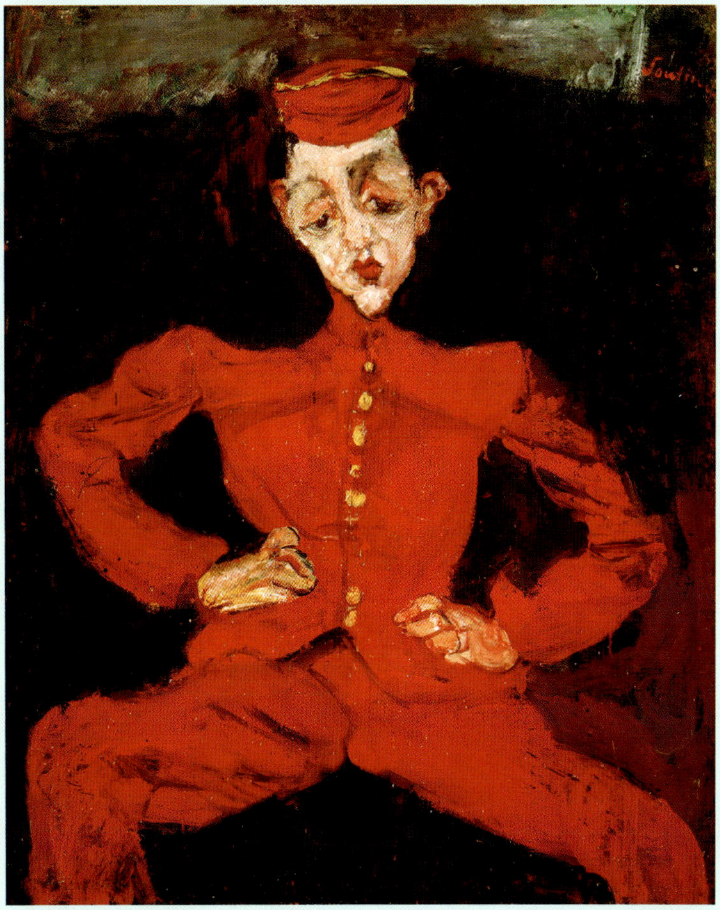

DER PAGE
Chaim Soutine, 1925

WER FEHLT?

Jahrhundertelang wurden in Europa und Nordamerika nur Kunstwerke hoch geschätzt, die weiße männliche Künstler für wohlhabende weiße Auftraggeber schufen.

Einige Kunstschaffende wurden aufgrund ihres Geschlechts oder ihrer Hautfarbe nie bekannt oder gerieten schnell wieder in Vergessenheit. Heute wird versucht, diese Lücken in der Kunstgeschichte zu schließen.

Frauen war es in der Regel nicht gestattet, sich Werkstätten anzuschließen, deshalb konnten nur wenige von ihnen als Künstlerin ausgebildet werden und arbeiten.

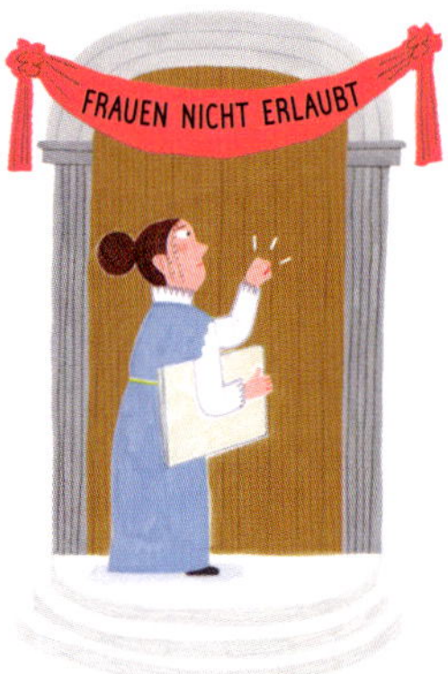

Artemisia Gentileschi erlernte das Malen von ihrem Vater. Obwohl sie eine der berühmtesten Künstlerinnen ihrer Zeit war, wurde sie nach ihrem Tod fast vergessen. Damals glaubte man einfach nicht, dass eine Frau so gut malen konnte.

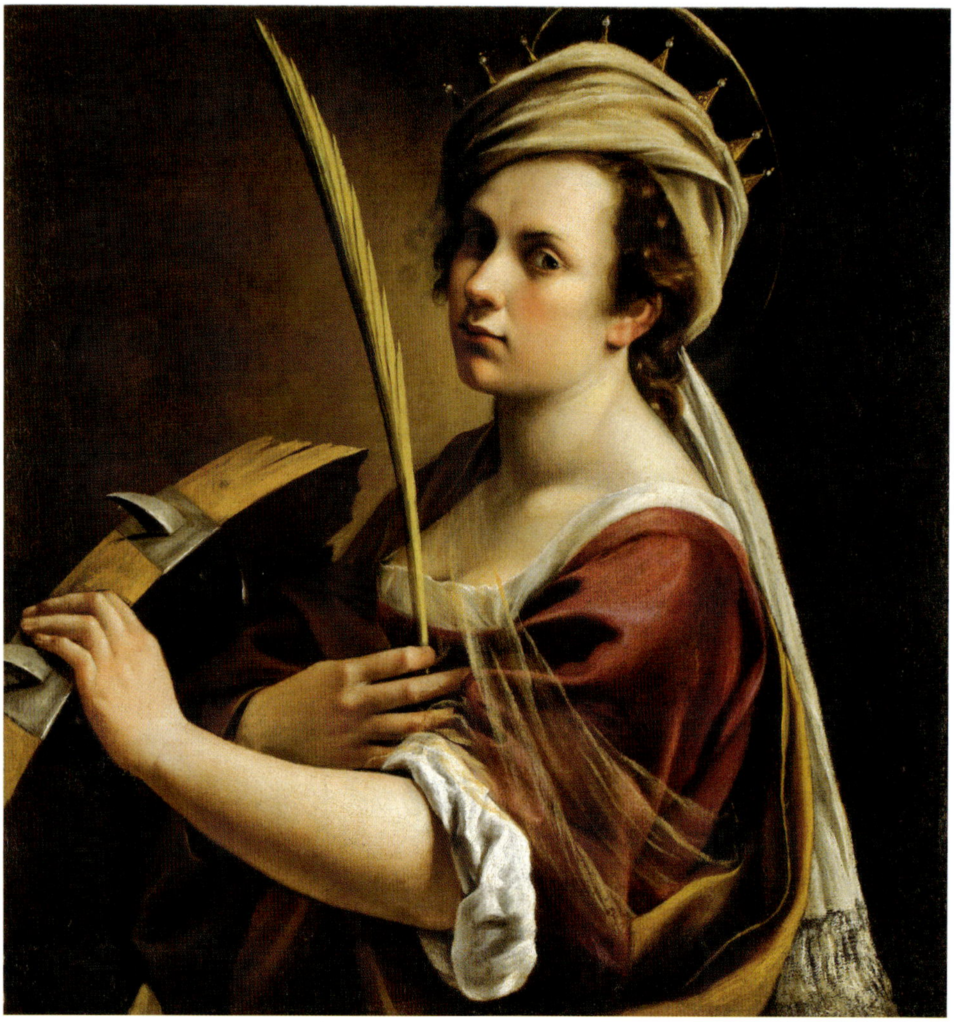

SELBSTPORTRÄT ALS HEILIGE KATHARINA VON ALEXANDRIA
Artemisia Gentileschi, um 1615–17

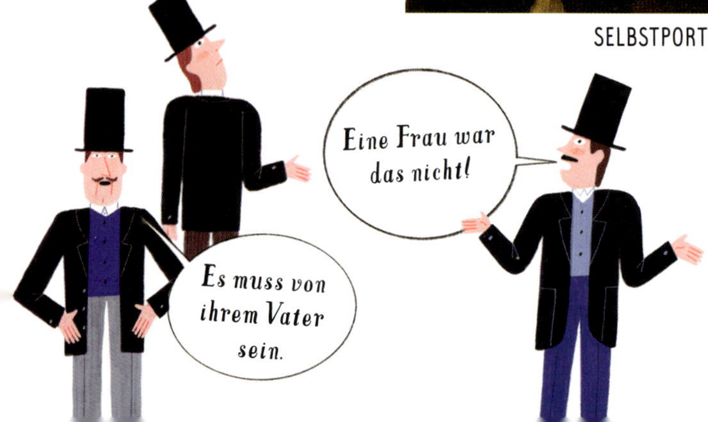

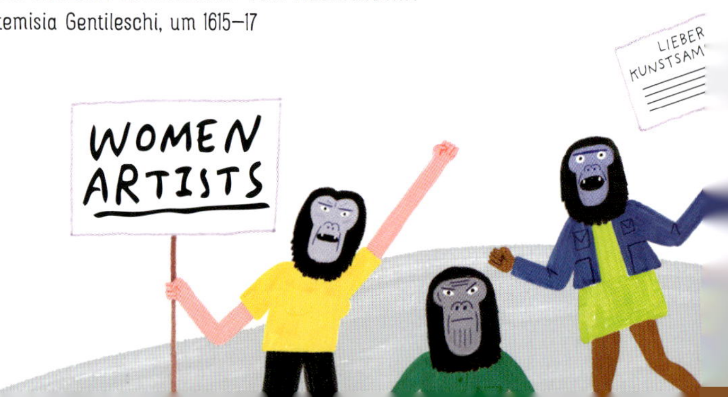

Nicht nur Künstlerinnen gerieten in Vergessenheit, auch viele Geschichten ganz einfacher Menschen gingen verloren. Während es unzählige Porträts von reichen und mächtigen Personen gibt, wurden die Männer und Frauen, die für sie arbeiteten, hingegen nur sehr selten porträtiert.

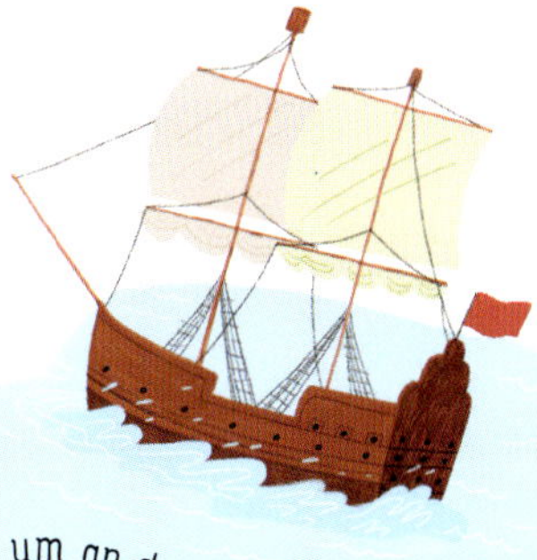

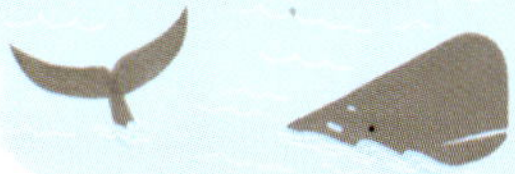

Lubaina Himid gestaltete die Figuren dieser Installation, um an das Leben der afrikanischen Menschen zu erinnern, die im 18. Jahrhundert versklavt und nach Europa gebracht wurden. Himid sagte: „Es gibt Geschichten, die erzählt werden müssen."

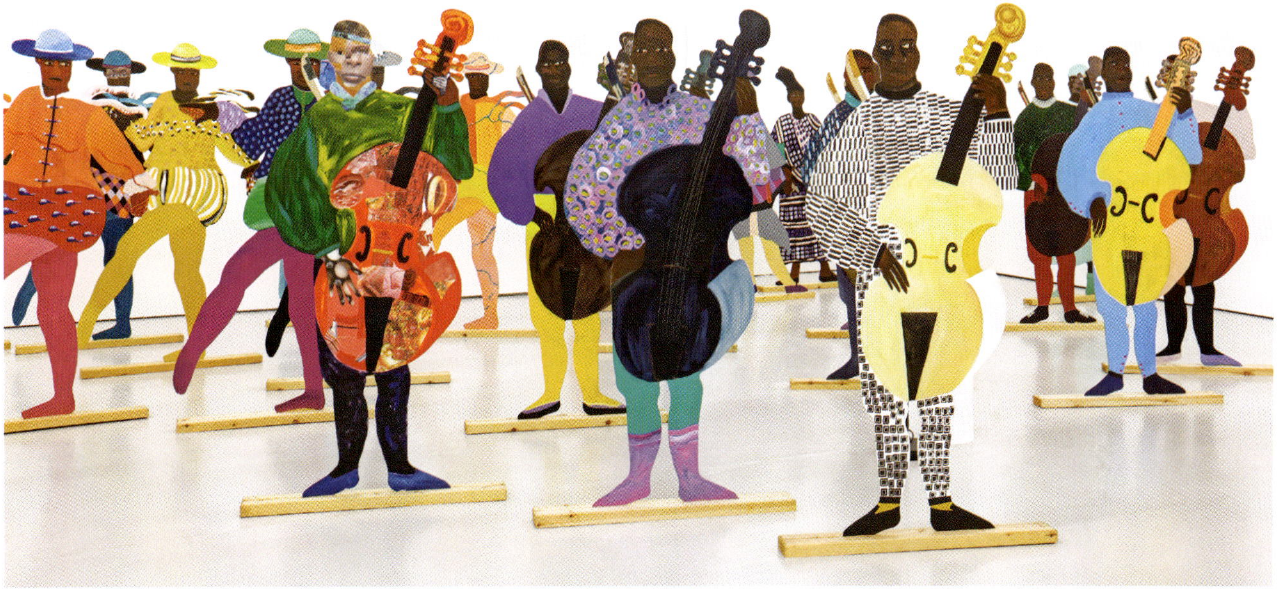

NAMING THE MONEY
Lubaina Himid, 2004

Die Figuren in farbenfroher Kleidung führen einige der Aufgaben aus, zu denen sie damals gezwungen wurden. Auf diesem Foto sind tanzende und musizierende Menschen zu sehen. Auf einem Schild auf der Rückseite jeder Figur wird die Geschichte der jeweiligen Person erzählt.

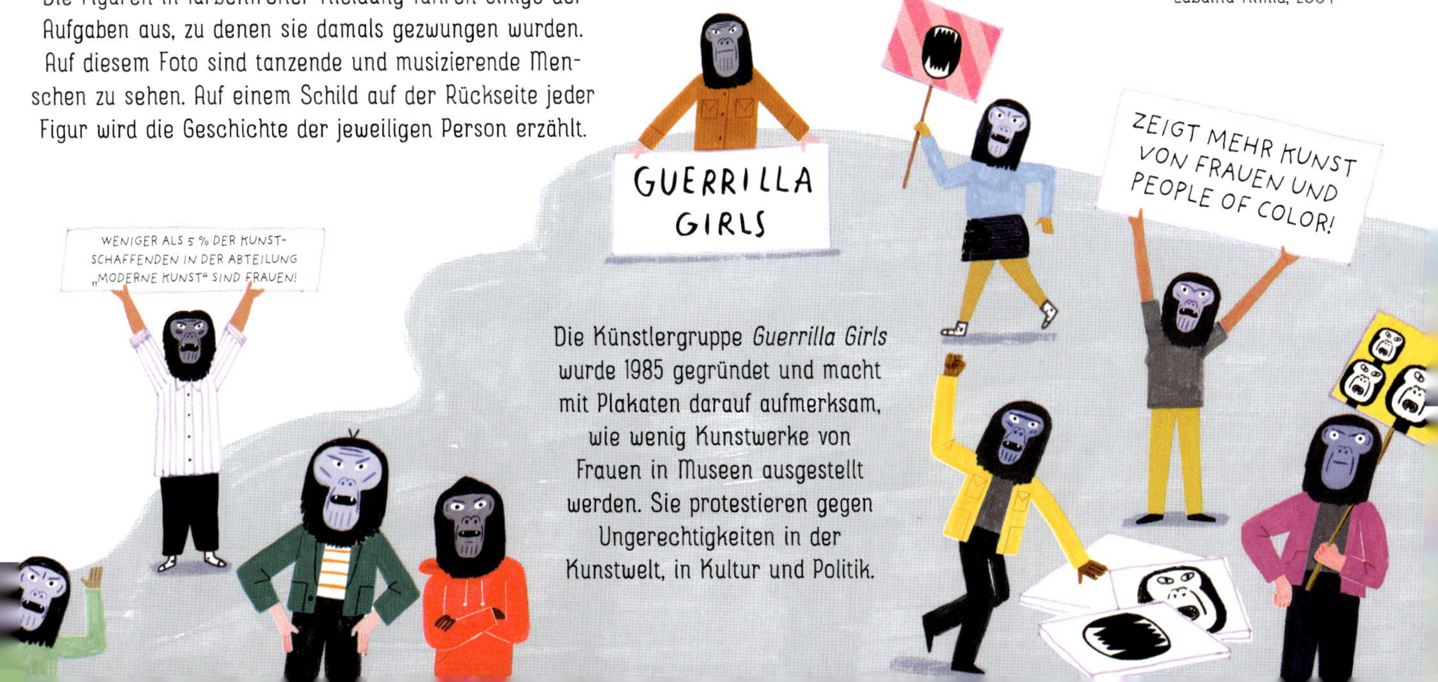

Die Künstlergruppe *Guerrilla Girls* wurde 1985 gegründet und macht mit Plakaten darauf aufmerksam, wie wenig Kunstwerke von Frauen in Museen ausgestellt werden. Sie protestieren gegen Ungerechtigkeiten in der Kunstwelt, in Kultur und Politik.

WIE ERZÄHLT KUNST GESCHICHTEN?

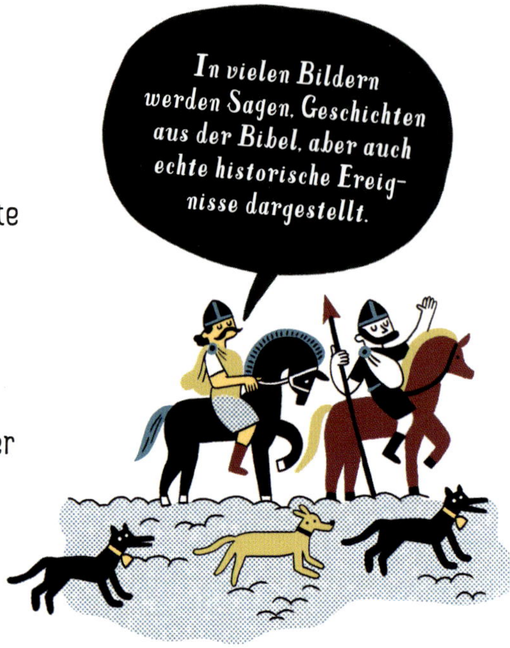

Geschichten können in der Kunst auf verschiedene Weise dargestellt werden. Entweder wird der Kern der Geschichte in einer einzigen Szene festgehalten oder die Geschichte wird in mehreren Szenen nacheinander wiedergegeben.

Der *Teppich von Bayeux* ist ein bestickter Tuchstreifen, der die Ereignisse nacherzählt, die zur Eroberung Englands durch Wilhelm den Eroberer im Jahr 1066 führten. Zu seiner Entstehungszeit hingen in vielen Burgen Wandteppiche. Aber der Teppich von Bayeux war ungewöhnlich: Er ist etwa 70 Meter lang und 50 Zentimeter breit und damit die längste Stickarbeit der Welt.

Die Handlung wird in etwa 60 Einzelszenen dargestellt, die jeweils von einem lateinischen Text erklärt werden. Die Leserichtung verläuft von links nach rechts wie bei einem modernen Comic.

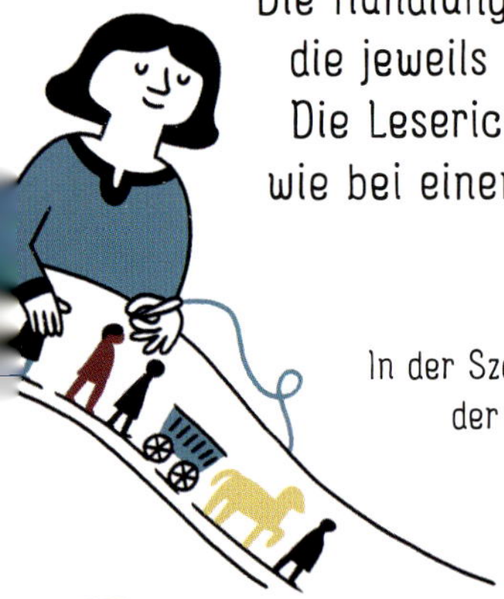

In der Szene unten gehen Wilhelms Truppen an Bord der Schiffe, die sie nach England bringen.

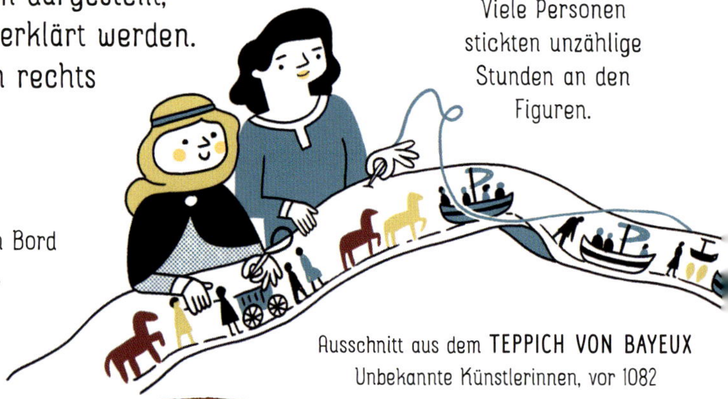

Viele Personen stickten unzählige Stunden an den Figuren.

Ausschnitt aus dem **TEPPICH VON BAYEUX**
Unbekannte Künstlerinnen, vor 1082

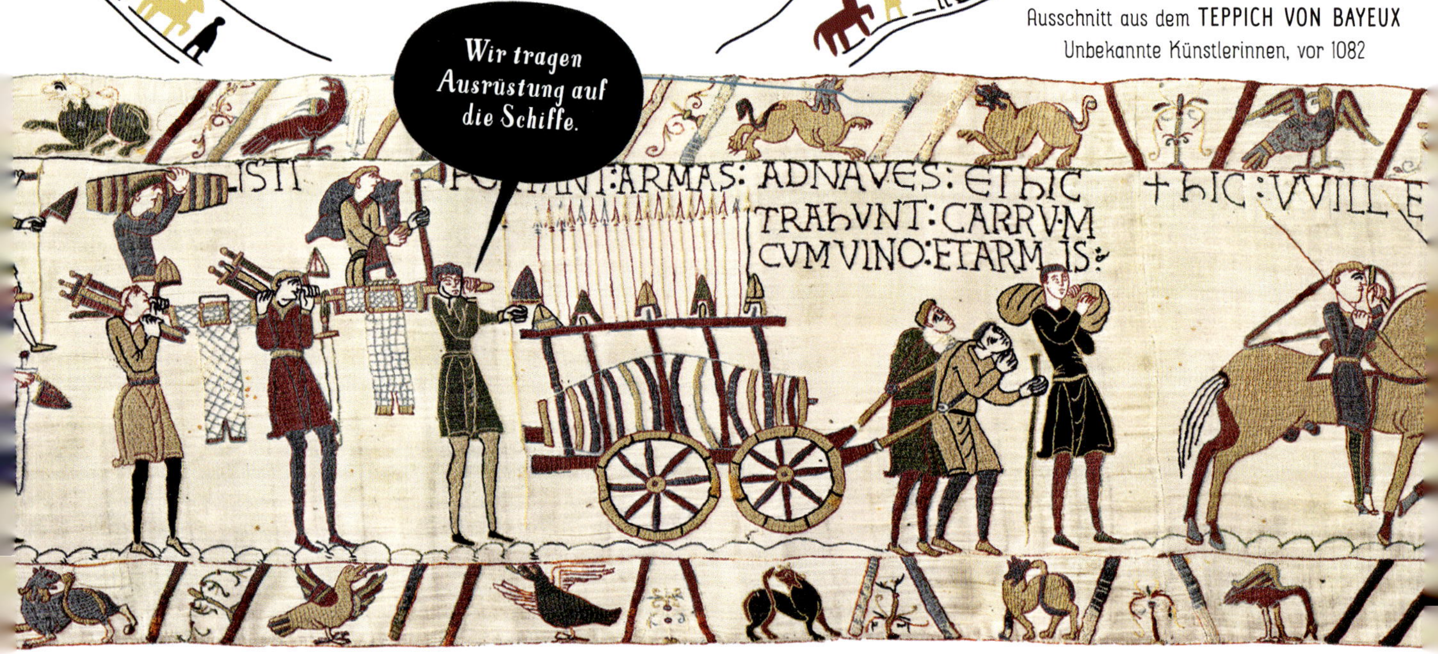

Nur wichtige Personen und Ereignisse sind abgebildet. Es gibt fast keinen Hintergrund, wodurch die Aufmerksamkeit auf die zentralen Elemente der Geschichte gerichtet wird.

Auf dem Gemälde unten ist eine Szene aus einer biblischen Geschichte über einen König zu sehen. Der Künstler zeigt nicht die gesamte Geschichte, sondern nur einen spannungsreichen Moment: Der König und seine Gäste sind schockiert, als eine Hand aus dem Nichts auftaucht und eine Warnung auf Hebräisch an die Wand schreibt. Wir sehen alles aus der Nähe, als ob wir mit den Gästen am Tisch sitzen würden.

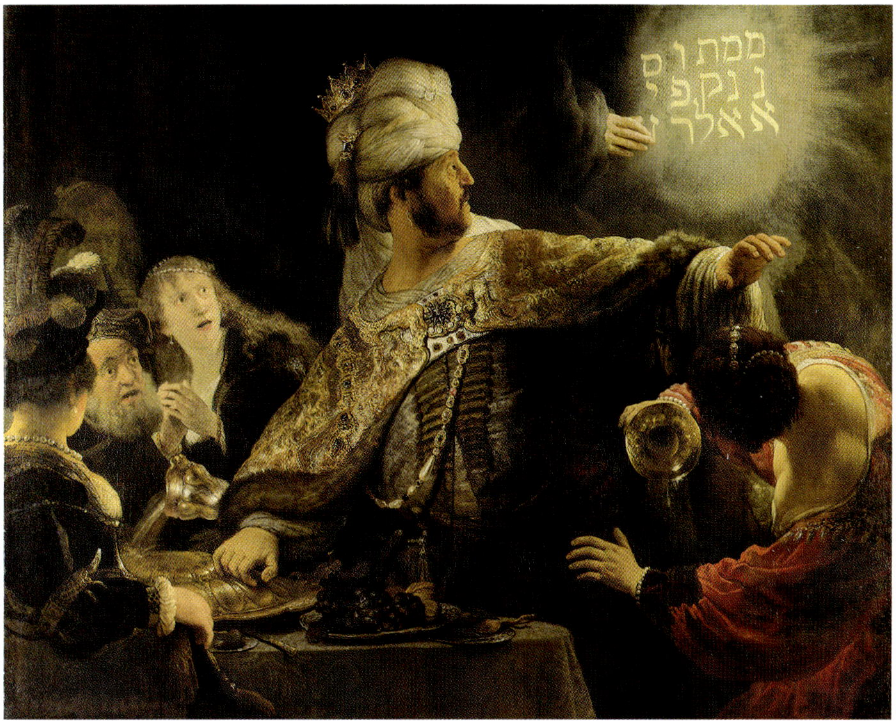

DAS GASTMAHL DES BELSAZAR
Rembrandt van Rijn, um 1636–38

Die Szene ist voller Bewegung – als ob ein Film kurz vor dem Höhepunkt der Geschichte angehalten worden wäre.

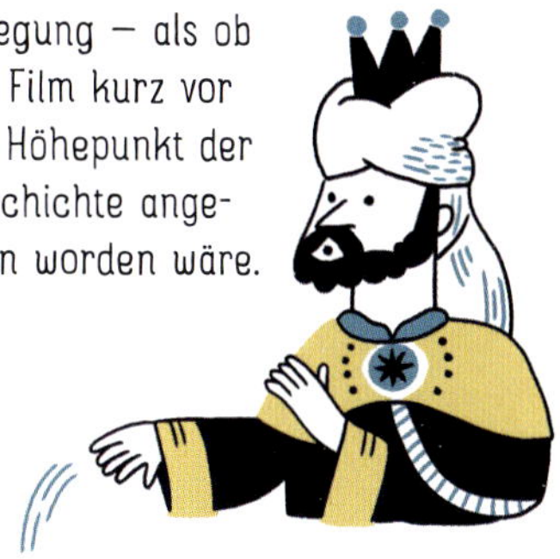

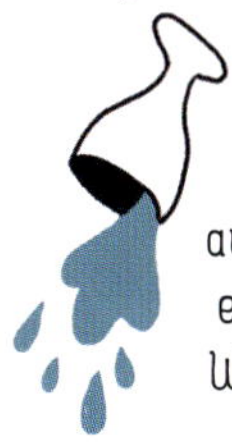

Der König ist so schnell aufgesprungen, dass er einen Kelch mit Wein dabei umwirft.

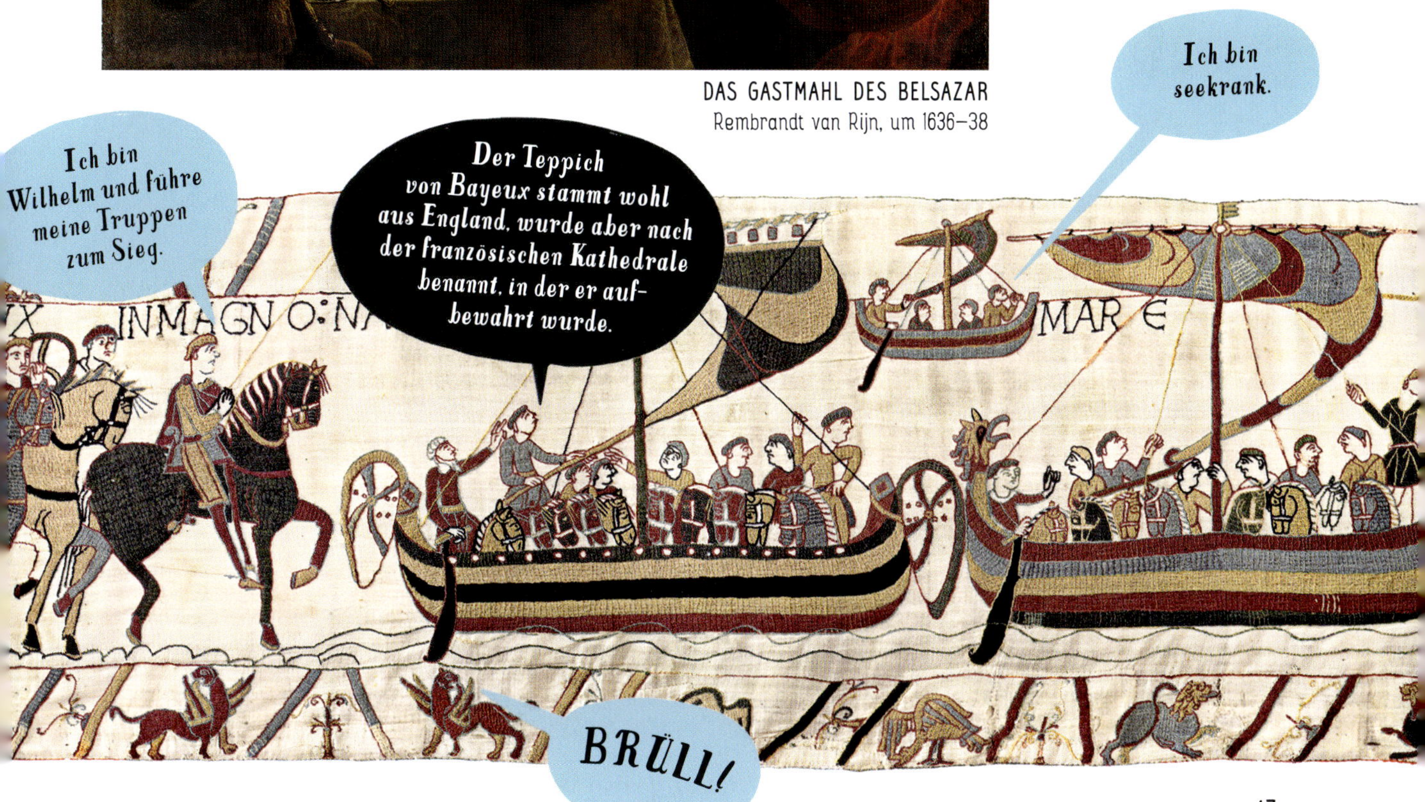

EINE VERSTECKTE GESCHICHTE

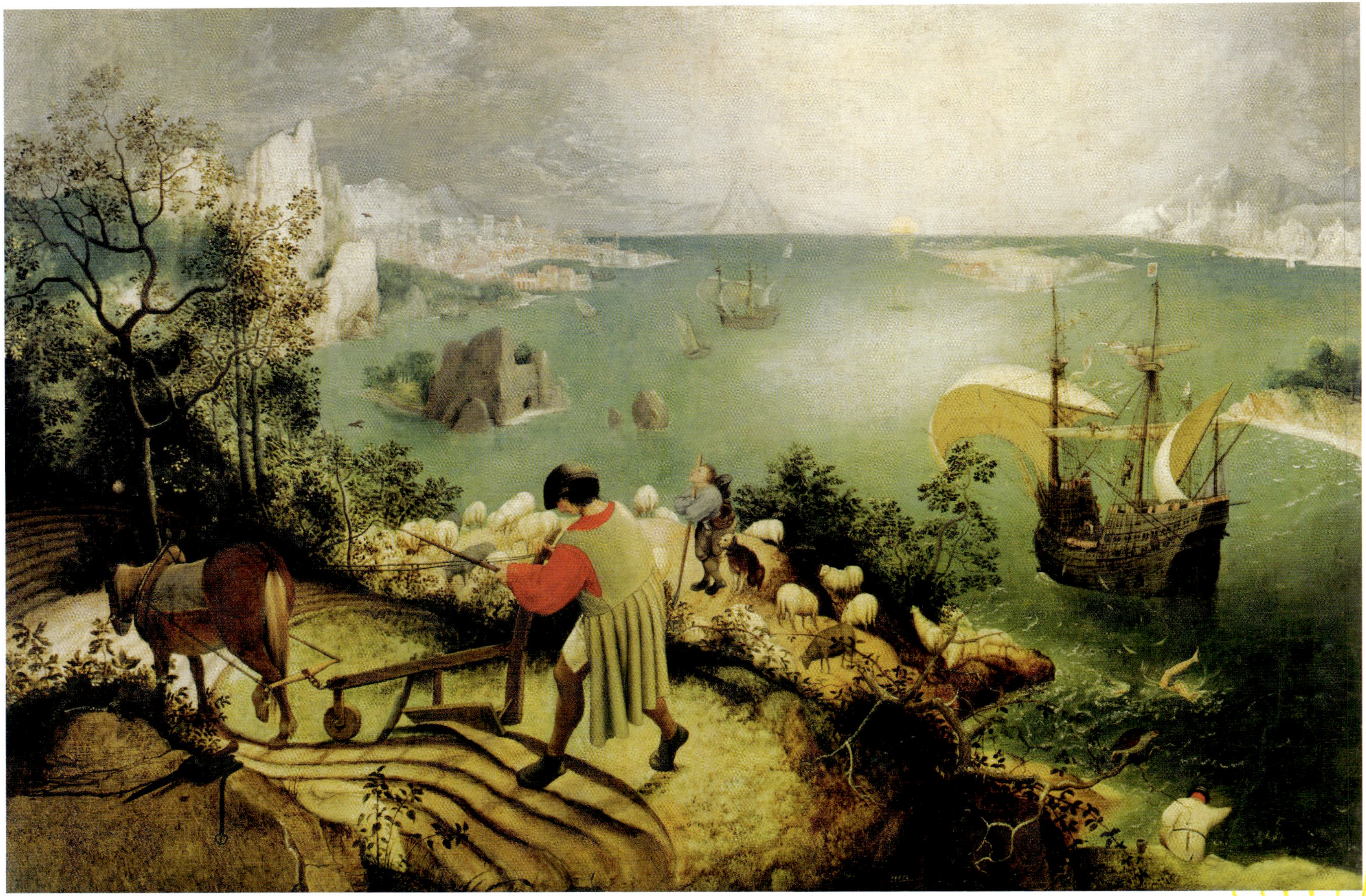

LANDSCHAFT MIT DEM STURZ DES IKARUS (vermutlich frühe Kopie des verloren gegangenen Originals, Komposition von Pieter Bruegel dem Älteren)
Unbekannter Künstler, Ende 16. Jh./Anfang 17. Jh.

Gemälde, die Sagen oder Legenden zeigen, stellen meistens die Geschichte und ihre Hauptpersonen in den Mittelpunkt, aber dieses erstaunliche Bild hier bricht alle Regeln.

Auf den ersten Blick sieht es wie eine normale Landschaft aus, doch es versteckt sich eine Geschichte aus der altgriechischen Mythologie darin: Es geht um Ikarus, den Jungen, der vom Himmel fiel. Ikarus spielt hier jedoch nicht die Hauptrolle, sondern wurde von dem Künstler zu einem kleinen Detail reduziert, das man leicht übersehen kann. Vielleicht wollte er zeigen, dass das alltägliche Leben einfach weitergeht, auch wenn außergewöhnliche Dinge passieren.

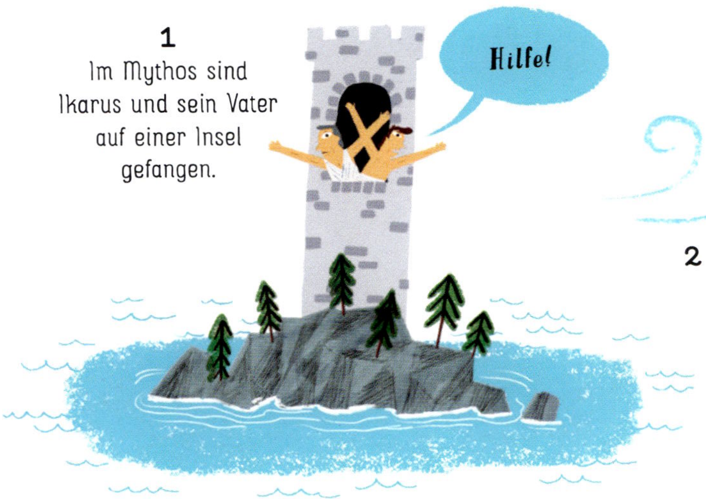

1
Im Mythos sind Ikarus und sein Vater auf einer Insel gefangen.

2 Sie konnten mit Flügeln aus Federn und Wachs von dort wegfliegen.

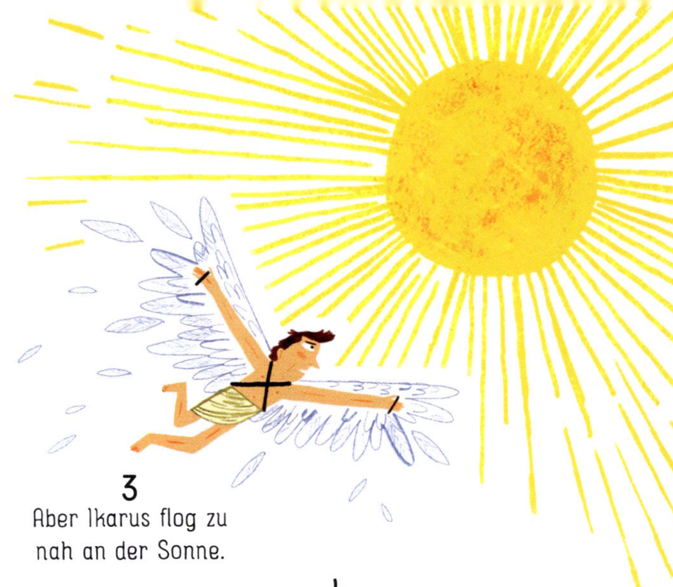

3
Aber Ikarus flog zu nah an der Sonne.

4
Das Wachs schmolz und er stürzte ins Meer.

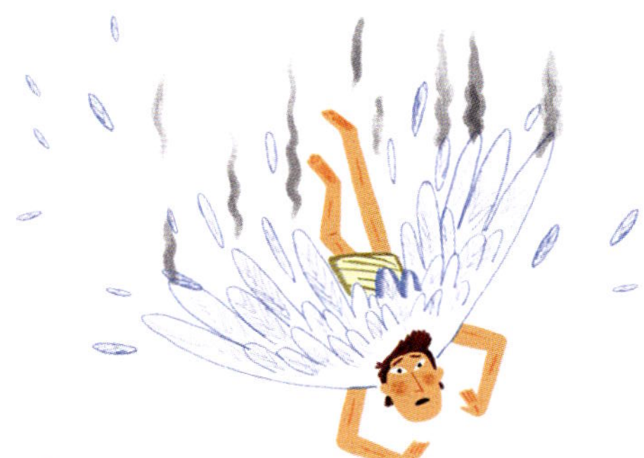

Die Landschaft ist sehr detailliert dargestellt – von naturgetreuen Bäumen bis zu den Dächern der Stadt in der Ferne.

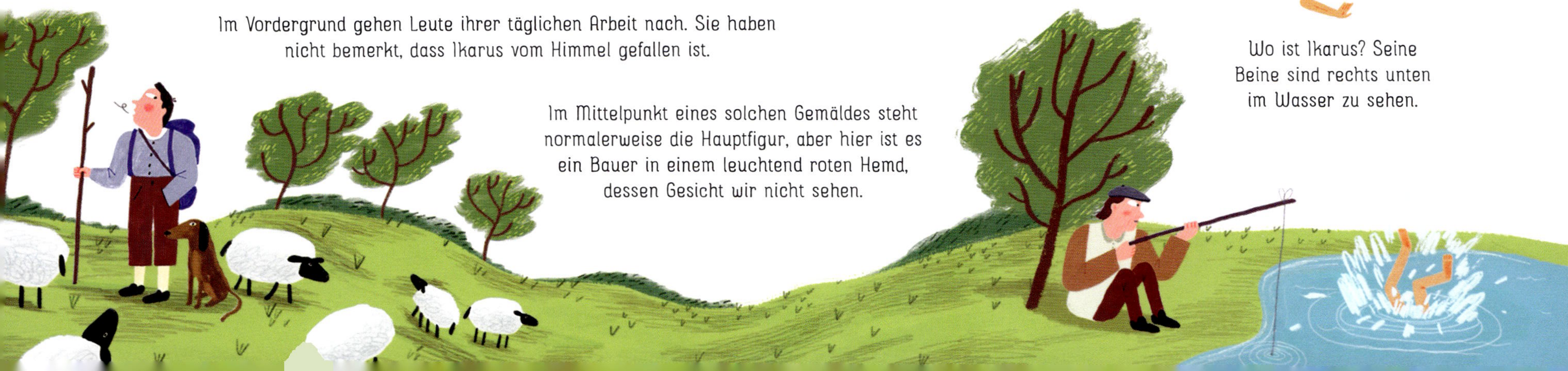

Im Vordergrund gehen Leute ihrer täglichen Arbeit nach. Sie haben nicht bemerkt, dass Ikarus vom Himmel gefallen ist.

Im Mittelpunkt eines solchen Gemäldes steht normalerweise die Hauptfigur, aber hier ist es ein Bauer in einem leuchtend roten Hemd, dessen Gesicht wir nicht sehen.

Wo ist Ikarus? Seine Beine sind rechts unten im Wasser zu sehen.

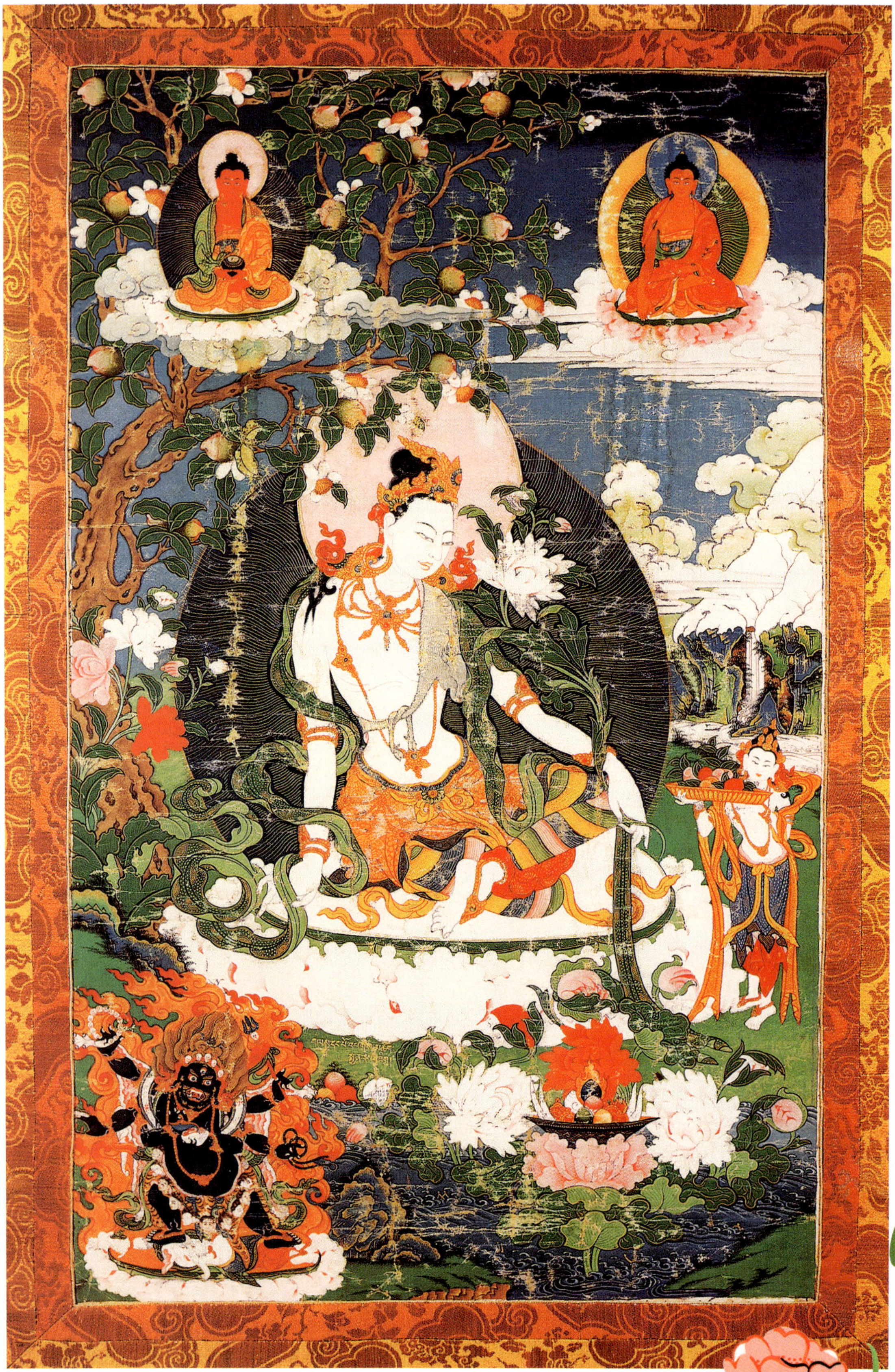

AVALOKITESHVARA/PADMAPANI
Unbekannter ostasiatischer Künstler, 18.–19. Jahrhundert

Das hier ist ein idealisiertes Porträt eines heiligen Mannes.

Seine anmutige Haltung wird von den gewundenen Pflanzen widergespiegelt.

MUSS KUNST SCHÖN SEIN?

Es gibt viele Diskussionen über Kunst und Schönheit, vor allem wenn es um Bilder von Menschen geht. Manche sind der Meinung, dass Kunst schön und ansprechend sein sollte. Andere sagen, dass es wichtiger ist, die Wahrheit zu zeigen, auch wenn sie nicht gerade ansprechend ist. Menschen haben unterschiedliche Meinungen darüber, was „schön" ist.

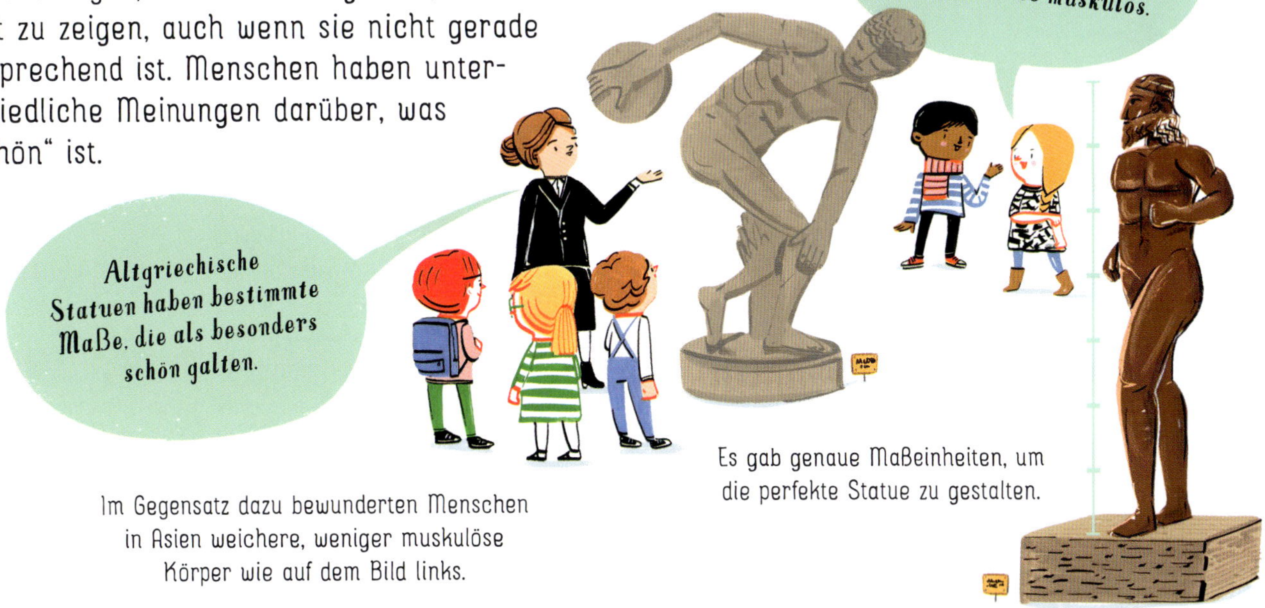

Es gab genaue Maßeinheiten, um die perfekte Statue zu gestalten.

Im Gegensatz dazu bewunderten Menschen in Asien weichere, weniger muskulöse Körper wie auf dem Bild links.

Wenn Künstlerinnen und Künstler Porträts malen, stellen sie ihr Modell oft schöner dar. Aber manchmal bevorzugen die Modelle eine wirklichkeitsgetreue Abbildung, weil sie uneitel erscheinen wollen.

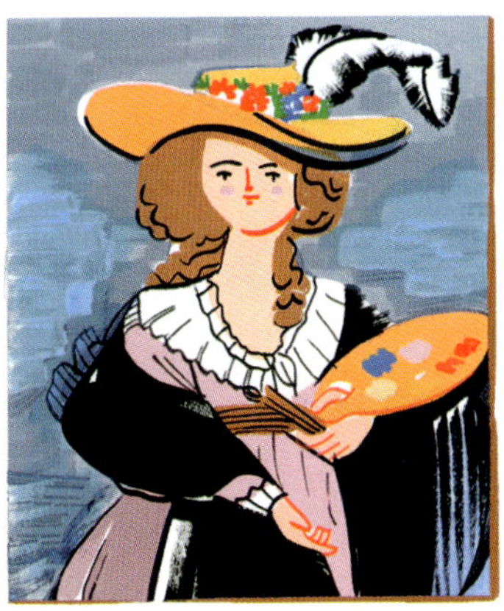

Auf Seite 63 ist das Selbstporträt einer Künstlerin zu sehen, die auf schmeichelhafte Porträts spezialisiert war.

Der englische Lordprotektor Oliver Cromwell bestand darauf, dass sein Porträt ihn genau so zeigte, wie er war. Hier rechts ist er zu sehen – mit lichtem Haar, Falten und Warzen.

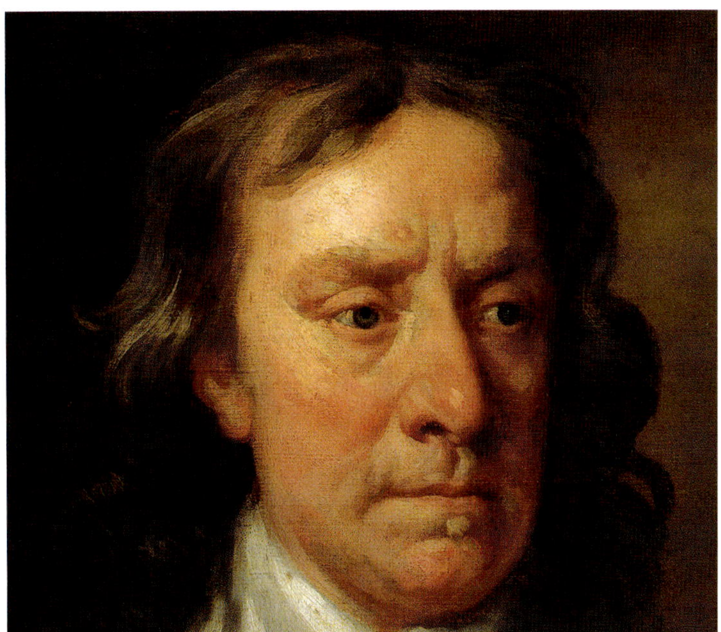

OLIVER CROMWELL (Ausschnitt)
Peter Lely, 1653–54

WARUM SO GROSS?

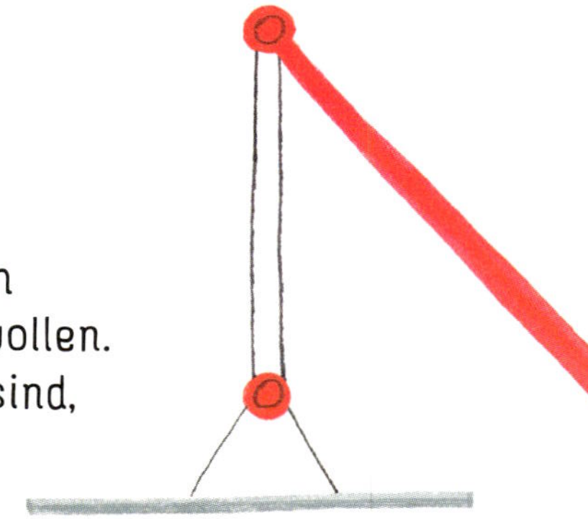

Große Kunstwerke erregen unsere Aufmerksamkeit. Künstlerinnen und Künstler erschaffen große Kunstwerke, wenn sie beeindrucken oder eine Idee als äußerst wichtig darstellen wollen. Wenn diese Kunstwerke auf öffentlichen Plätzen stehen und schon von Weitem zu sehen sind, dann sind sie besonders eindrucksvoll.

Die *Freiheitsstatue* vor dem New Yorker Hafen stellt Libertas dar, die römische Göttin der Freiheit. Sie war ein Geschenk Frankreichs an Amerika, um die Freundschaft der beiden Länder zu feiern. Die Statue ist ein Symbol dafür, dass Amerika ein freies und unabhängiges Land ist.

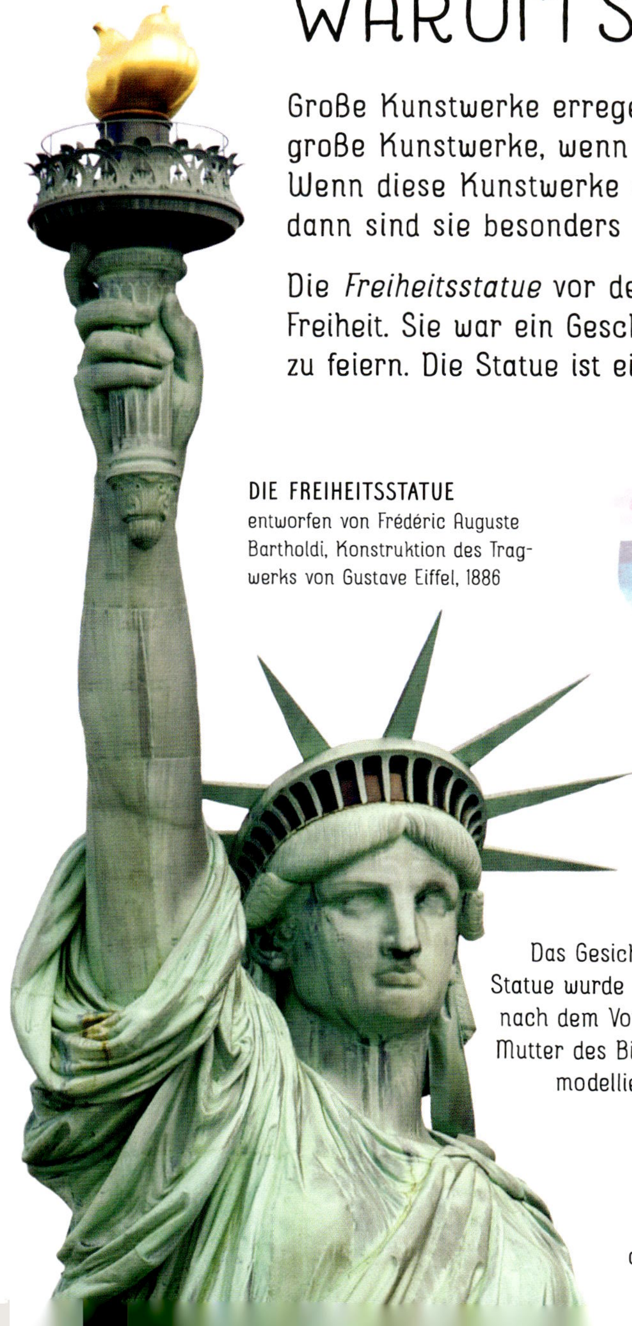

DIE FREIHEITSSTATUE
entworfen von Frédéric Auguste Bartholdi, Konstruktion des Tragwerks von Gustave Eiffel, 1886

Das Gesicht der Statue wurde angeblich nach dem Vorbild der Mutter des Bildhauers modelliert.

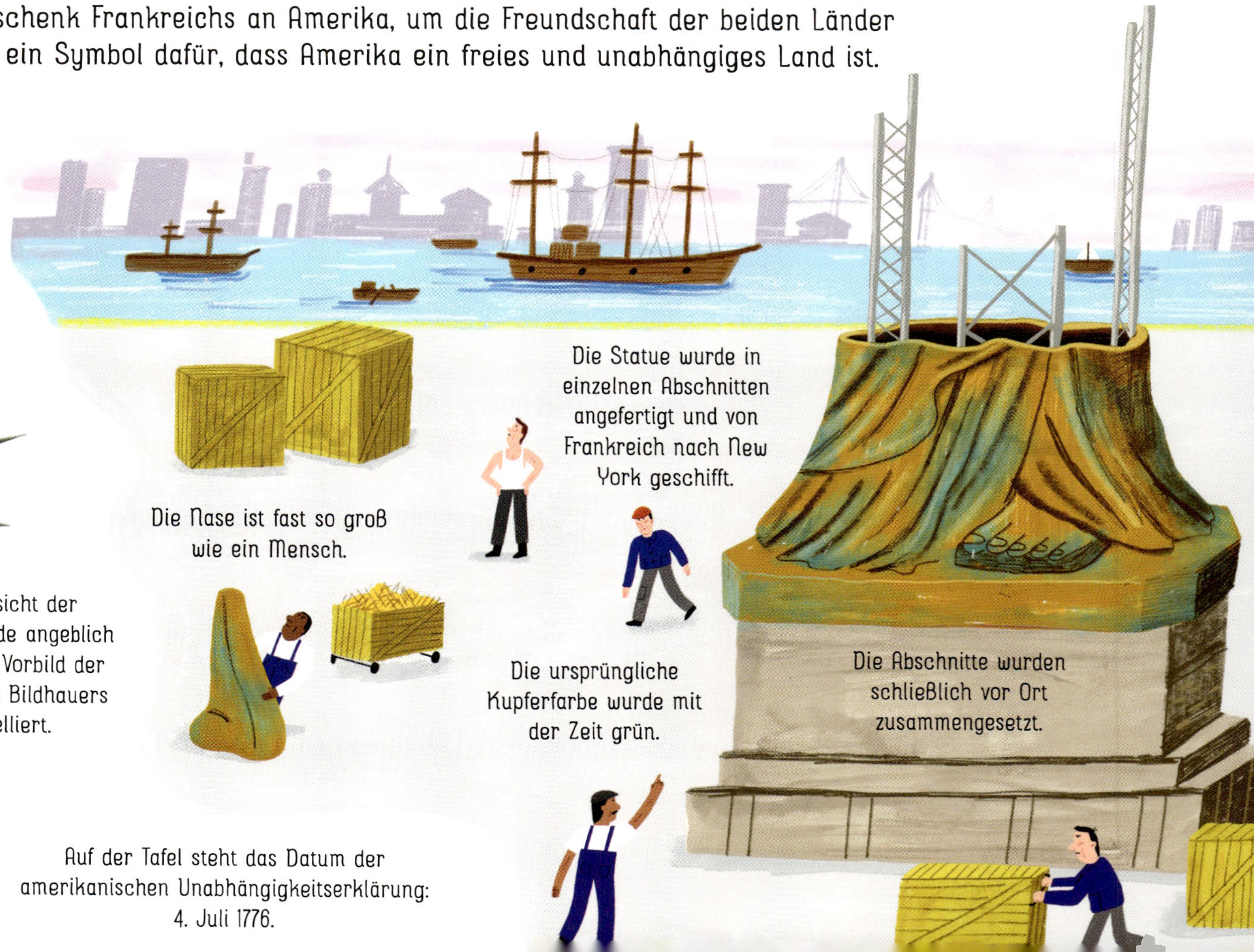

Die Nase ist fast so groß wie ein Mensch.

Die Statue wurde in einzelnen Abschnitten angefertigt und von Frankreich nach New York geschifft.

Die ursprüngliche Kupferfarbe wurde mit der Zeit grün.

Die Abschnitte wurden schließlich vor Ort zusammengesetzt.

Auf der Tafel steht das Datum der amerikanischen Unabhängigkeitserklärung: 4. Juli 1776.

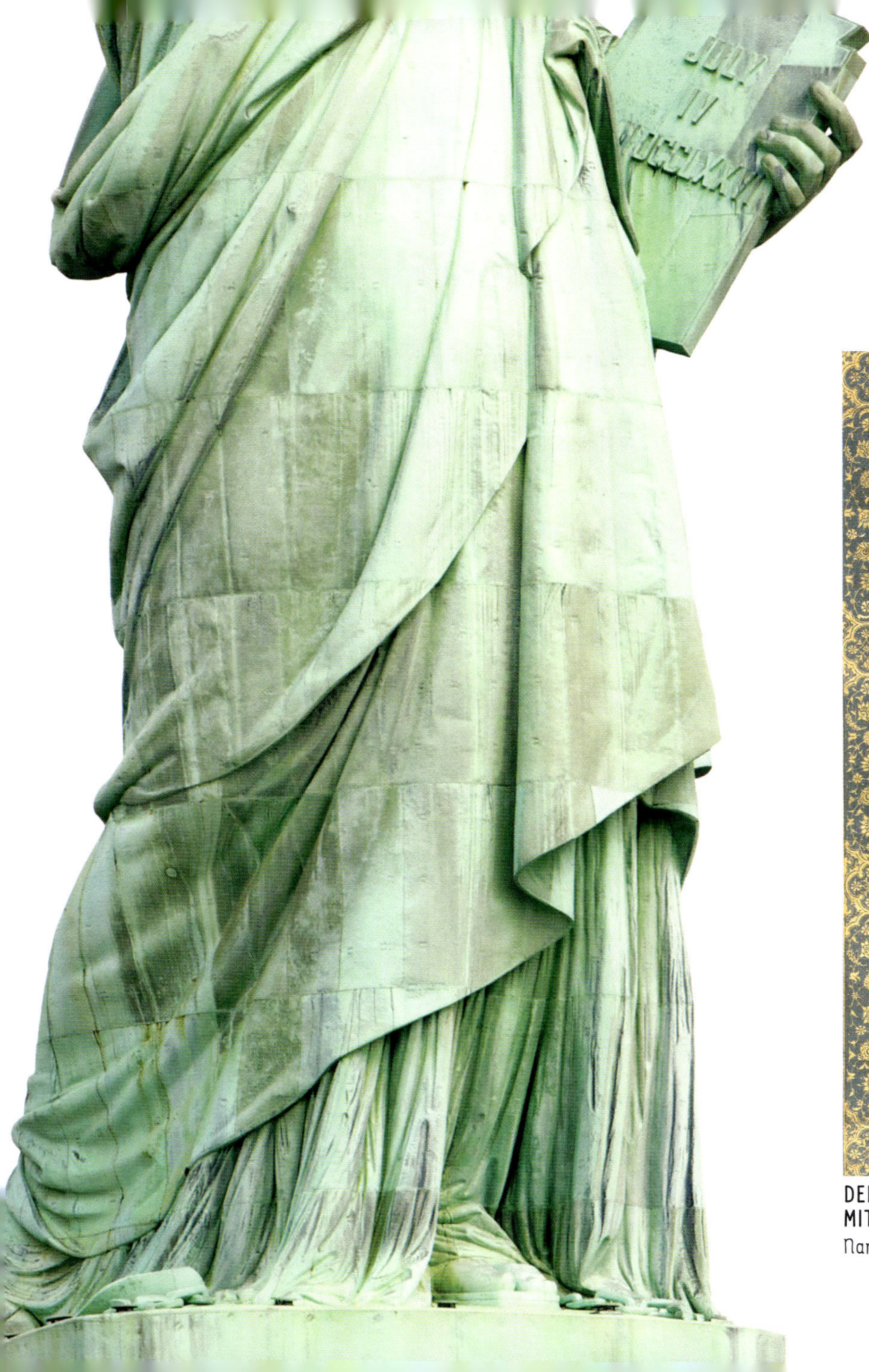

WARUM SO KLEIN?

Kleine Kunstwerke sind häufig private Gegenstände, die nur für wenige Menschen bestimmt sind. Das Bild unten – ein kleines, wunderschön detailliertes Gemälde, das auch als MINIATUR bezeichnet wird – war Teil einer Sammlung, die dem steinreichen indischen Schah Jahan gehörte.

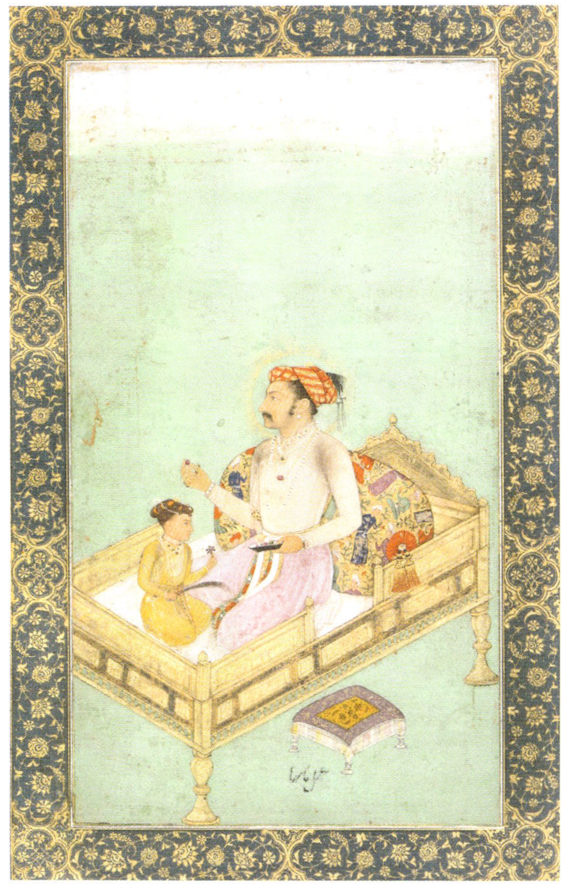

DER KAISER SCHAH JAHAN MIT SEINEM SOHN DARA SHIKOH
Nanha, um 1530–50

Das Gemälde ist in Wirklichkeit nur etwa 13 cm breit, so groß wie ein Familienfoto.

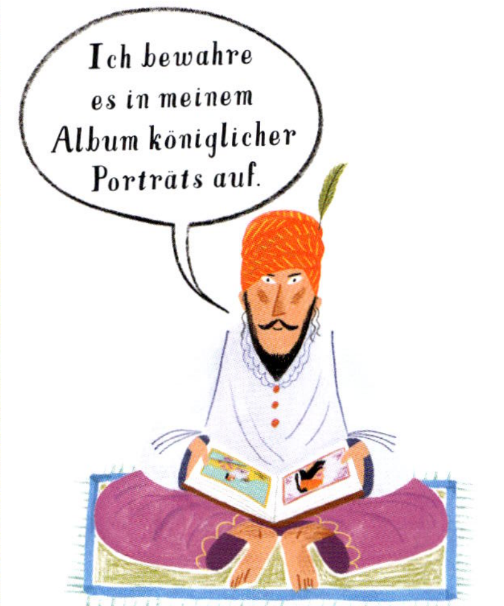

Durch den leeren Hintergrund richtet sich unsere Aufmerksamkeit auf die detailliert dargestellten Figuren.

WAS IST EINE KUNSTRICHTUNG?

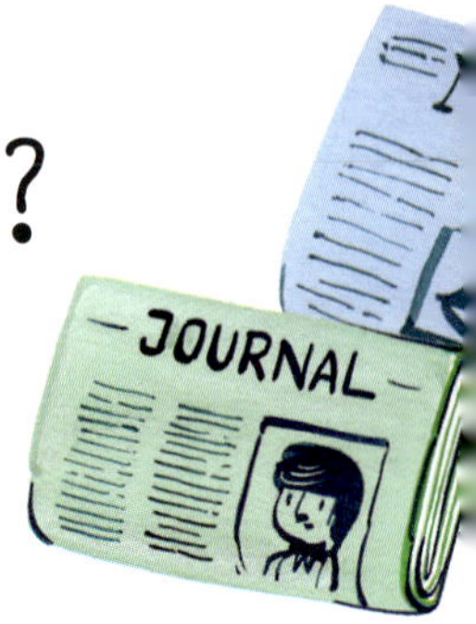

Manchmal haben mehrere Künstlerinnen die gleichen Ideen und arbeiten auf ähnliche Weise. In diesem Fall spricht man von einer KUNSTRICHTUNG. Folgende Kunstrichtungen waren besonders berühmt und einflussreich.

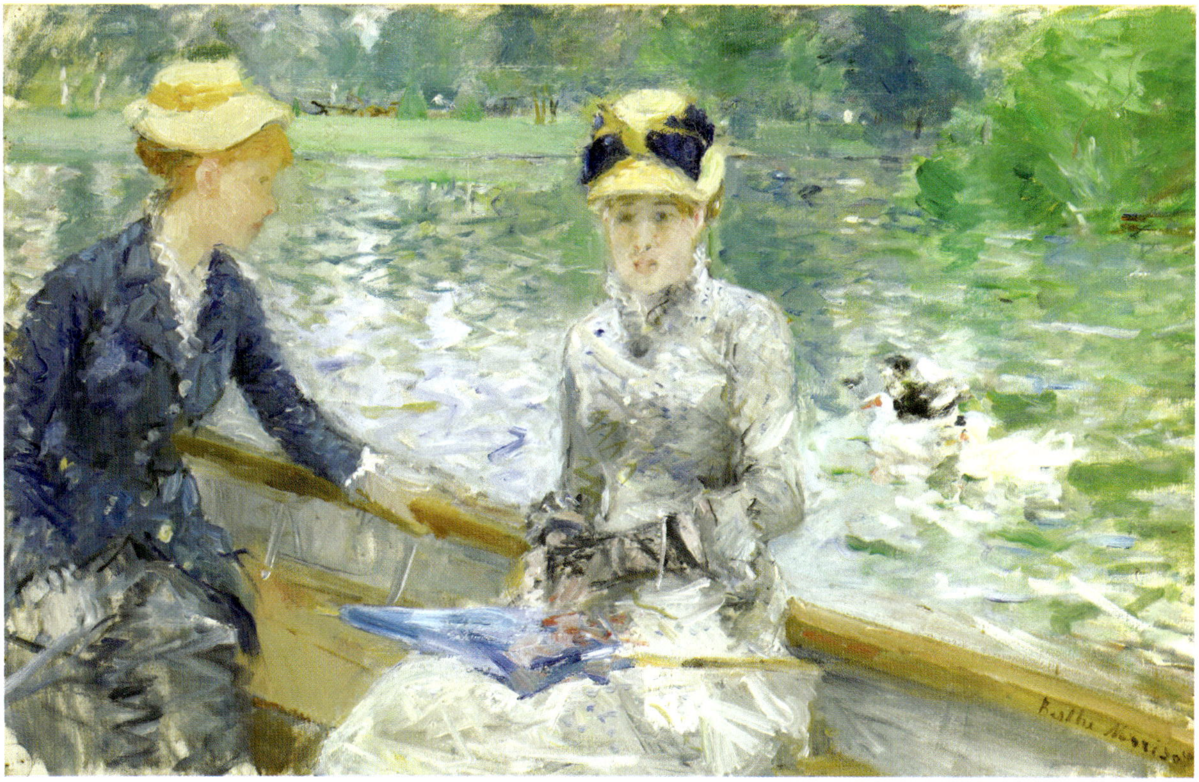

SOMMERTAG
Berthe Morisot, um 1879

Der **IMPRESSIONISMUS** war eine Kunstrichtung. Sie begann in Paris in der zweiten Hälfte des 19. Jahrhunderts, als Claude Monet, Berthe Morisot und andere Künstlerinnen und Künstler zusammenarbeiteten und gemeinsam ausstellten. Sie malten im Freien, spontan und skizzenhaft, um die Einflüsse des Sonnenlichts und des Wetters einzufangen. Die dicken, geschlängelten Pinselstriche im Gemälde oben sollen die Bewegung des Wassers darstellen.

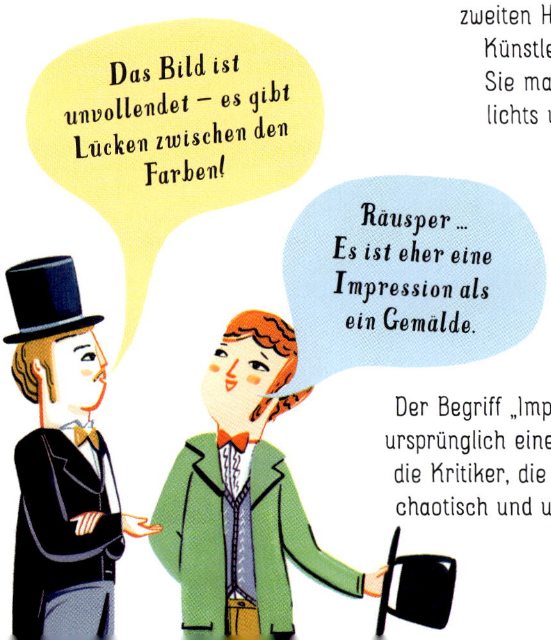

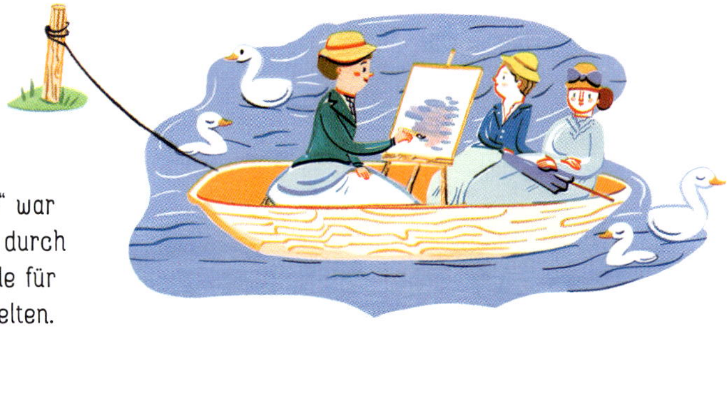

Der Begriff „Impressionismus“ war ursprünglich eine Beleidigung durch die Kritiker, die diese Gemälde für chaotisch und unvollendet hielten.

Der **KUBISMUS** war eine revolutionäre Kunstrichtung, die im frühen 20. Jahrhundert von Pablo Picasso und Georges Braque entwickelt wurde. Seit Jahrhunderten hatten Künstler versucht, die Illusion eines dreidimensionalen Raumes in ihren Bildern zu erzeugen. Aber Picasso und Braque fanden es seltsam zu *versuchen*, ein flaches Bild dreidimensional aussehen zu lassen.

Stattdessen zeigten sie Gegenstände aus vielen verschiedenen Blickwinkeln gleichzeitig, um ihre Dreidimensionalität darzustellen – ohne dabei zu vertuschen, dass die Bilder eigentlich flach waren. Die abgebildeten Dinge in ihren Bildern sind nicht leicht zu erkennen.

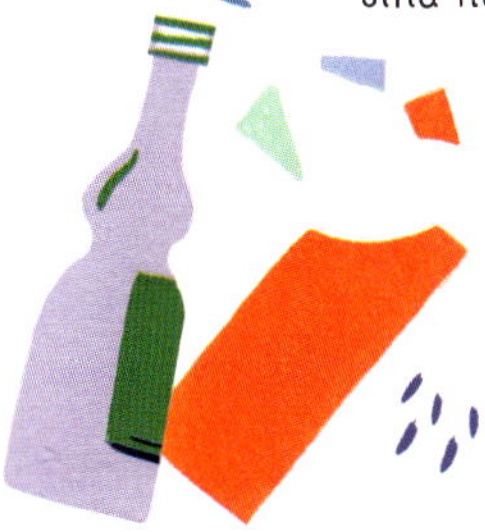

Kannst du eine Violine, eine Fruchtschale und eine Flasche in dem kubistischen Bild rechts sehen?

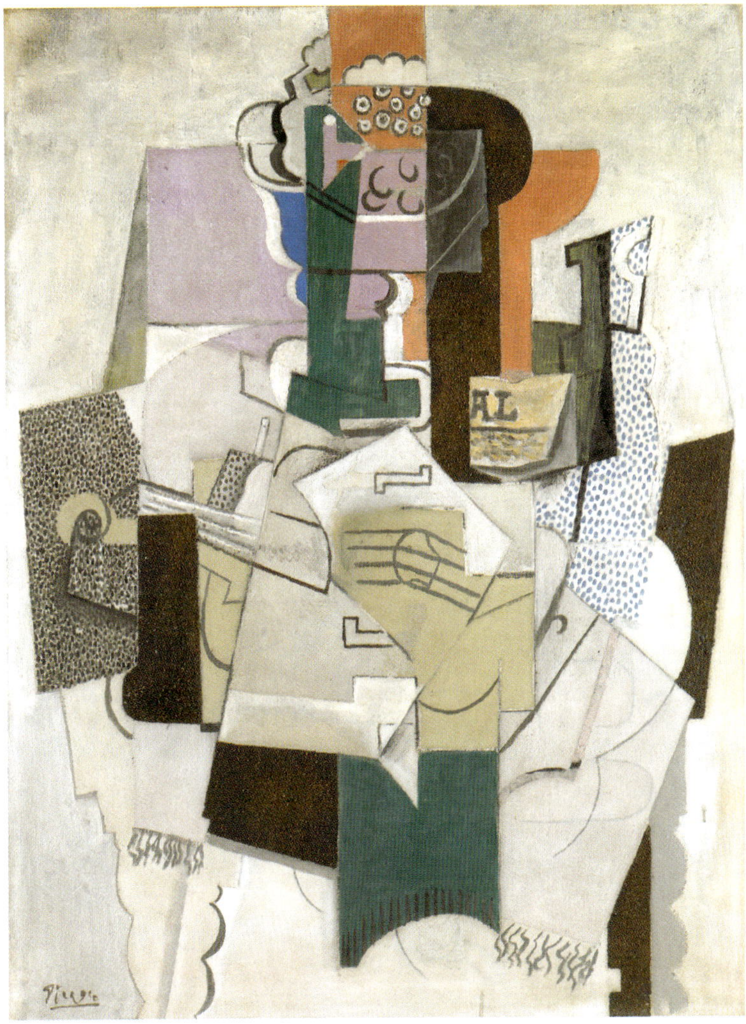

FRUCHTSCHALE, FLASCHE UND VIOLINE
Pablo Picasso, 1914

Im Jahr 1909 führte eine Gruppe italienischer Kunstschaffender die kubistischen Experimente in eine neue Richtung, die **FUTURISMUS** genannt wurde. Die Futuristen waren vom Leben in der Stadt und von Maschinen wie Autos und Flugzeugen fasziniert. Mit ihrer Kunst wollten sie die Geschwindigkeit und Energie des modernen Lebens abbilden.

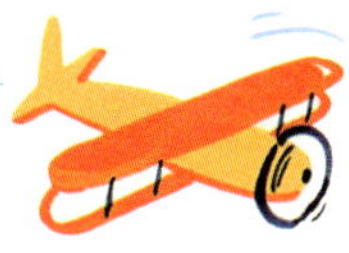

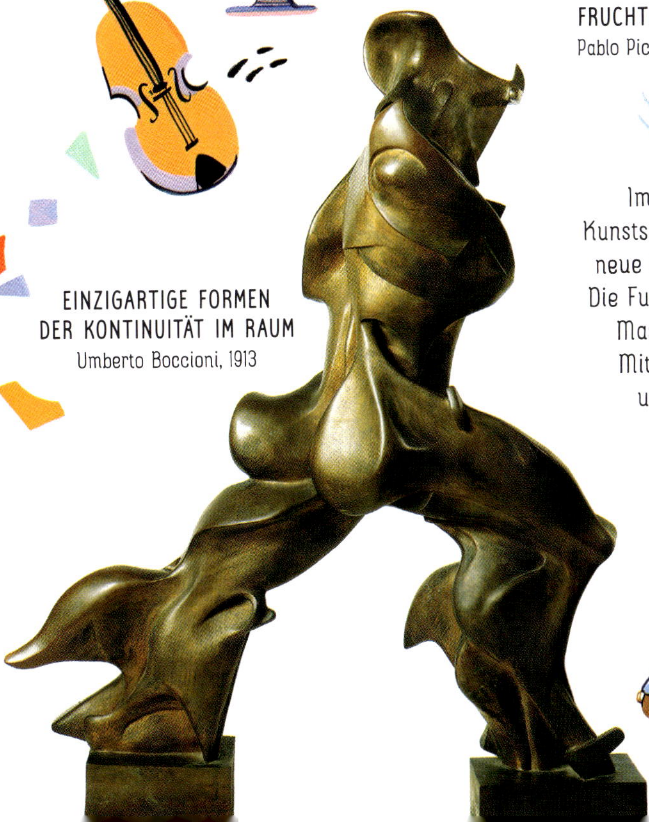

EINZIGARTIGE FORMEN DER KONTINUITÄT IM RAUM
Umberto Boccioni, 1913

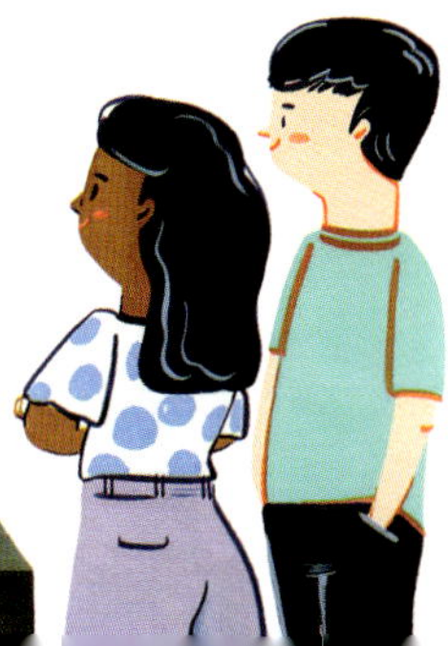

Die futuristische Skulptur links besteht aus geschwungenen Formen und stellt die muskulöse Figur und die kraftvollen Bewegungen eines vorwärtsschreitenden Mannes dar. In Metall gegossen, scheint er halb Mensch, halb Maschine zu sein.

KANN EIN COMIC KUNST SEIN?

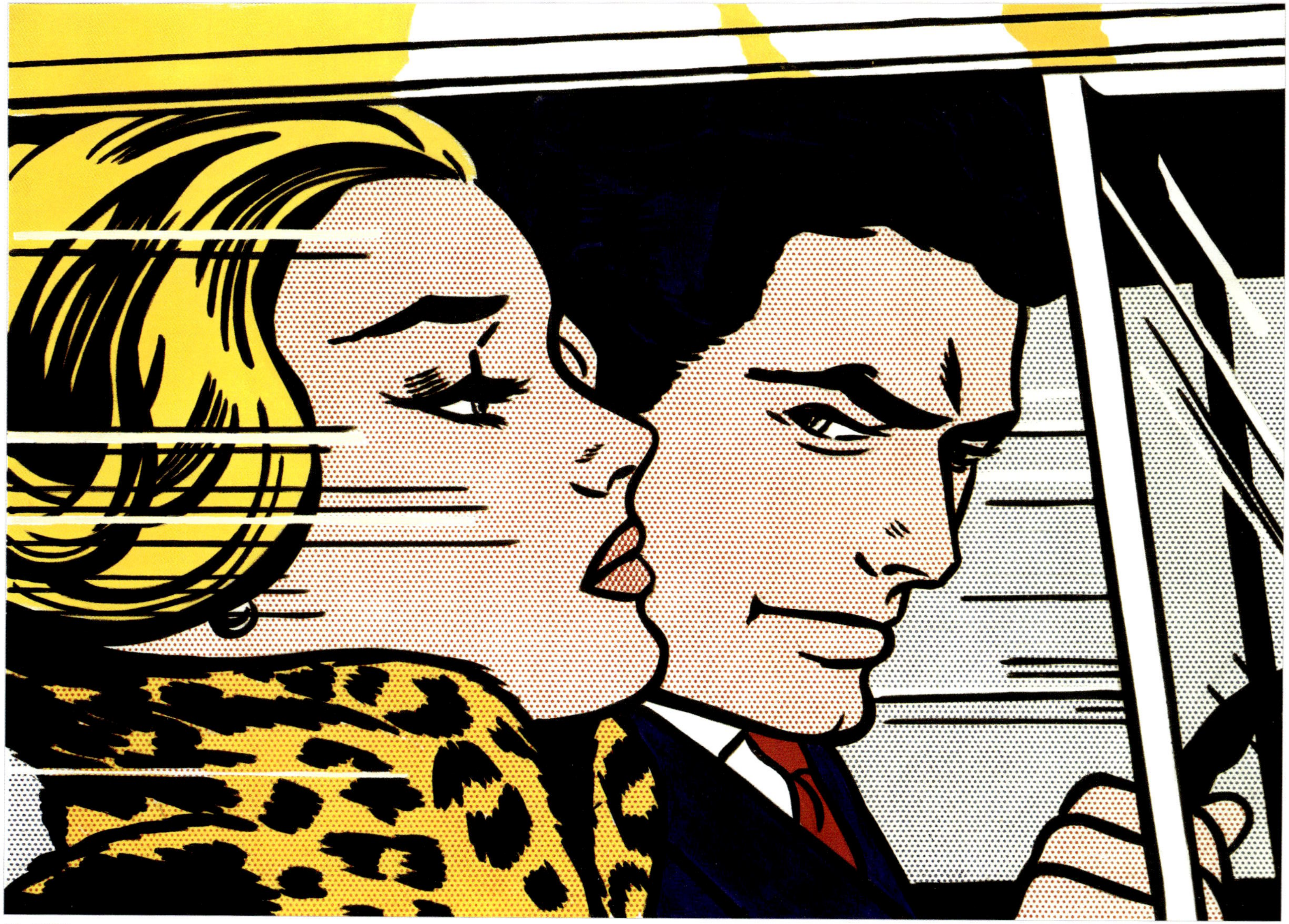

IM AUTO
Roy Lichtenstein, 1963

In Wirklichkeit sind die Punkte im Bild etwa so groß wie diese.

Früher dachte man, dass Comics in einer Kunstgalerie nichts zu suchen hätten. Aber in den 1960ern enstanden riesige Bilder mit Szenen aus Comicbüchern und zeigten, dass Comics doch Kunst sein können. Damals wurde der Kunstbegriff neu definiert.

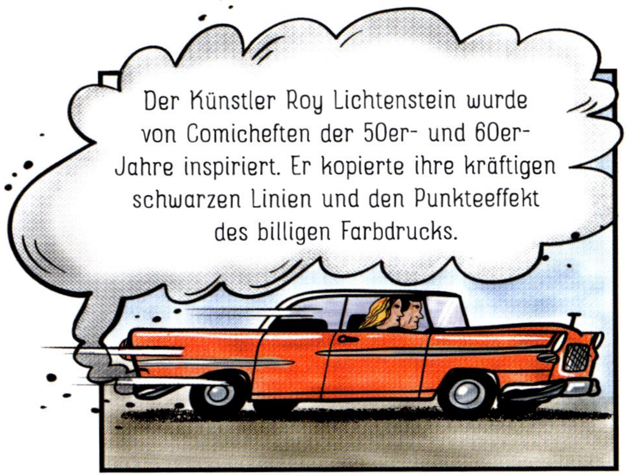

Der Künstler Roy Lichtenstein wurde von Comicheften der 50er- und 60er-Jahre inspiriert. Er kopierte ihre kräftigen schwarzen Linien und den Punkteeffekt des billigen Farbdrucks.

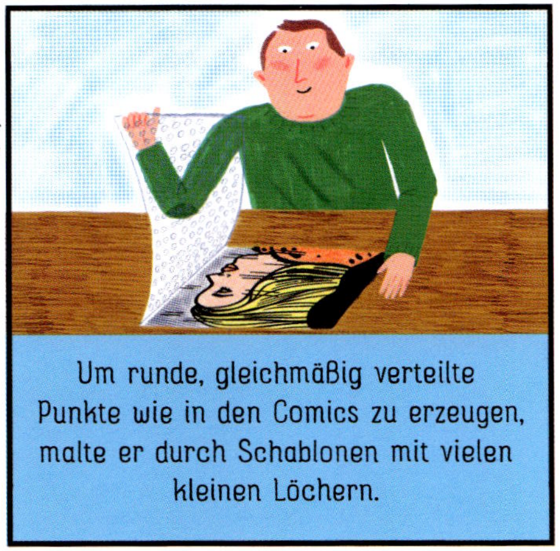

Um runde, gleichmäßig verteilte Punkte wie in den Comics zu erzeugen, malte er durch Schablonen mit vielen kleinen Löchern.

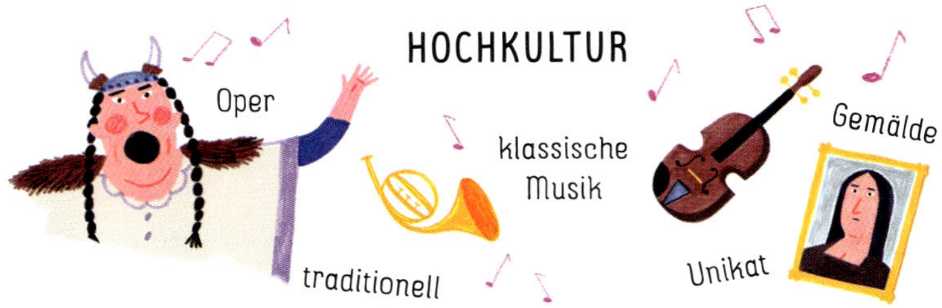

In der Zeit, als Roy Lichtenstein begann, seine riesigen Comic-Bilder auszustellen, unterschieden die Menschen zwischen **HOCHKULTUR** und **POPKULTUR**. Lichtensteins Kunst verwischte diese Grenzen und erregte viel Aufsehen.

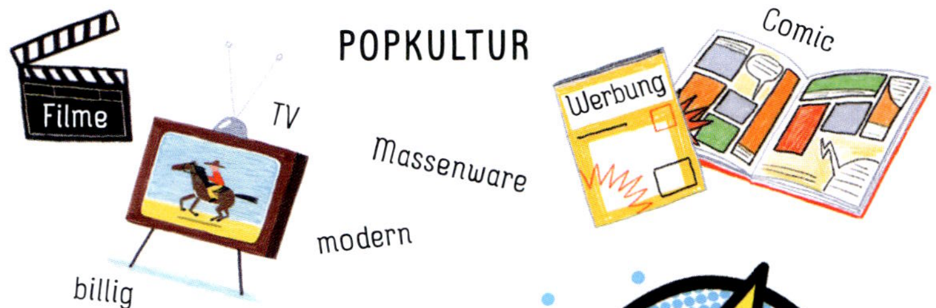

Lichtenstein war nicht der Einzige, der mit Bildern aus der Popkultur experimentierte. Andere Künstlerinnen und Künstler wurden von der Werbung, von Verpackungen von Konsumgütern, Fernsehsendungen und Filmen inspiriert. Diese Kunstrichtung wurde unter dem Namen **POP ART** bekannt.

Andy Warhol war einer der berühmtesten Pop-Art-Künstler. Er machte aus Lebensmittelverpackungen, aus Fotos von Schauspielern und anderen Dingen Kunst.

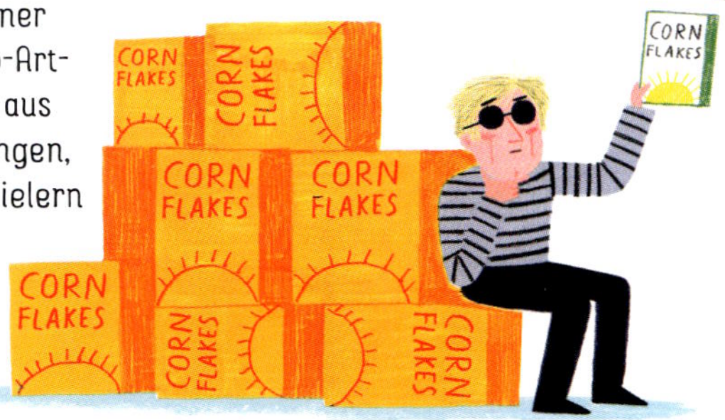

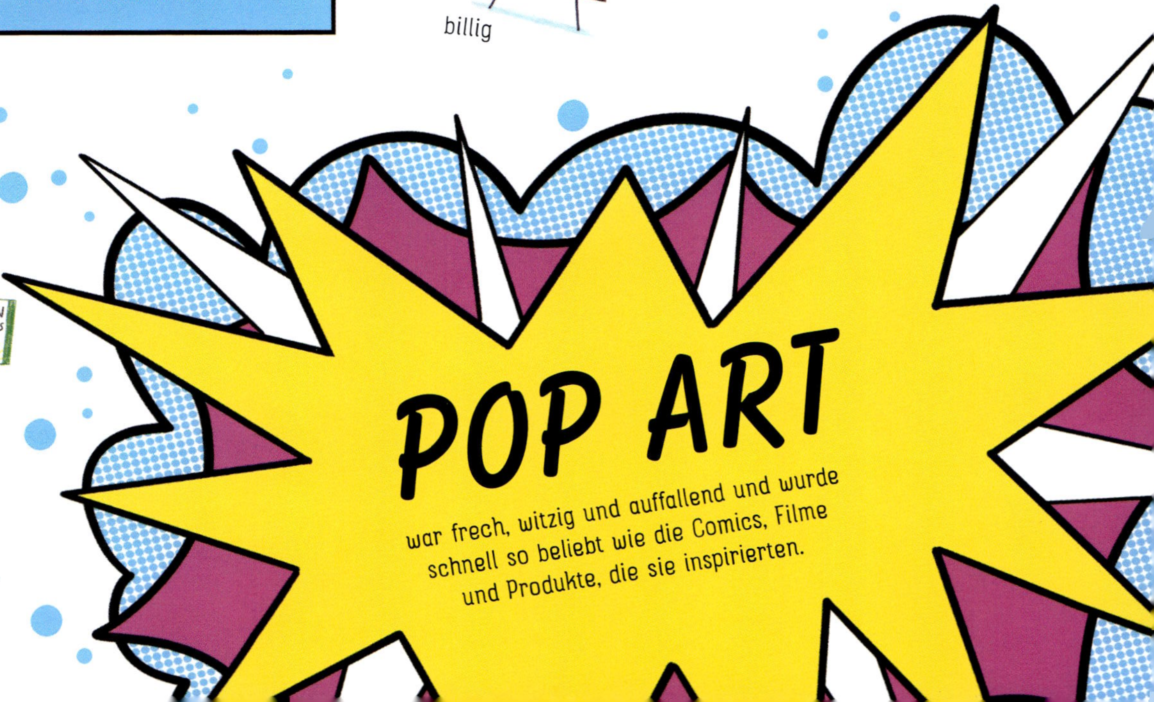

POP ART

war frech, witzig und auffallend und wurde schnell so beliebt wie die Comics, Filme und Produkte, die sie inspirierten.

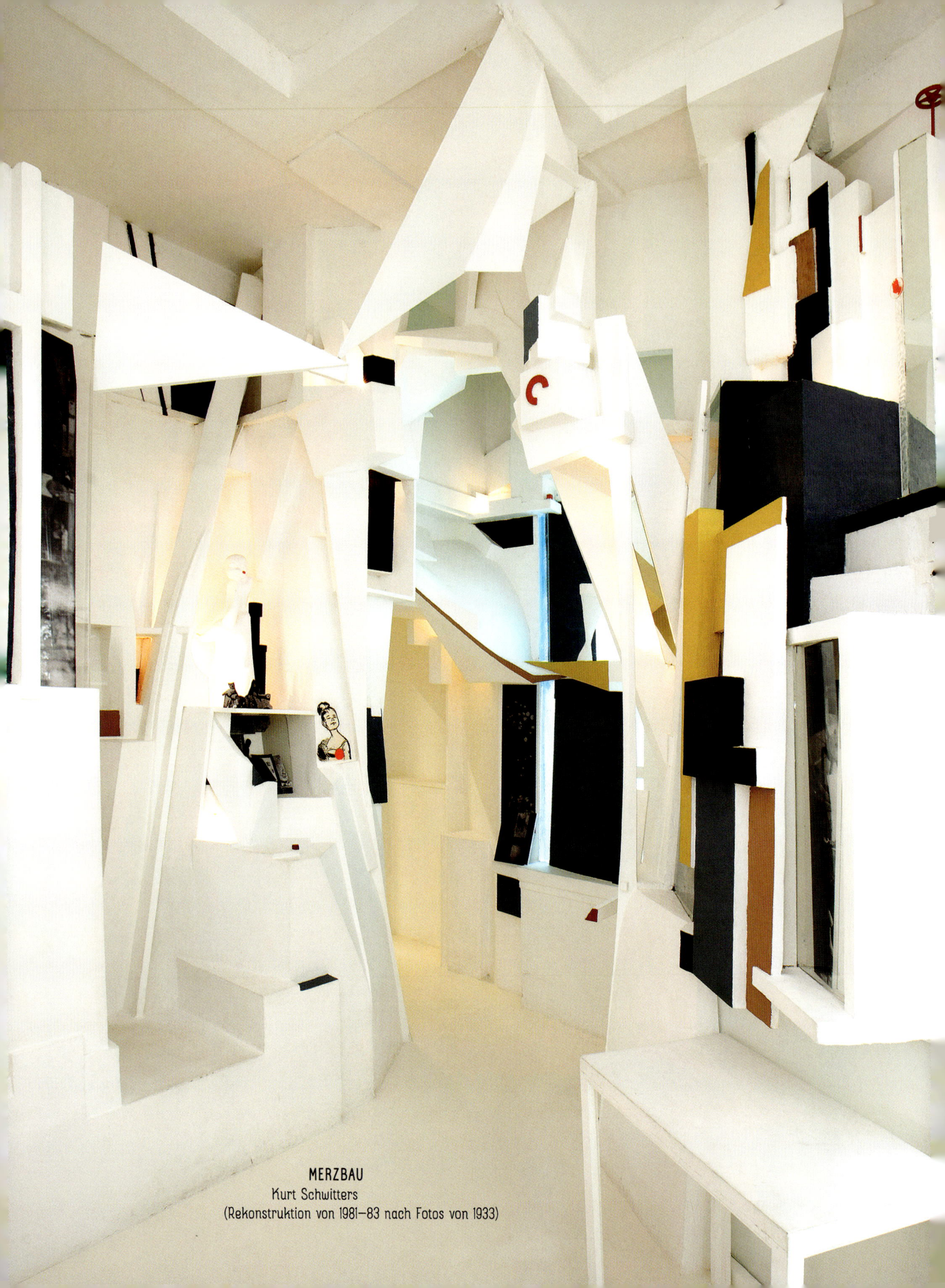

MERZBAU
Kurt Schwitters
(Rekonstruktion von 1981–83 nach Fotos von 1933)

WAS IST EINE INSTALLATION?

Eine INSTALLATION ist ein großes dreidimensionales Kunstwerk, das normalerweise für einen bestimmten Ort entworfen wurde. Oft kann man hineingehen und darin herumlaufen.

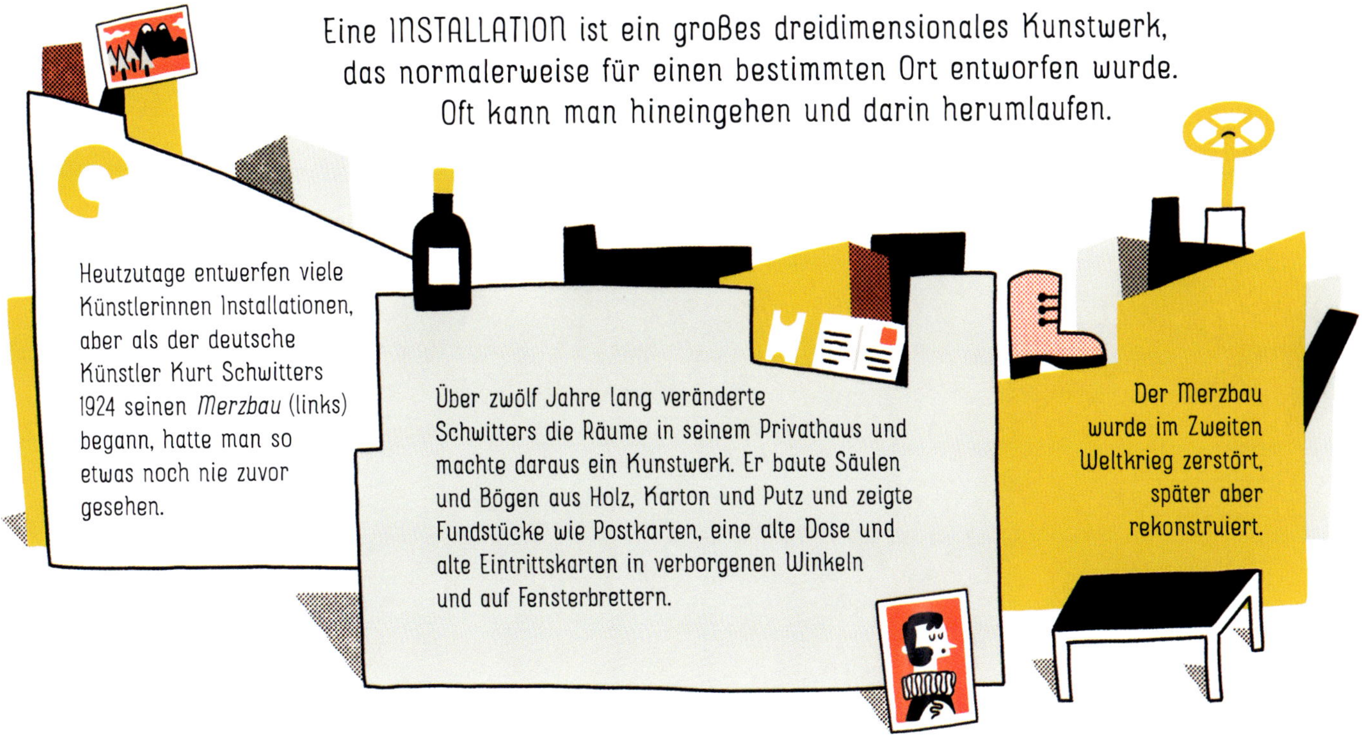

Heutzutage entwerfen viele Künstlerinnen Installationen, aber als der deutsche Künstler Kurt Schwitters 1924 seinen *Merzbau* (links) begann, hatte man so etwas noch nie zuvor gesehen.

Über zwölf Jahre lang veränderte Schwitters die Räume in seinem Privathaus und machte daraus ein Kunstwerk. Er baute Säulen und Bögen aus Holz, Karton und Putz und zeigte Fundstücke wie Postkarten, eine alte Dose und alte Eintrittskarten in verborgenen Winkeln und auf Fensterbrettern.

Der Merzbau wurde im Zweiten Weltkrieg zerstört, später aber rekonstruiert.

Schwitters verwendete für den Merzbau alle möglichen Materialien, doch man kann Installationen auch anders gestalten …

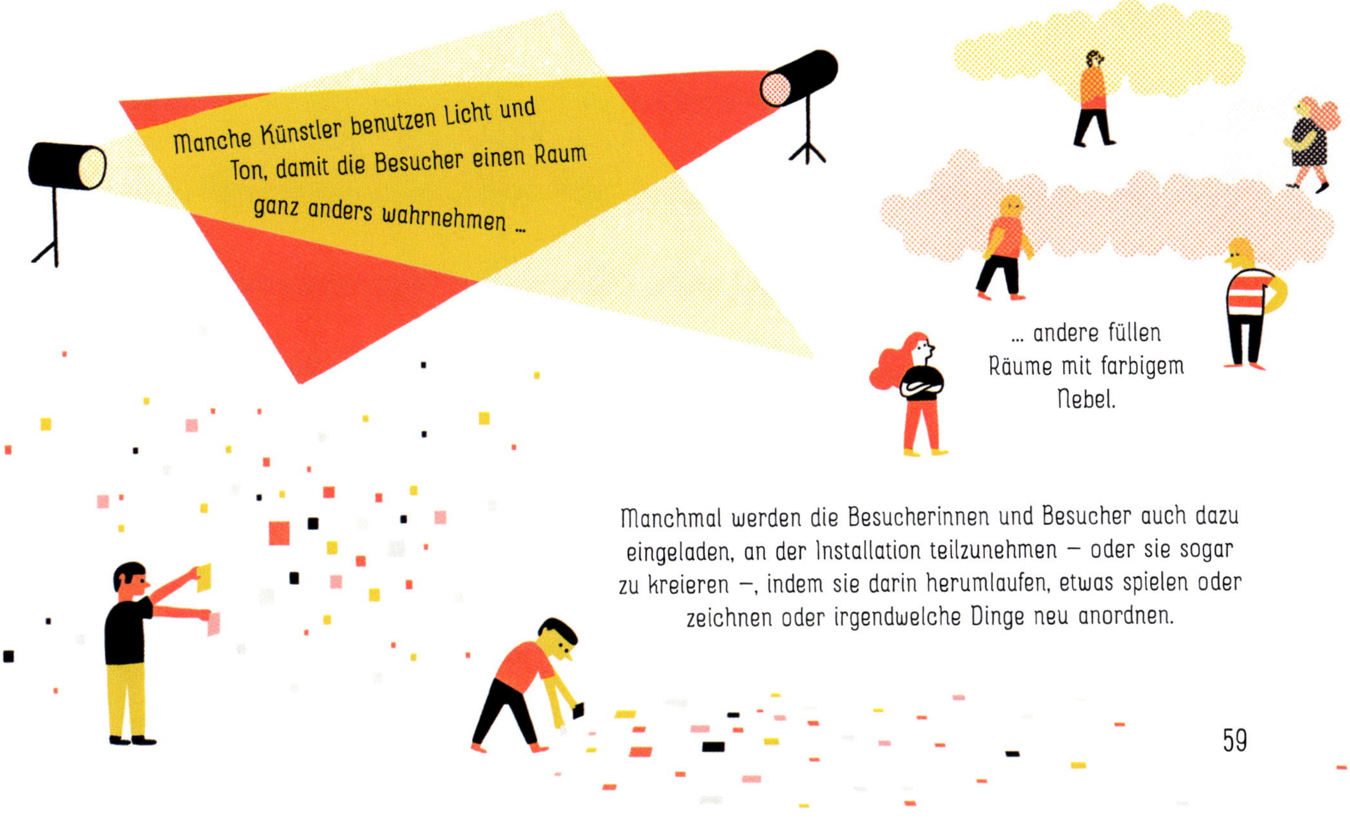

Manche Künstler benutzen Licht und Ton, damit die Besucher einen Raum ganz anders wahrnehmen …

… andere füllen Räume mit farbigem Nebel.

Manchmal werden die Besucherinnen und Besucher auch dazu eingeladen, an der Installation teilzunehmen – oder sie sogar zu kreieren –, indem sie darin herumlaufen, etwas spielen oder zeichnen oder irgendwelche Dinge neu anordnen.

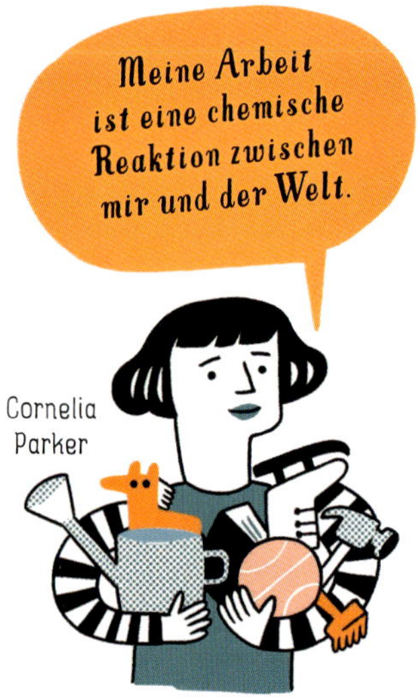

EXPLOSIVE IDEEN

Künstlerinnen gehen manchmal sehr weit, um Kunstwerke mit großer Wirkung zu schaffen. Eines der extremsten Beispiele dafür ist Cornelia Parker, die für die Installation, die hier rechts abgebildet ist, einen ganzen Schuppen sprengte. Die verkohlten Überreste wurden rund um eine Glühbirne gehängt, um den Moment der Explosion auf diese Weise festzuhalten.

Der Titel *Kalte Dunkle Materie* ist ein Begriff aus der Astronomie. Die Künstlerin beschrieb ihn so: „Es ist das Material im Universum, das wir weder sehen noch in Zahlen ausdrücken können. Wir wissen, dass es existiert, können es aber nicht messen."

Parker füllte den Schuppen mit Dingen, die man normalerweise darin findet ...

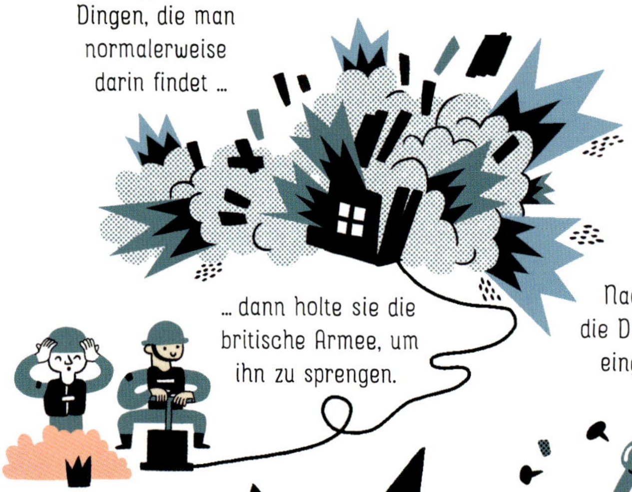

... dann holte sie die britische Armee, um ihn zu sprengen.

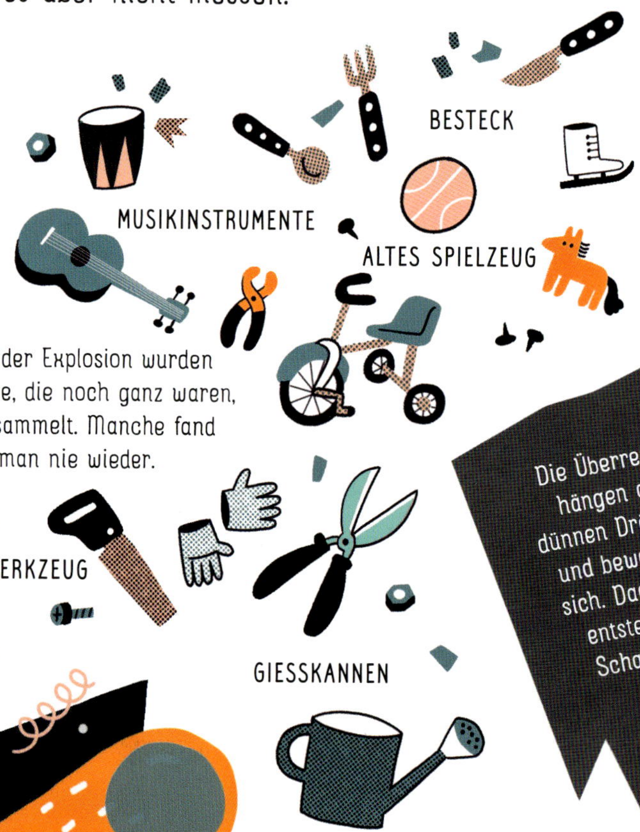

Nach der Explosion wurden die Dinge, die noch ganz waren, eingesammelt. Manche fand man nie wieder.

Die Überreste hängen an dünnen Drähten und bewegen sich. Dadurch entstehen Schatten.

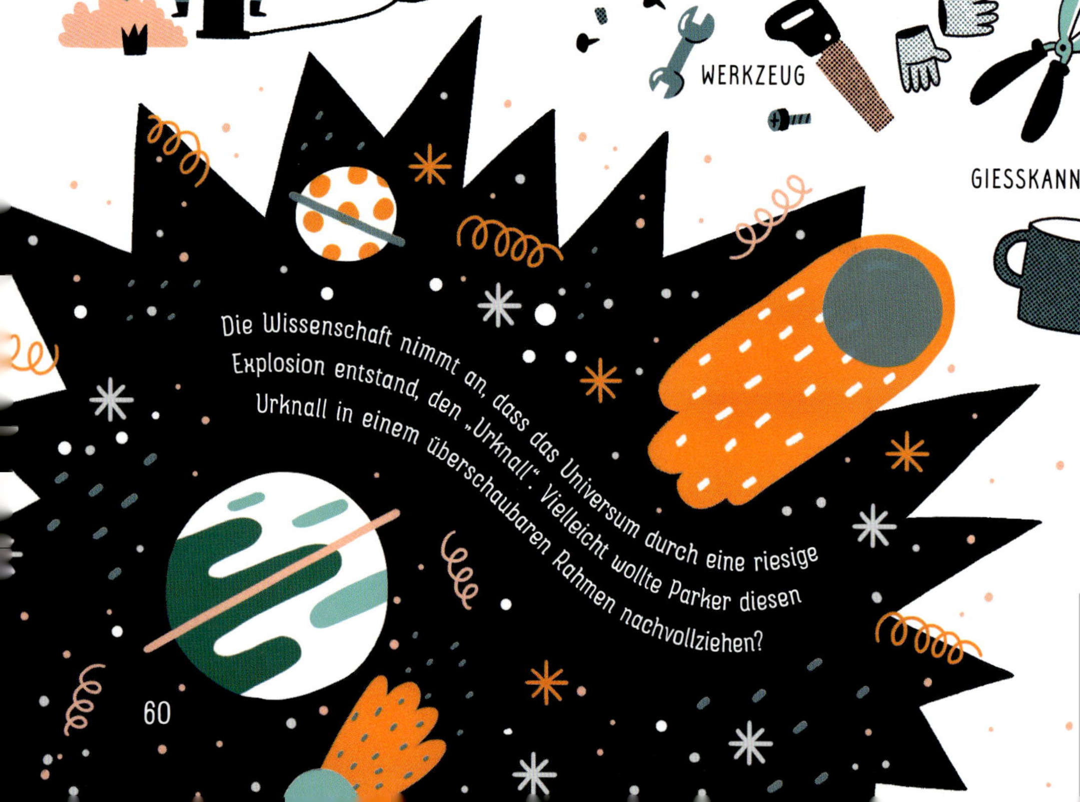

Die Wissenschaft nimmt an, dass das Universum durch eine riesige Explosion entstand, den „Urknall". Vielleicht wollte Parker diesen Urknall in einem überschaubaren Rahmen nachvollziehen?

Parker sagte, dass die Schatten genauso Teil des Kunstwerks sind wie die Gegenstände.

KALTE DUNKLE MATERIE: EINE EXPLOSIONSANSICHT
Cornelia Parker, 1991

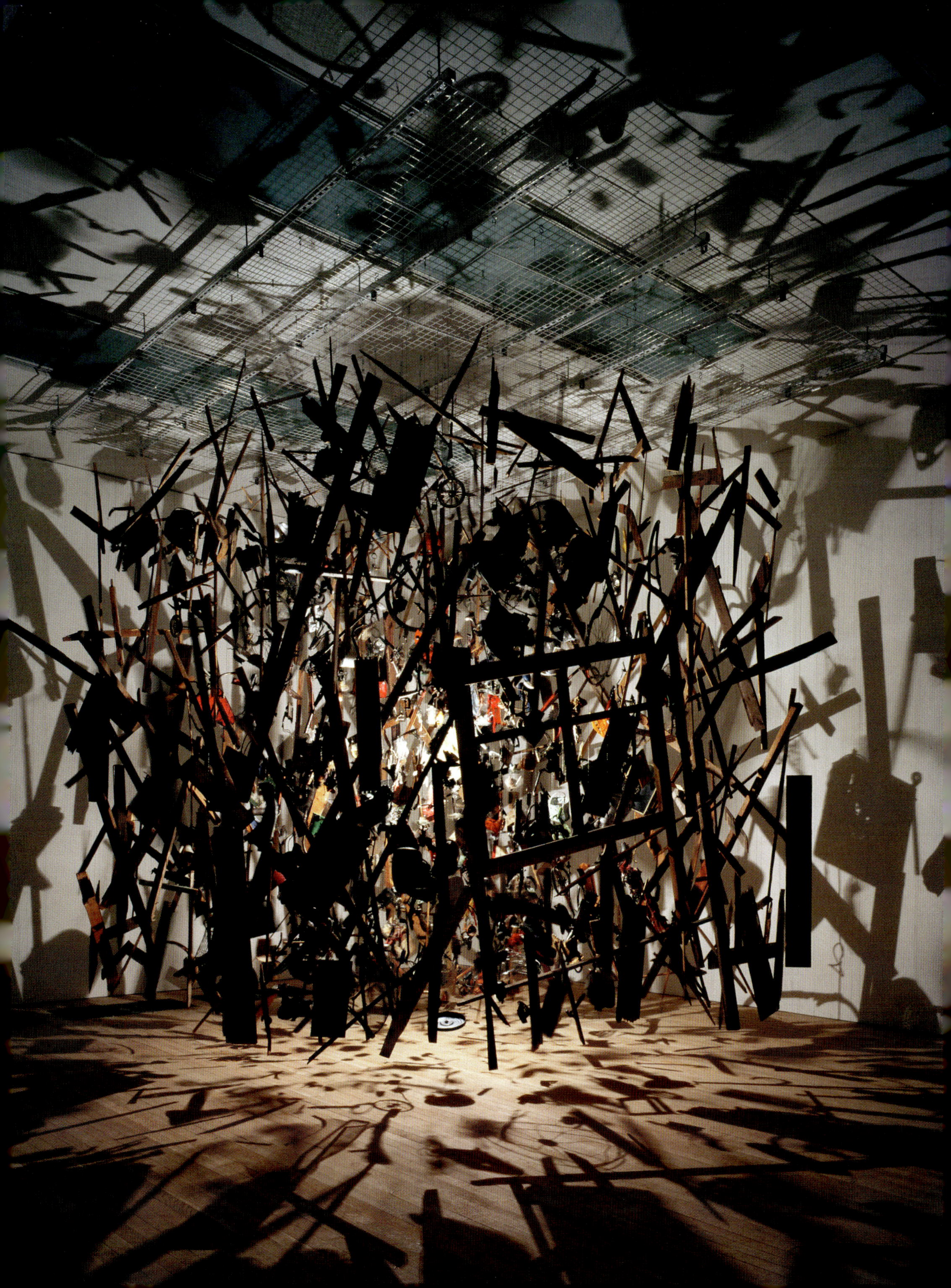

WARUM MALEN KÜNSTLERINNEN SELBSTPORTRÄTS?

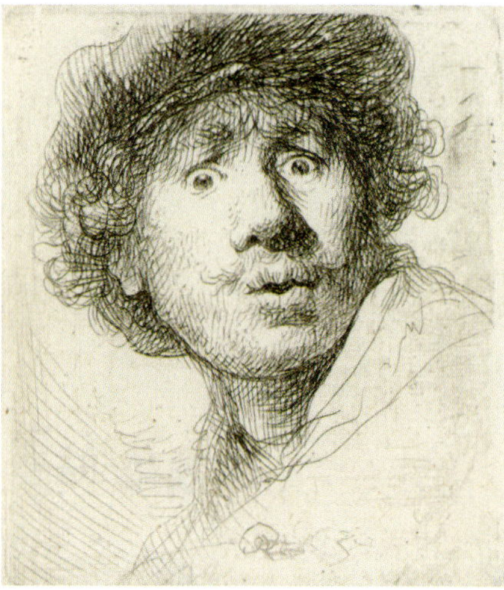

SELBSTPORTRÄT (Tronie)
Rembrandt van Rijn, 1630

Es gibt viele Gründe dafür, warum Künstlerinnen und Künstler Bilder von sich selbst anfertigen. Zum einen können sie dabei arbeiten, ohne den Wünschen eines Kunden folgen zu müssen. Zum anderen können sie Ideen und neue Techniken ausprobieren, ohne ein Modell bezahlen zu müssen. Mit einem eindrucksvollen Selbstporträt können sie auch neue Kundschaft gewinnen.

Der niederländische Maler Rembrandt van Rijn war besonders berühmt für seine Selbstporträts. Er schuf in seinem Leben fast hundert Stück – von kleinen Schwarz-Weiß-Drucken bis zu großen Ölgemälden.

Kopf- und Charakterstudien nennt man **TRONIES**. Sie waren eine gute Übung für dramatische Szenen wie auf Seite 47.

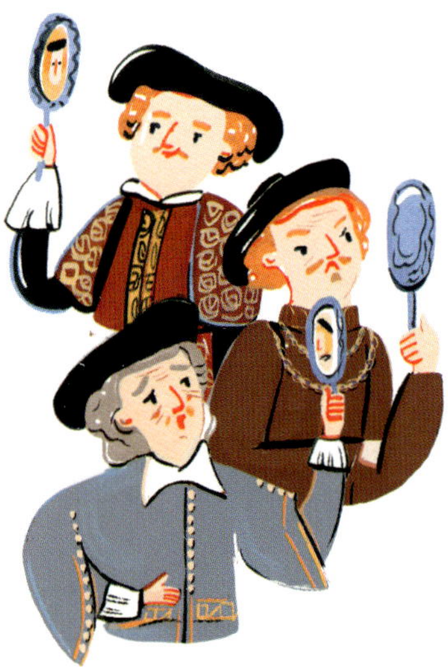

Selbstporträts kamen erst im 16. Jahrhundert auf, als die ersten hochwertigen Spiegel verfügbar waren.

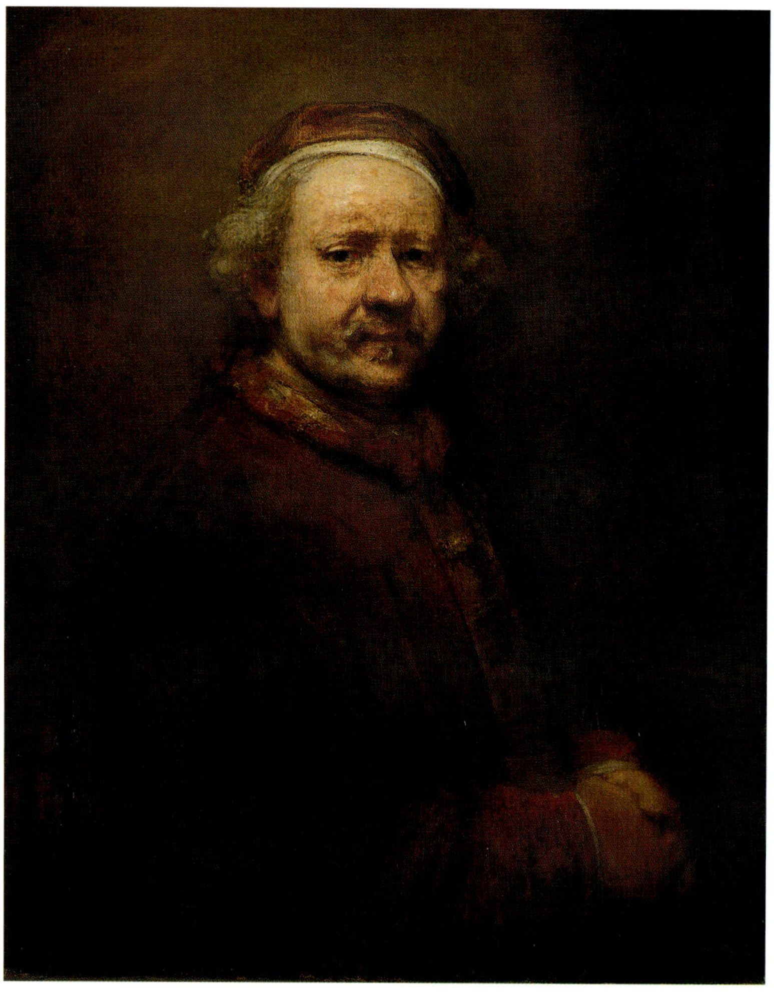

Dieses große Ölgemälde ist eines der letzten, das Rembrandt malte. Es zeigt einen ernsten Mann am Ende seines Lebens.

SELBSTPORTRÄT IM ALTER VON 63
Rembrandt van Rijn, 1669

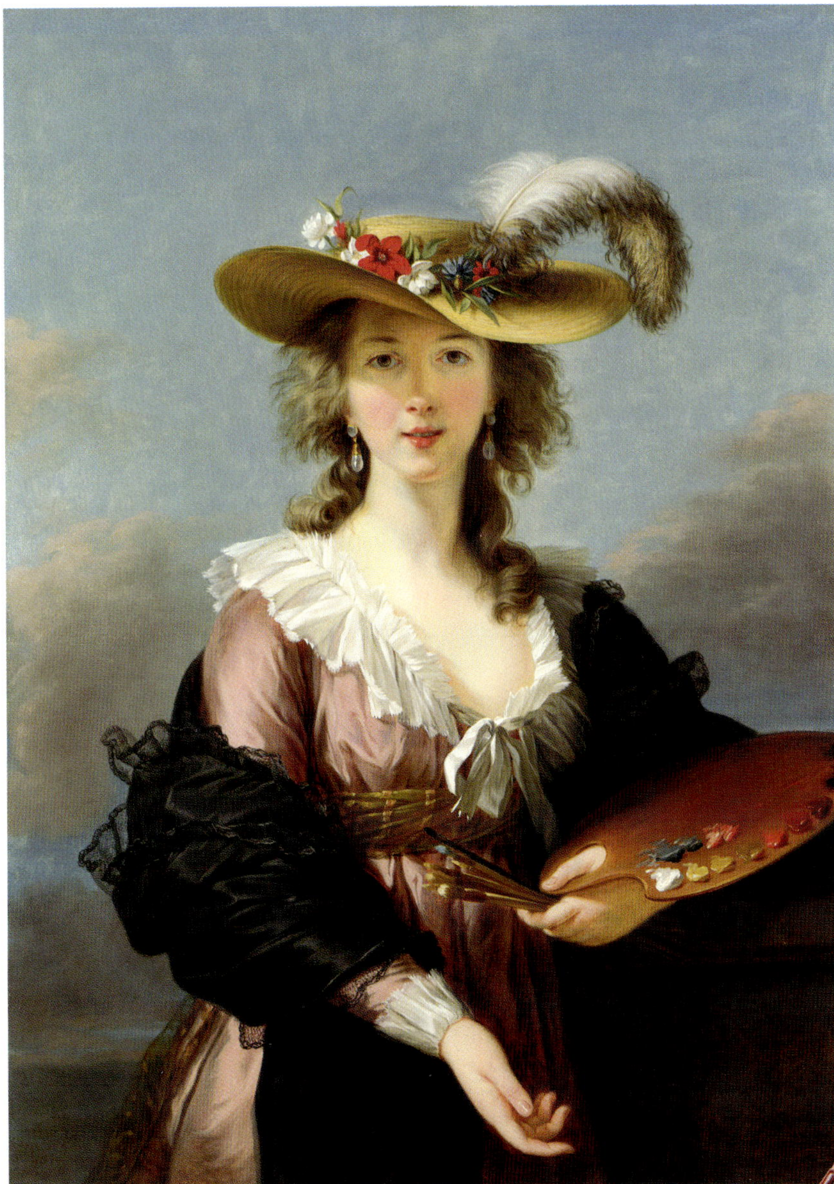

SELBSTPORTRÄT MIT STROHHUT
Élisabeth Louise Vigée Le Brun, 1782

Élisabeth Louise Vigée Le Brun malte Porträts von wohlhabenden Kundinnen und Kunden wie …

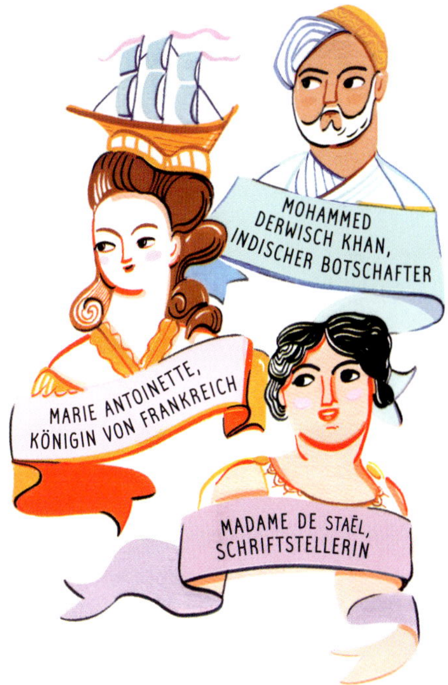

Sie malte dieses elegante Selbstporträt, um ihr Können anzupreisen. Sie ist genauso modisch gekleidet wie ihre Kundschaft, hat aber vermutlich nicht in diesen Kleidern gemalt.

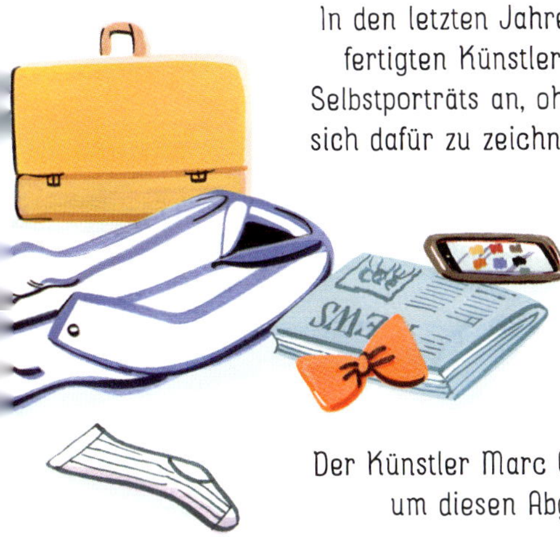

In den letzten Jahren fertigten Künstler Selbstporträts an, ohne sich dafür zu zeichnen.

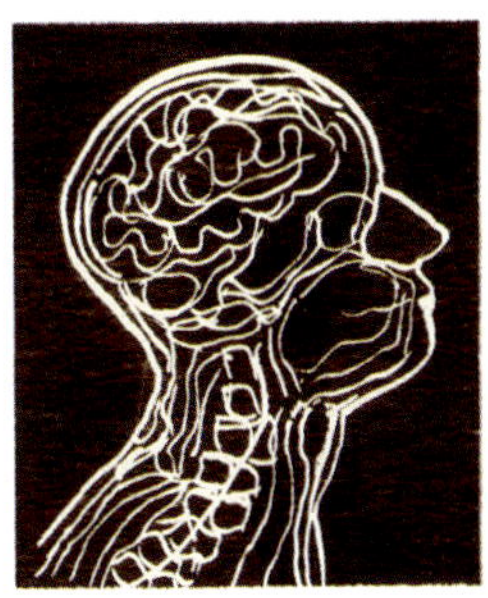

Manche stellen Röntgenaufnahmen oder ihre Kleidung und persönliche Gegenstände aus.

Der Künstler Marc Quinn hat sein eigenes Blut gefroren, um diesen Abguss seines Kopfes zu machen.

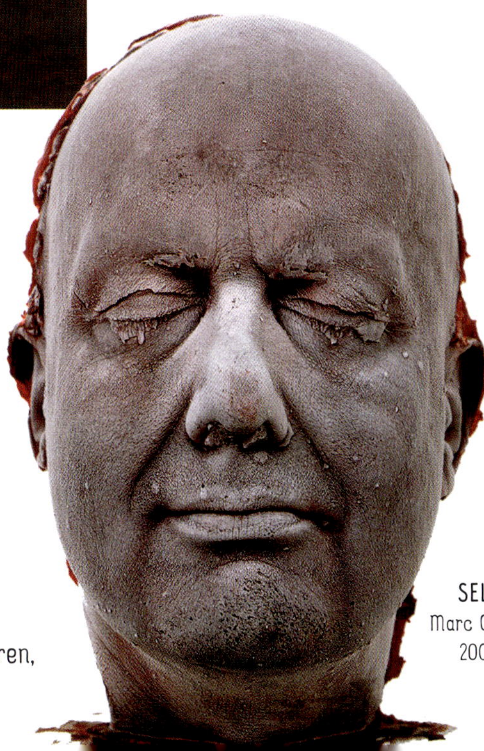

SELF
Marc Quinn, 2006

DIE EIGENE GESCHICHTE DARSTELLEN

Frida Kahlo begann nach einem Busunfall, bei dem sie fast starb, zu malen.

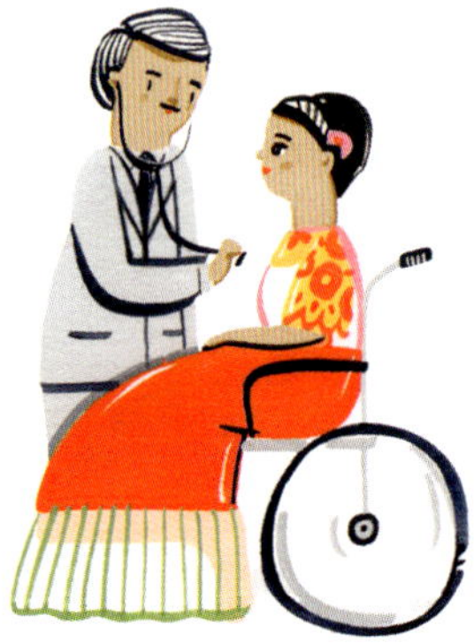

Auf ihren Bildern ist oft ihr verletzter Körper zu sehen.

Die mexikanische Künstlerin Frida Kahlo hat einige der berühmtesten Selbstporträts geschaffen. In dem erstaunlichen Bild auf der rechten Seite malte sie sich zweimal – einmal bei Tag und einmal bei Nacht.

Die Frida am Tag liegt nach einer Rückenoperation in einem Krankenhausbett. Die Frida in der Nacht sitzt ruhig neben ihr und verkörpert Stärke und Mut. Nur das Gesicht der nächtlichen Frida ist zu sehen.

Die trostlose Landschaft erzeugt eine traurige, einsame Stimmung. Aber das Bild strahlt auch Hoffnung aus, denn es zeigt, dass Kahlo stark ist und ihre Geschichte auf ihre Weise erzählen kann.

Auf der Fahne stehen ermutigende Worte auf Spanisch:

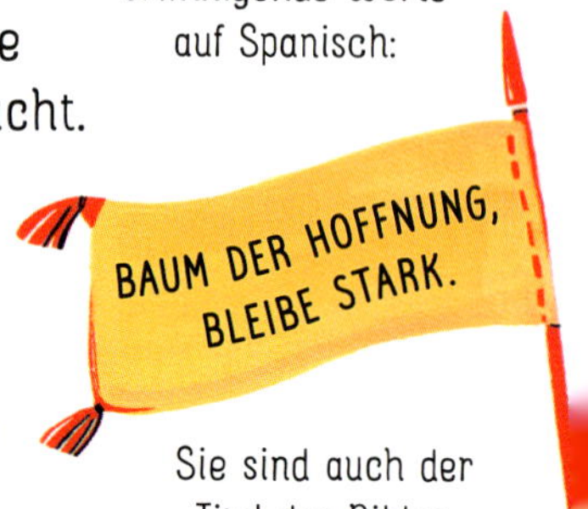

Sie sind auch der Titel des Bildes.

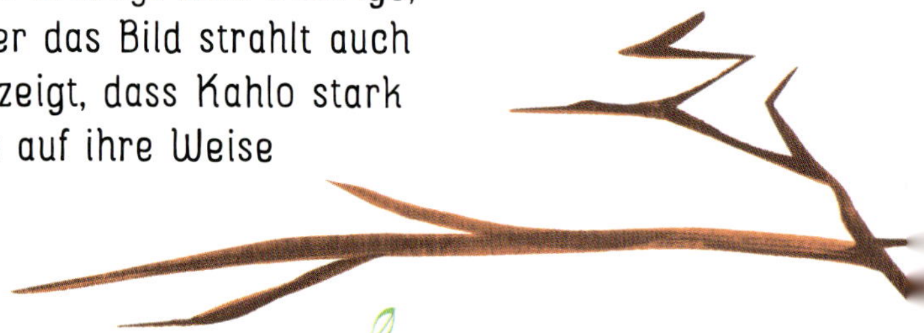

Die Risse in der trostlosen Landschaft symbolisieren die chirurgischen Schnitte an Fridas Rücken.

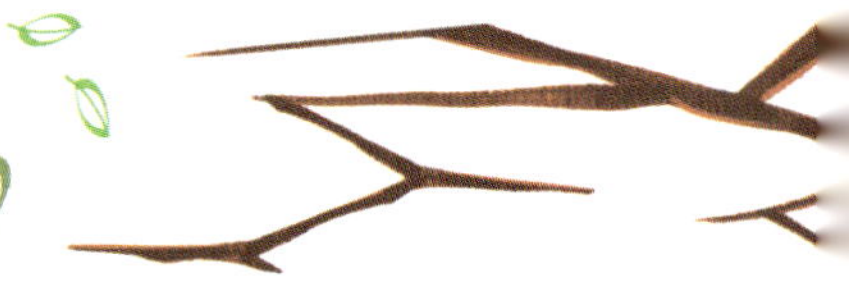

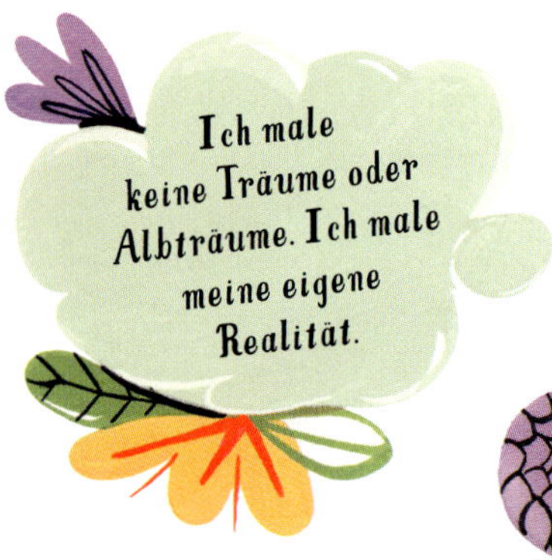

Durch ihre Selbstporträts konnte Kahlo die Traumata ihres Lebens dokumentieren und sich so darstellen, wie sie gesehen werden wollte.

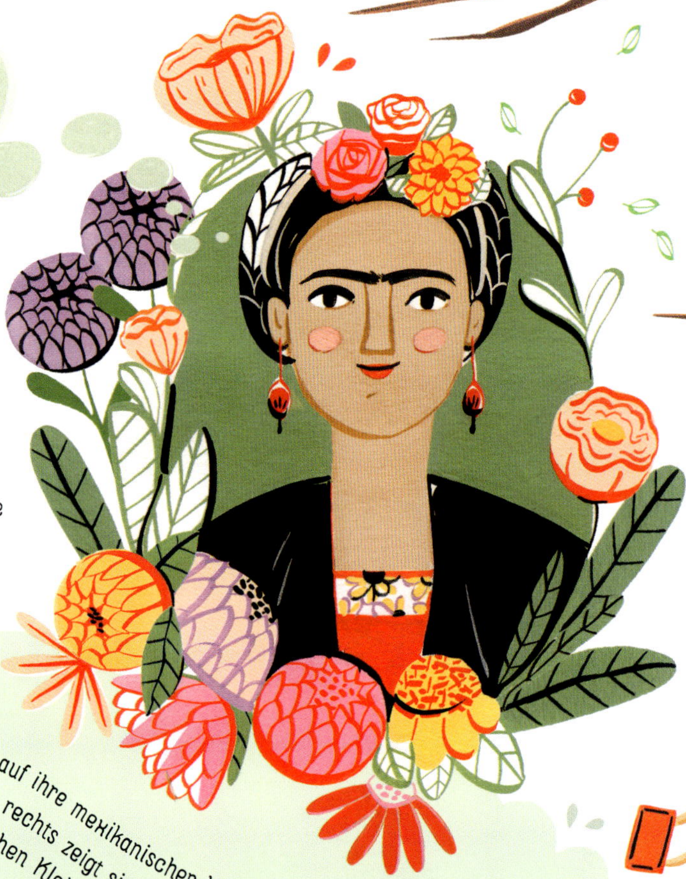

Das rosa Gestell in Fridas Händen ist eine Rückenstütze, die sie trug, um ihren Rücken gerade zu halten, den sie sich bei dem Unfall brach.

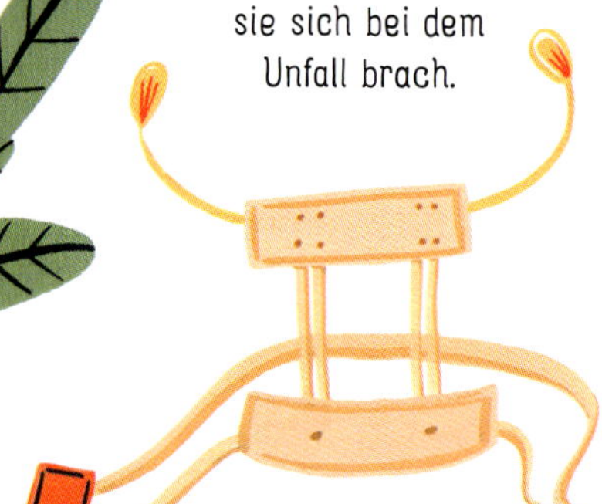

Sie hat die Stütze auch angelegt. Unter ihren Armen sieht man die Verschlüsse.

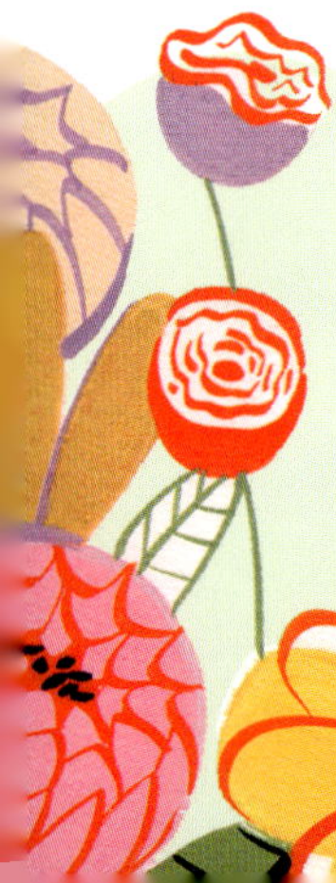

Kahlo war stolz auf ihre mexikanischen Wurzeln. In dem nächtlichen Porträt rechts zeigt sie sich in einem traditionellen mexikanischen Kleid und mit Blumen im Haar.

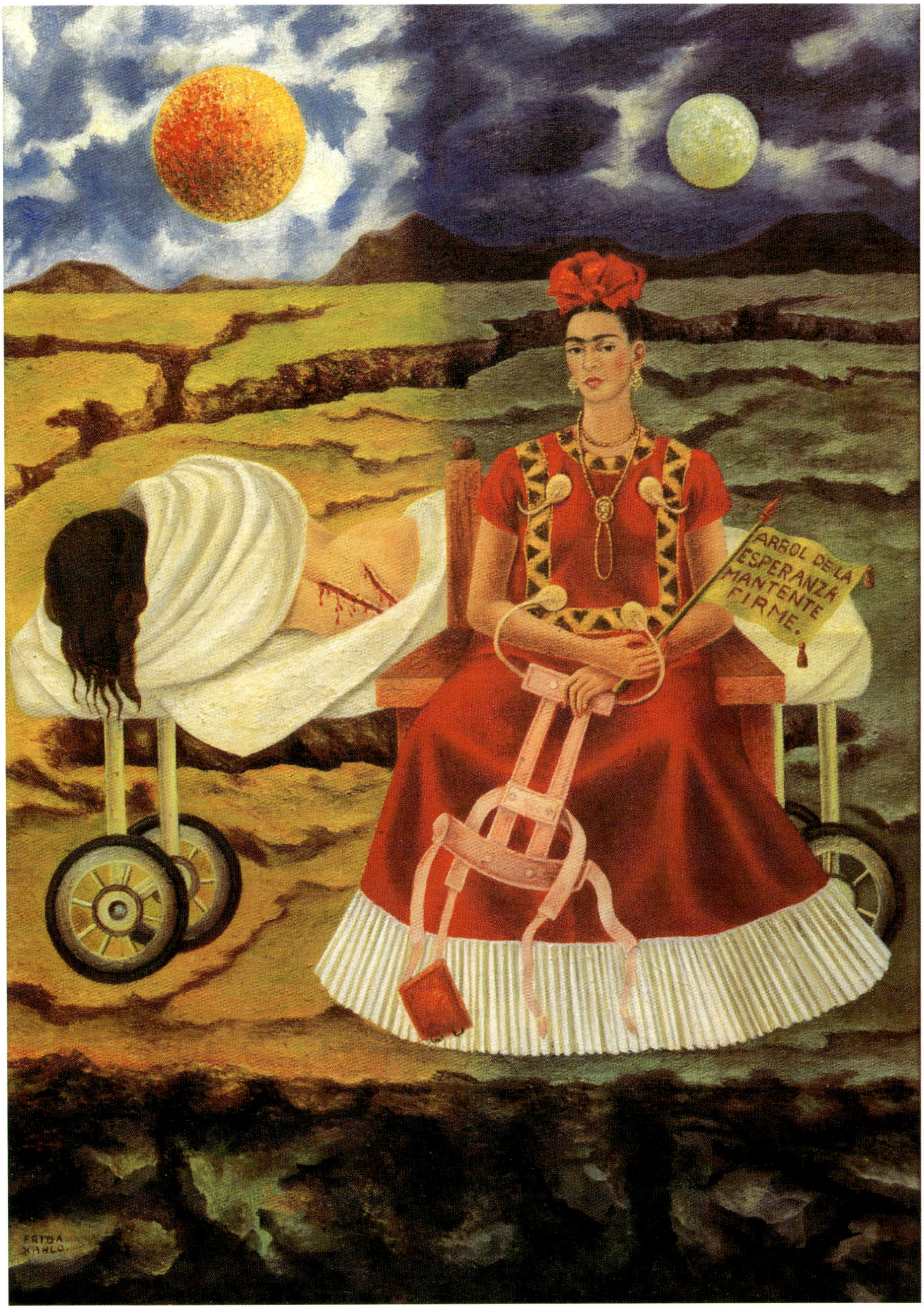

BAUM DER HOFFNUNG, BLEIBE STARK
Frida Kahlo, 1946

WAS IST ABSTRAKTE KUNST?

ABSTRAKTE KUNST ist eine Kunstrichtung, die nicht versucht, Dinge realistisch abzubilden. Stattdessen werden Formen und Farben zum Thema der Kunstwerke, oder sie spiegeln eine Stimmung oder Grundidee wider.

Der russische Künstler Wassily Kandinsky war einer der ersten abstrakten Kunstschaffenden. Angeblich kam er auf die Idee, als er in seinem Atelier in der Dämmerung ein auf der Seite liegendes Bild sah und nur Farben und Formen erkannte.

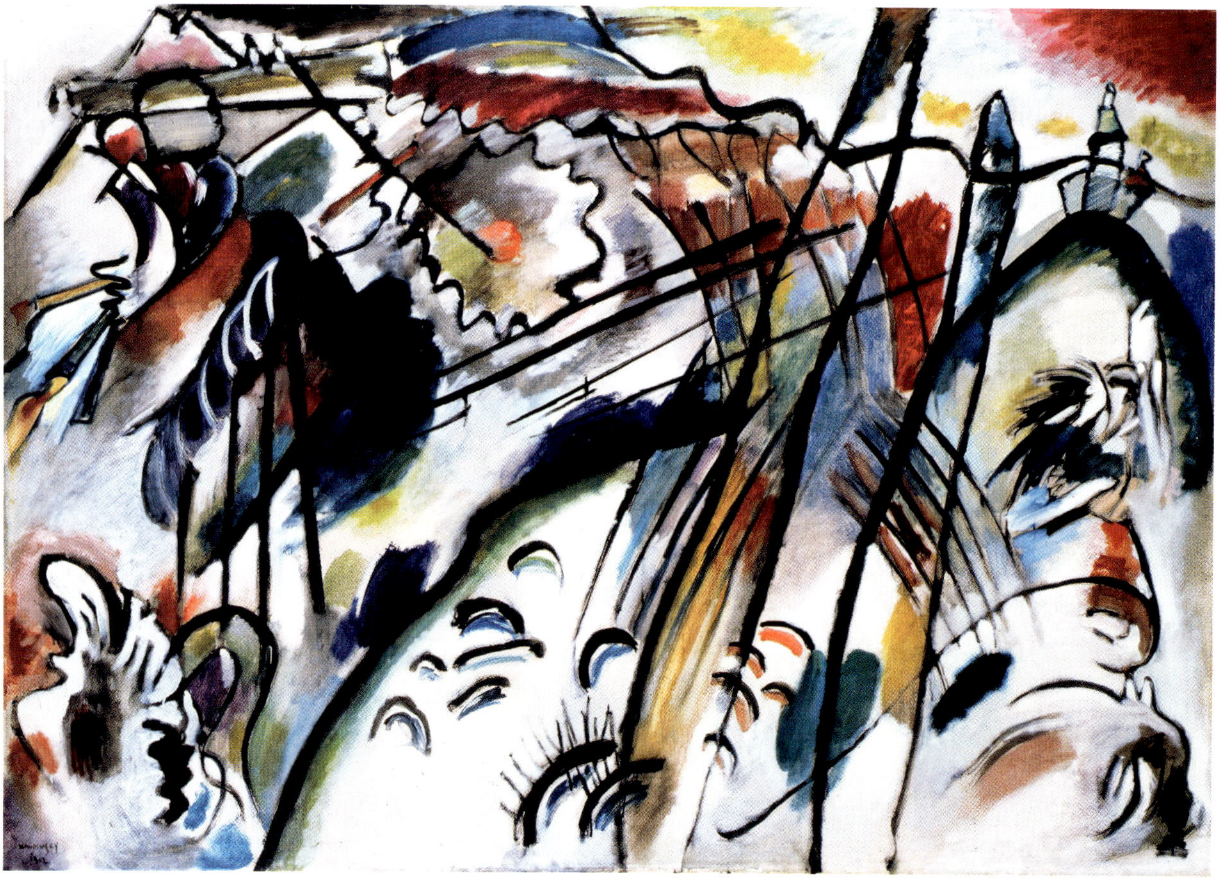

IMPROVISATION 28 (zweite Fassung)
Wassily Kandinsky, 1912

Farbe ist die Tastatur ... und der Künstler ist der Virtuose, der darauf spielt.

Für Kandinsky waren Farben wie Musik. Er war ein sogenannter Synästhetiker und konnte Farben „hören“ und Töne „sehen“.

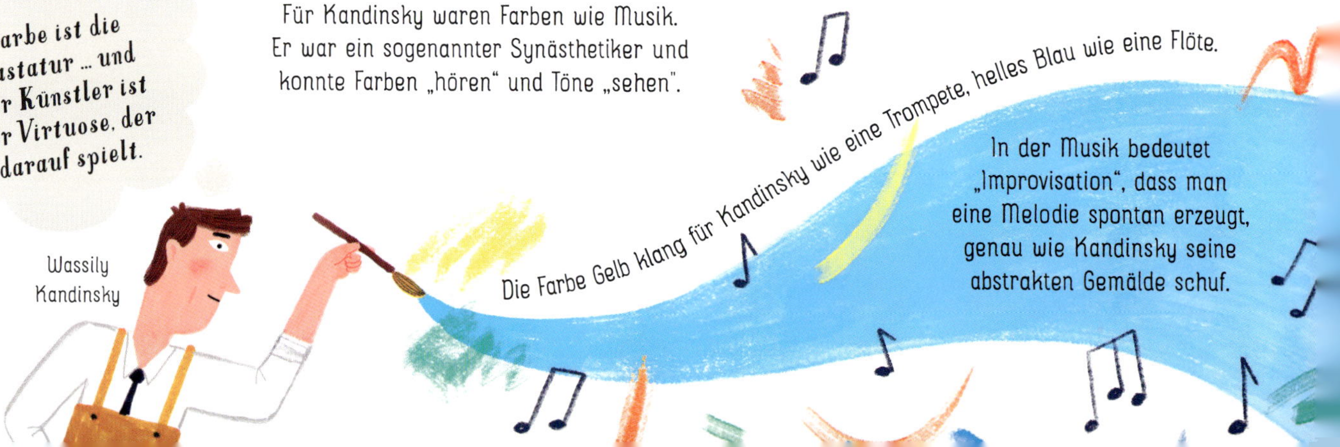

In der Musik bedeutet „Improvisation“, dass man eine Melodie spontan erzeugt, genau wie Kandinsky seine abstrakten Gemälde schuf.

Einige Jahre später begann Piet Mondrian mit einer anderen Art von abstrakter Kunst. Er folgte Regeln, die er selbst aufgestellt hatte: Er verwendete nur gerade Linien und Farbflächen. Man bezeichnet diese Kunstrichtung als DE STIJL, niederländisch für „Der Stil".

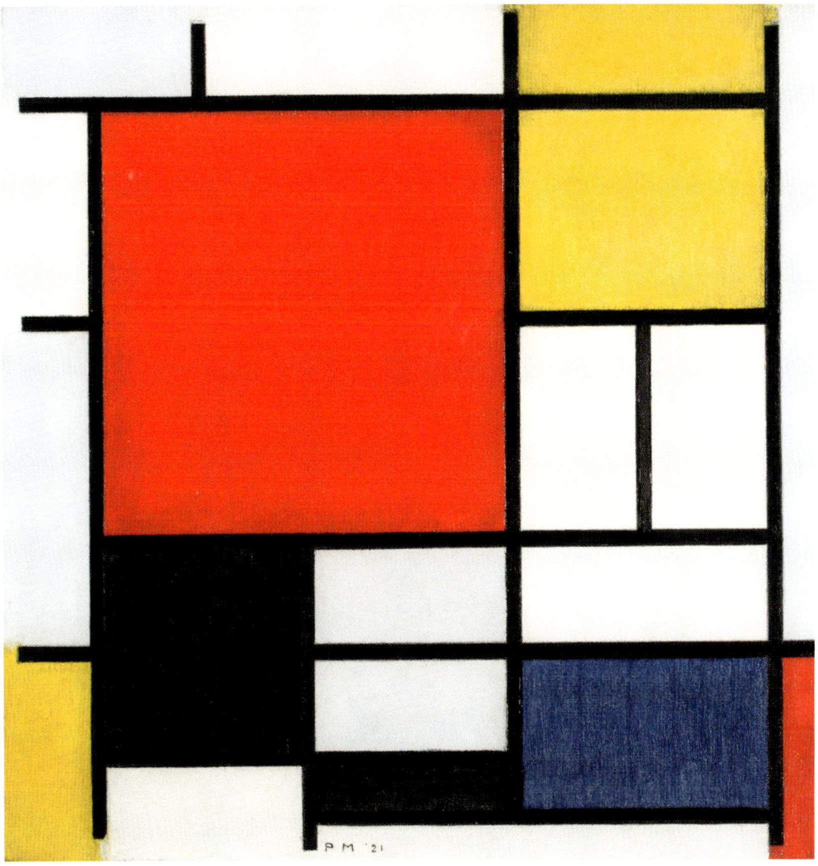

KOMPOSITION MIT ROT, GELB, BLAU UND SCHWARZ
Piet Mondrian, 1921

Mondrian schuf echte abstrakte Kunst, die keine Gegenstände darstellte.

Er glaubte, dass dadurch eine besondere Balance und Harmonie erzeugt wurde.

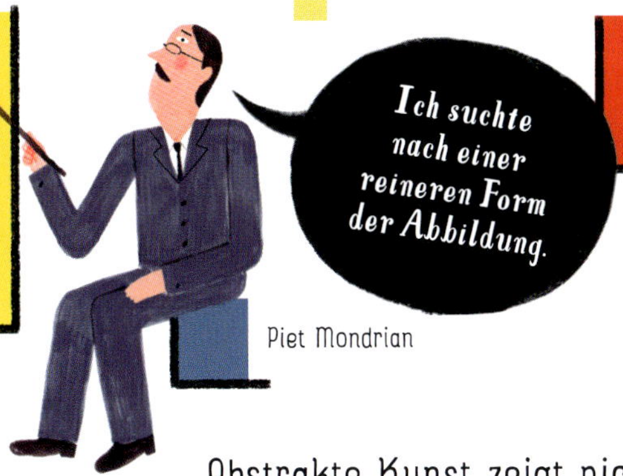

Piet Mondrian

Abstrakte Kunst zeigt nicht unbedingt, wie Dinge aussehen, spiegelt aber oft Formen und Farben realer Dinge wider.

So sollen die zwei sich aneinanderschmiegenden Steine der Skulptur links an eine Mutter und ihr Kind erinnern.

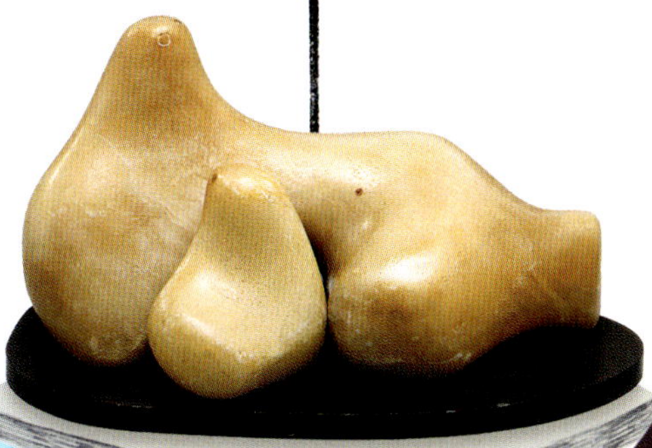

MUTTER UND KIND
Dame Barbara Hepworth, 1934

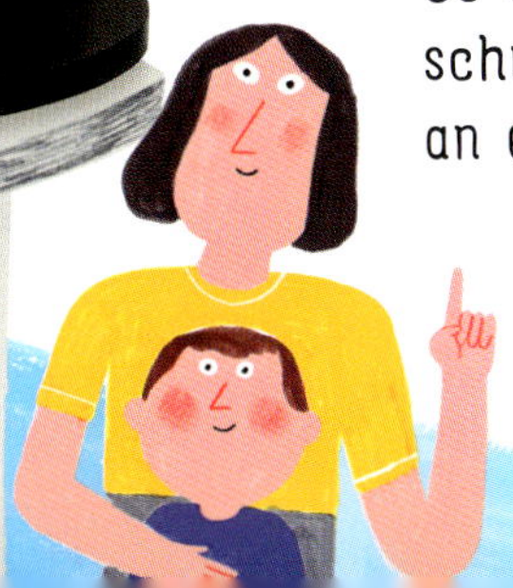

WIE ENTSTEHEN DRUCKE?

Ein Druck ist ein Bild, bei dem Druckfarbe von einer Oberfläche auf eine andere übertragen wird. Der Vorteil für die Künstlerin besteht darin, dass sie zahlreiche Kopien des gleichen Bildes anfertigen und verkaufen kann. Es gibt viele Druckverfahren, die alle einen anderen Effekt erzielen: unter anderem den farbenprächtigen Siebdruck, die feine Kaltnadelradierung und den traditionellen Holzschnitt.

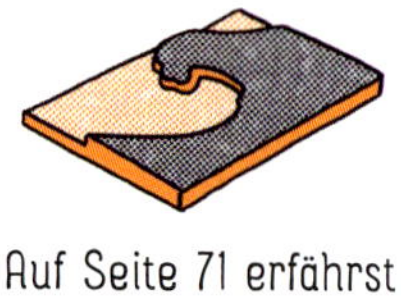

Auf Seite 71 erfährst du, wie man einen **HOLZSCHNITT** macht.

Für eine **KALTNADELRADIERUNG** benötigt man eine Nadel, um feine Linien in Metall zu ritzen (siehe unten). Die Technik ähnelt dem Zeichnen.

Mit diesem Verfahren können weiche, zarte Effekte erzielt werden, wie im Bild rechts.

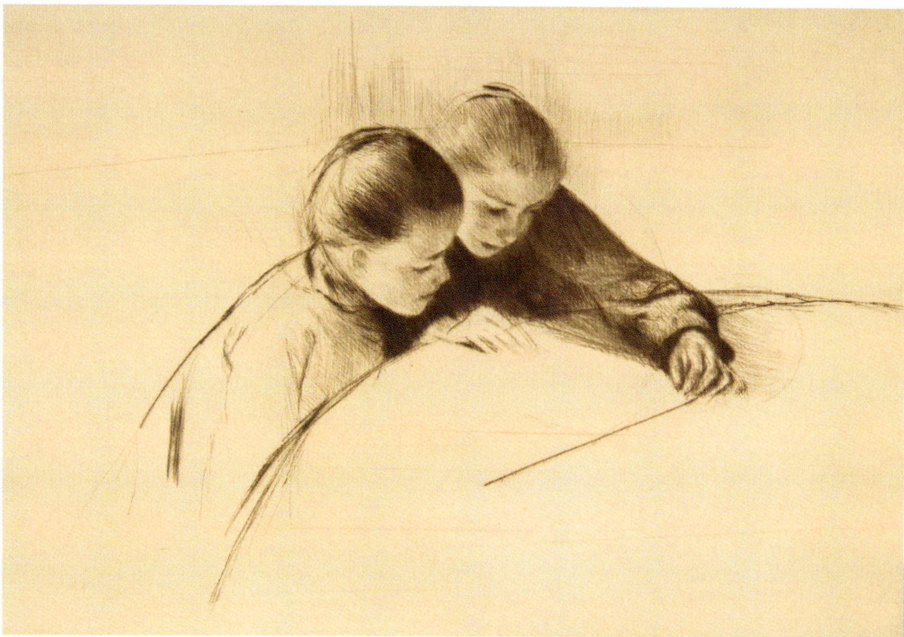

DIE LANDKARTE
Mary Cassatt, 1890

Zuerst wird die Zeichnung mit einer Nadel auf eine Druckplatte aus Metall geritzt.

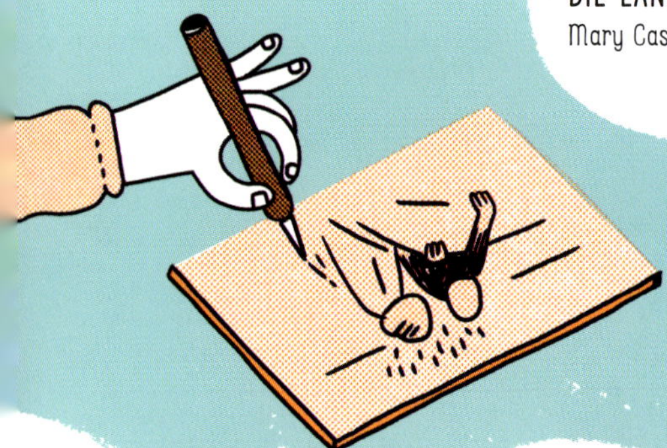

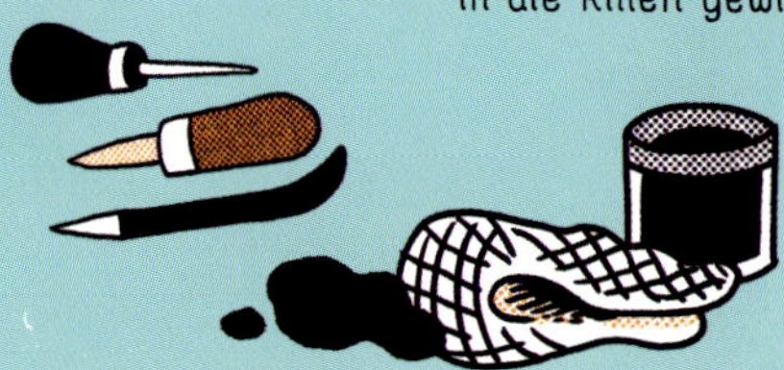

Dann wird Druckfarbe in die Rillen gewischt.

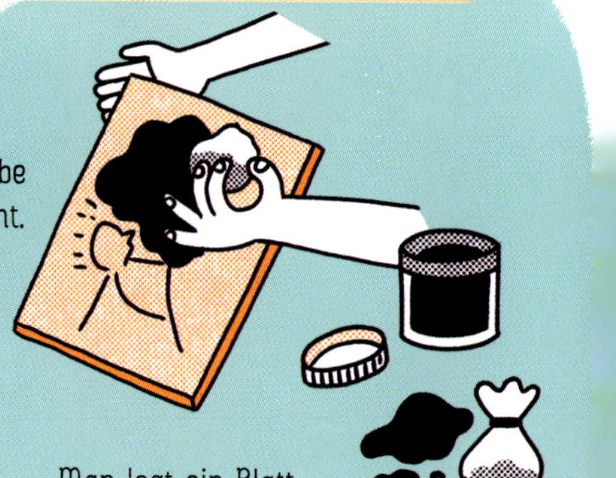

Man legt ein Blatt Papier darauf.

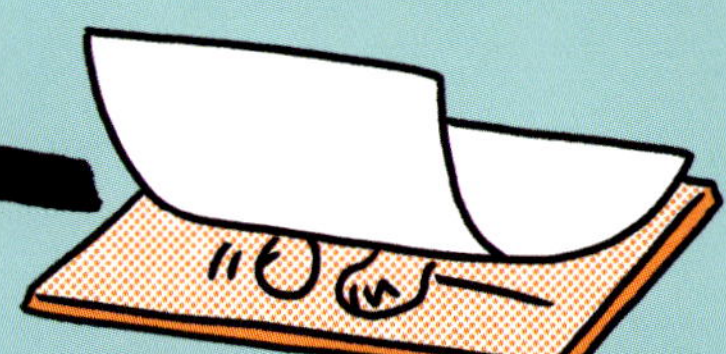

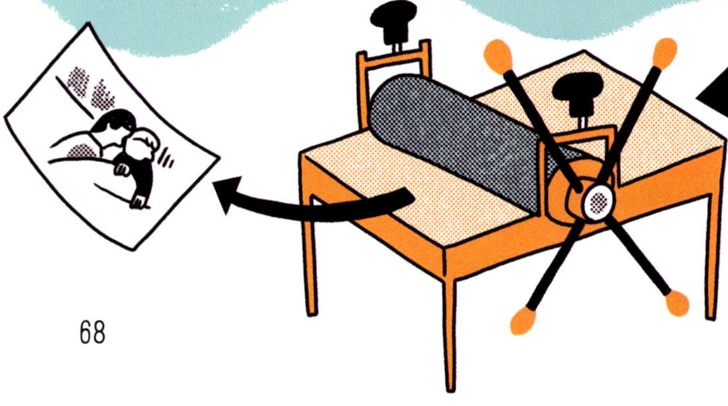

Und zum Schluss wird die Platte mit dem Papier durch eine Presse gezogen. Dadurch wird beides zusammengepresst und die Farbe auf das Papier übertragen.

Der **SIEBDRUCK** ist ein moderneres Druckverfahren. Künstler können damit leuchtende Farbflächen erzielen und Fotos als Vorlagen verwenden.

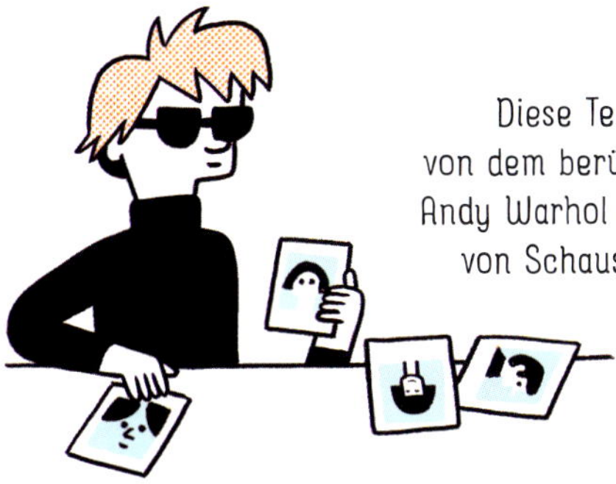

Diese Technik wurde in den 1960ern von dem berühmten amerikanischen Künstler Andy Warhol angewandt. Er benutzte oft Fotos von Schauspielerinnen für seine Drucke.

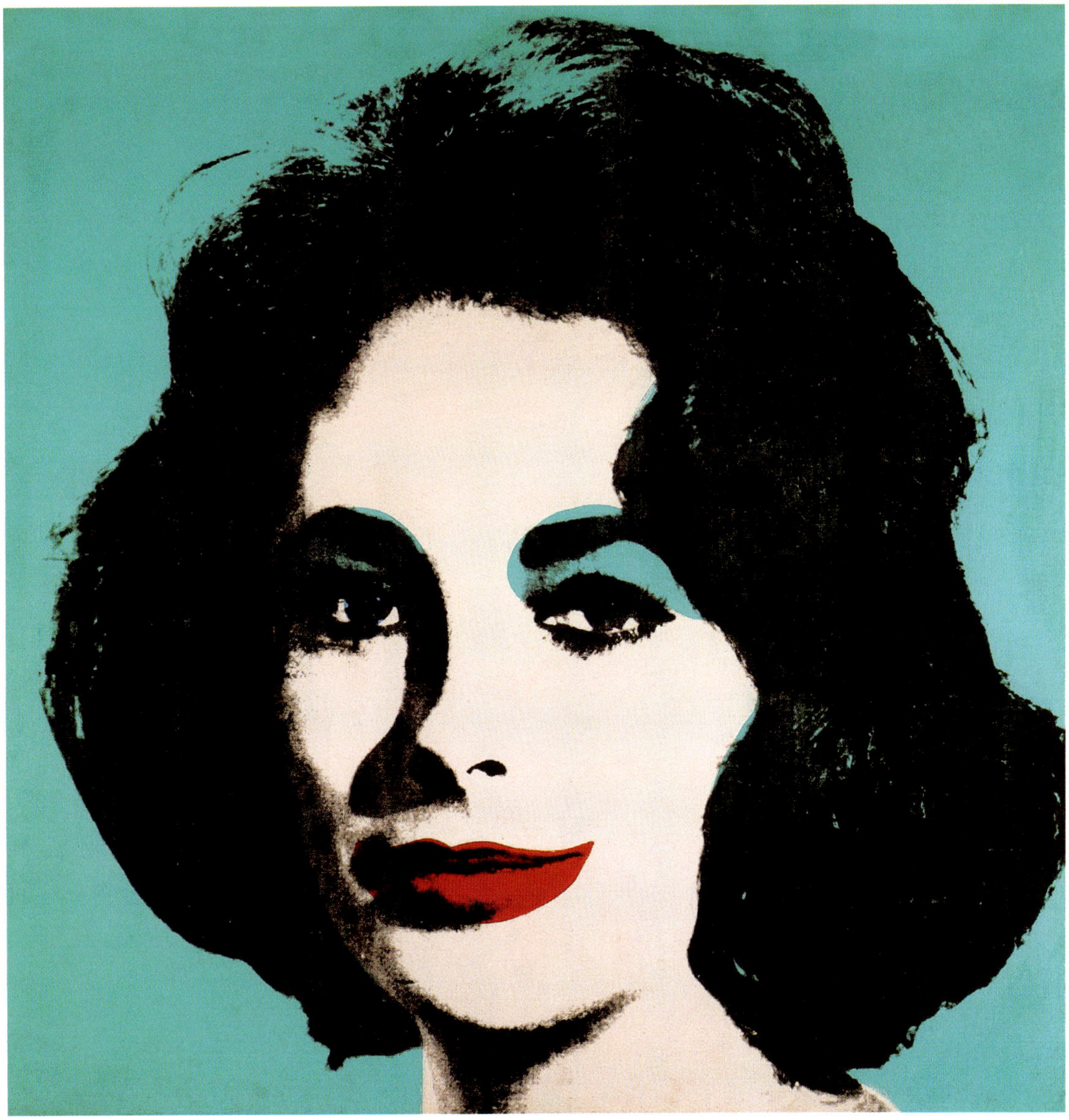

LIZ
Andy Warhol, 1963

Um einen Siebdruck herzustellen, braucht man für jede Farbe, die gedruckt werden soll, eine Schablone, die auf eine Druckform gelegt wird. Diese Schablonen bestehen aus feinmaschigem Gewebe.

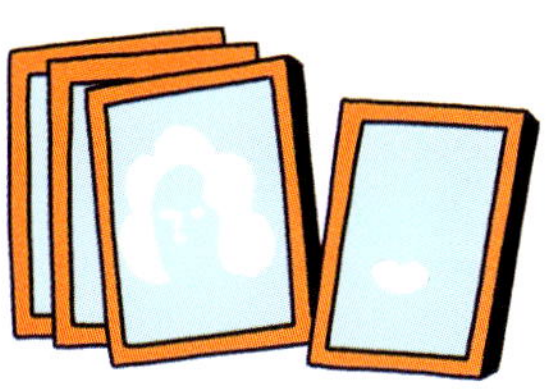

Auf die Stellen des Gewebes, die keine Farbe durchlassen sollen, wird beispielsweise Wachs oder Lack aufgetragen.

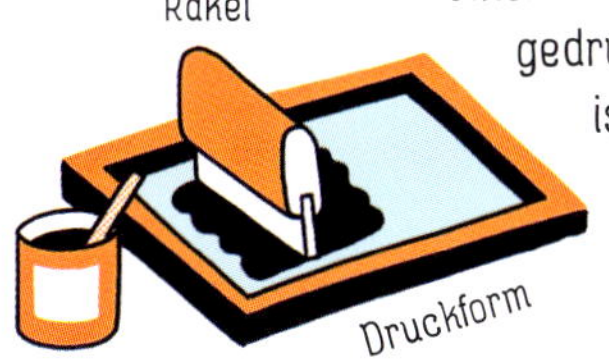

Dann wird die Druckform auf Papier gelegt und mit einer Rakel Farbe durch die Löcher des Gewebes gedrückt. Wenn die Farbe trocken ist, wird die nächste Schablone aufgelegt und eine weitere Farbe aufgetragen.

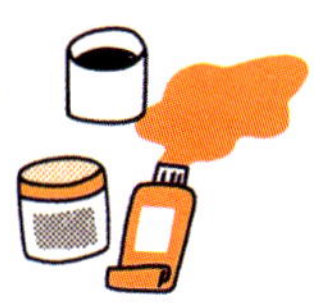

EIN ÜBERRASCHENDES BILD

Dieser Druck von Katsushika Hokusai, der eine große Meereswelle zeigt, verwendete einen neuen synthetischen Blauton und unterschied sich von allen anderen Drucken seiner Zeit. Heute ist das ungewöhnliche Bild einer der berühmtesten Drucke der Welt.

Im Hintergrund steht ein schneebedeckter Berg. Es ist der Fuji (oder Fudschijama), der höchste Berg Japans – aber neben der riesigen Welle wirkt sogar er sehr klein.

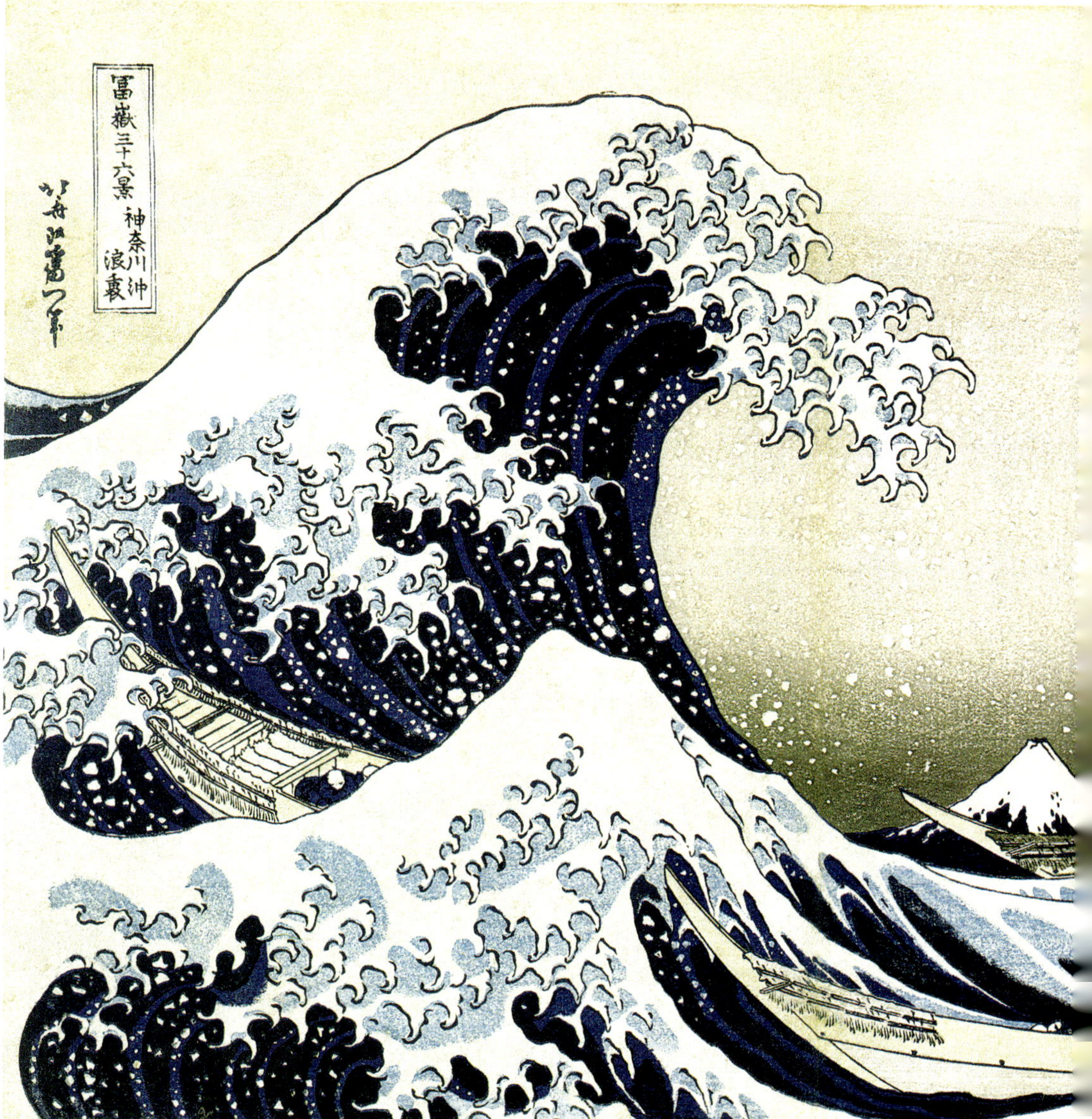

UNTER DER WELLE IM MEER VOR KANAGAWA
auch bekannt als
DIE GROSSE WELLE
Katsushika Hokusai, 1830–32

Die blaue Farbe stammt von dem synthetischen Pigment Preußischblau.

Die Besatzung von drei Ruderbooten versucht, sich über Wasser zu halten, während riesige Wellen über sie hereinbrechen.

Hokusais Bild wurde mit dem japanischen FARBHOLZSCHNITTVERFAHREN hergestellt, das mehr als 300 Jahre alt ist. Auf den meisten japanischen Farbholzschnitten sind Samurai-Krieger, elegante Frauen oder landschaftlich reizvolle Orte dargestellt. Daher muss dieses eindrucksvolle Meeresbild, das einfache Fischer zeigt, für die damalige Zeit äußerst ungewöhnlich gewesen sein.

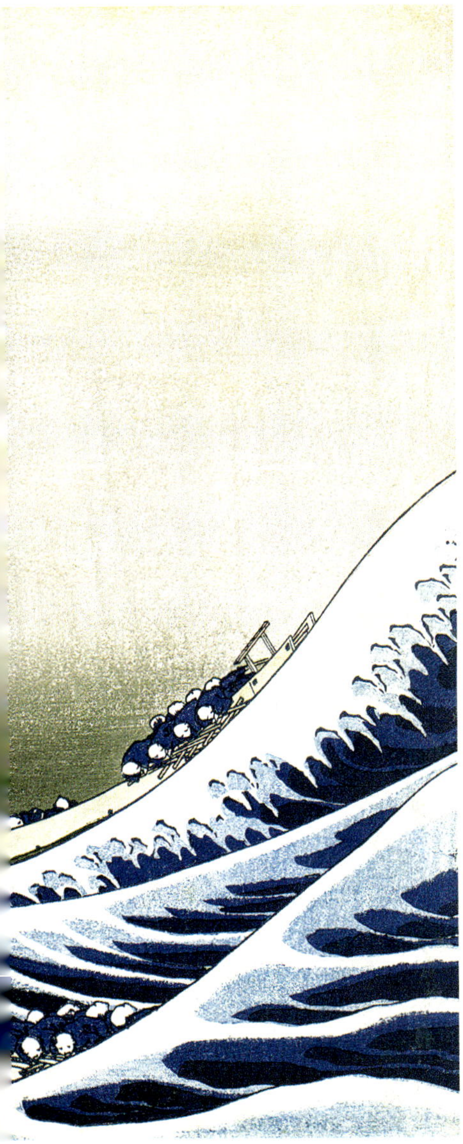

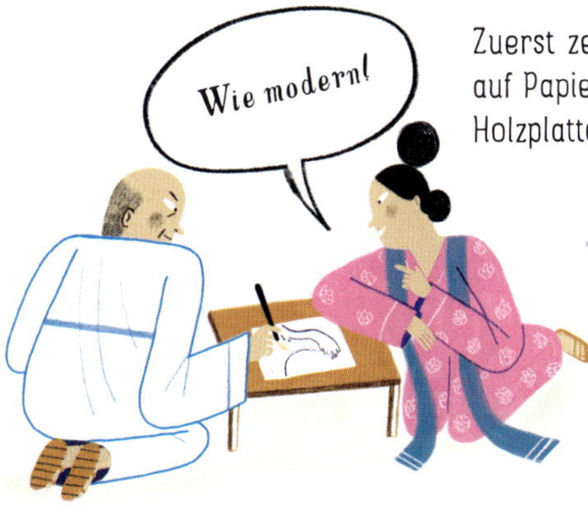

Zuerst zeichnete Hokusai seinen Entwurf auf Papier. Der wurde dann kopiert und auf Holzplatten übertragen – eine für jede Farbe.

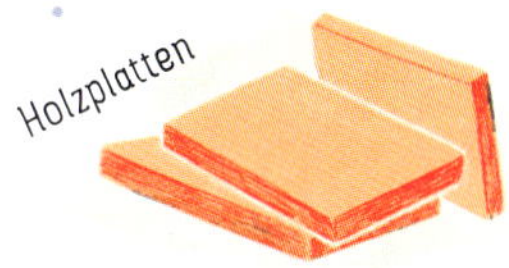

Jede Holzplatte wurde mit einem Beitel und einem Hammer bearbeitet.

Das Holz wurde weggeschnitten, nur die Bereiche, die gedruckt werden sollten, blieben stehen.

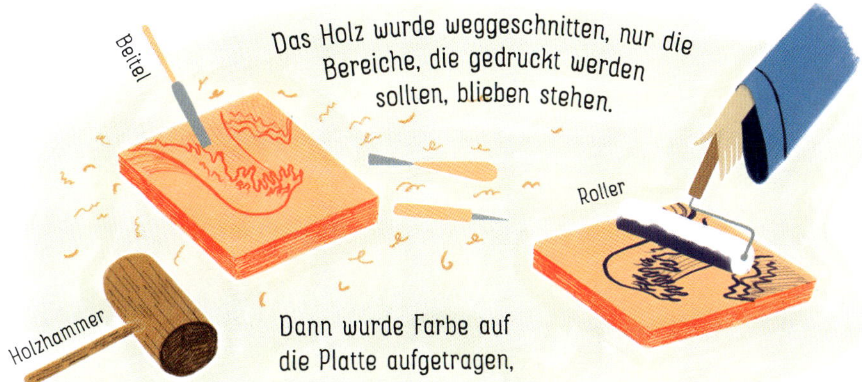

Dann wurde Farbe auf die Platte aufgetragen, die an den erhabenen Bereichen haften blieb.

Man legte Papier auf die Holzplatte, sodass sich die Farbe auf das Papier übertrug.

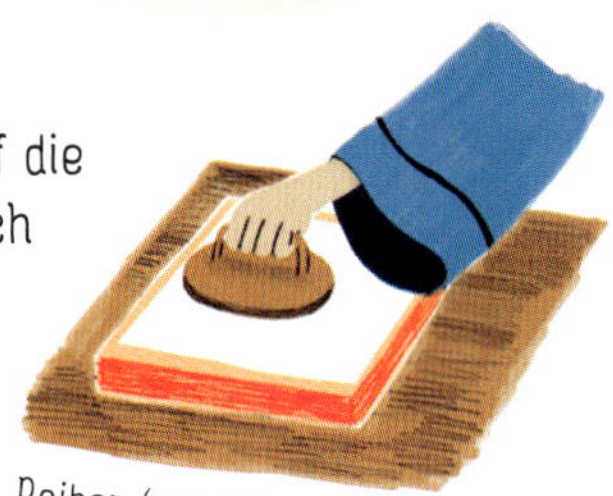

Das Papier wurde dann abgezogen und getrocknet, bevor die nächste Farbe gedruckt wurde.

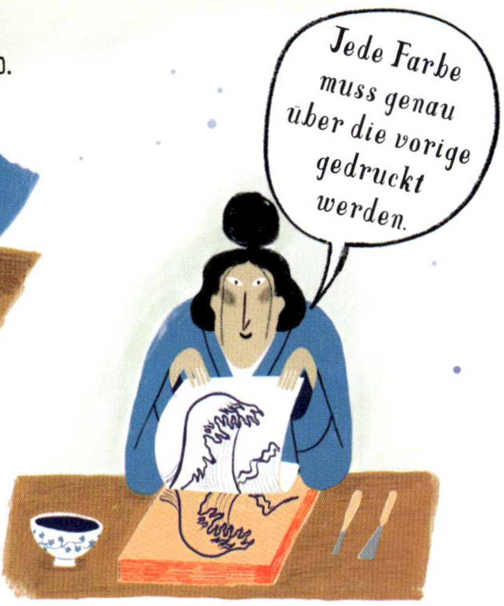

Man kann bis zu 8000 Drucke machen, bevor die Holzplatten abgenutzt sind.

Der Schaum auf den Wellen sieht aus wie Krallen, die nach den Booten greifen. Dadurch wirkt die Szene noch dramatischer.

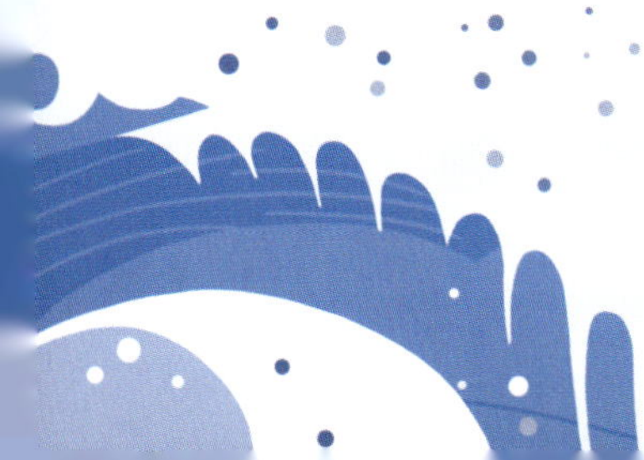

KANN EINE FOTOGRAFIE KUNST SEIN?

Als die Fotografie in der ersten Hälfte des 19. Jahrhunderts erfunden wurde, sahen nur wenige Menschen Fotos als Kunst an. Im Unterschied zu einem Gemälde oder einer Skulptur kann ein Foto auf Knopfdruck entstehen. Trotzdem ist Fotografieren eine kreative Handlung, denn die Motive müssen sorgfältig angeordnet und ausgeleuchtet werden. Sie können genauso aussagekräftig wie Gemälde sein. Heutzutage hängen Fotos in Kunstmuseen auf der ganzen Welt.

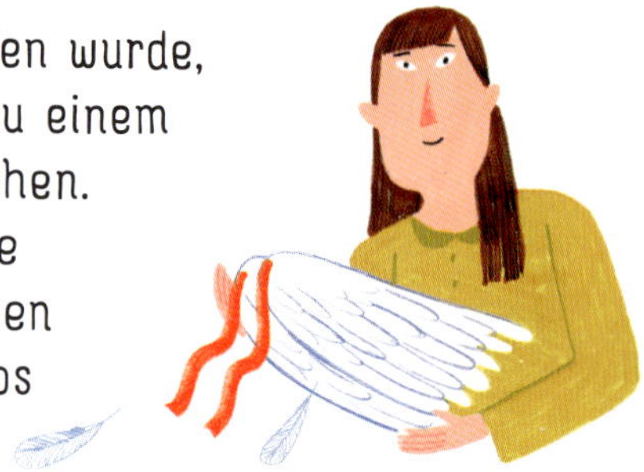

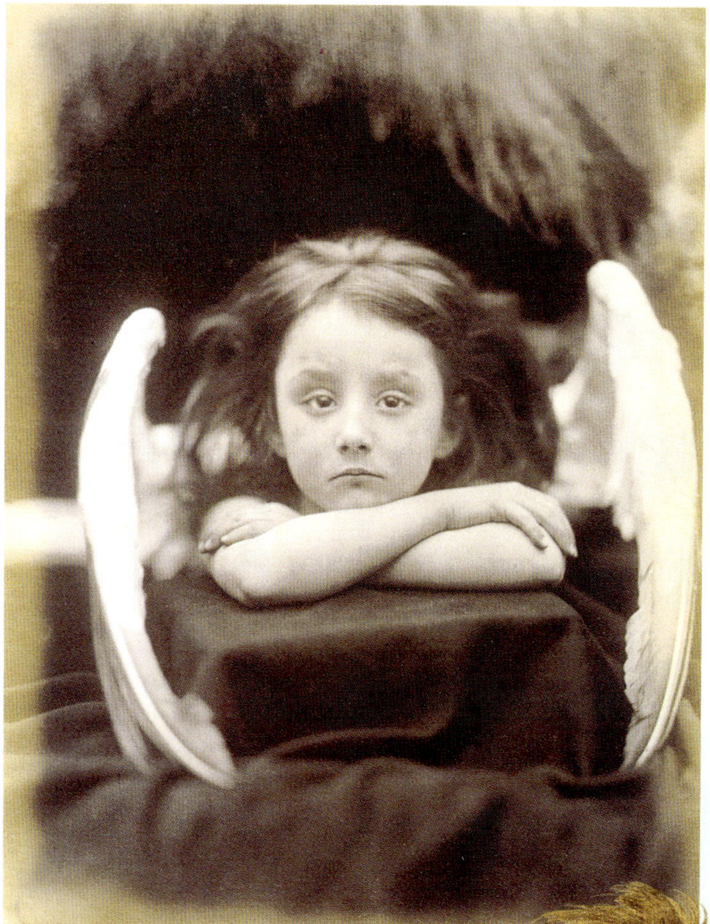

ICH WARTE (RACHEL GURNEY ALS ENGEL)
Julia Margaret Cameron, 1872

Die ersten Fotografinnen wie zum Beispiel Julia Margaret Cameron arbeiteten genau wie Maler mit Modellen, Kostümen und Requisiten.

Für die Fotografie benötigte man anfangs sehr viel Licht. Daher verwendete Cameron eine Art Gewächshaus als Studio.

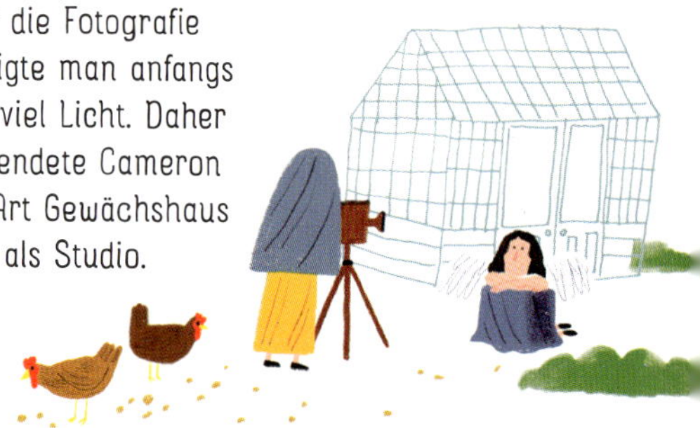

Das Foto links sieht etwas verschwommen aus. Cameron meinte, dass Fotos schöner aussehen, wenn sie nicht ganz scharf sind.

WIE

1826–1839

Die ersten Fotos entstanden auf Metall- oder Glasplatten, die mit lichtempfindlichen Chemikalien beschichtet waren.

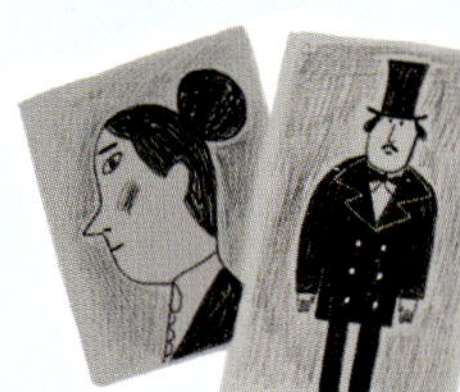

1841

Fotos werden auf Papier gedruckt.

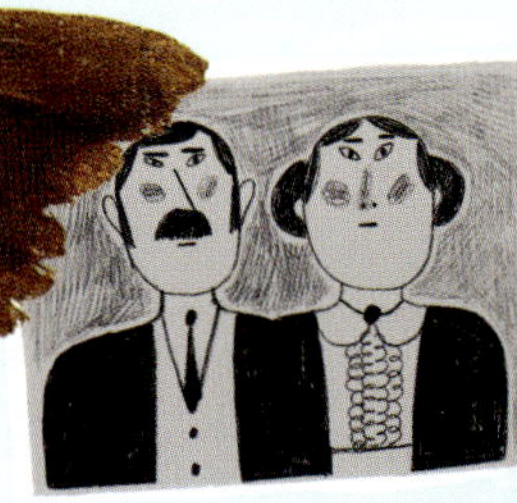

Der andächtige Gesichtsausdruck und die Haltung des Mädchens ähneln diesem Engel in einem berühmten Gemälde von Raffael.

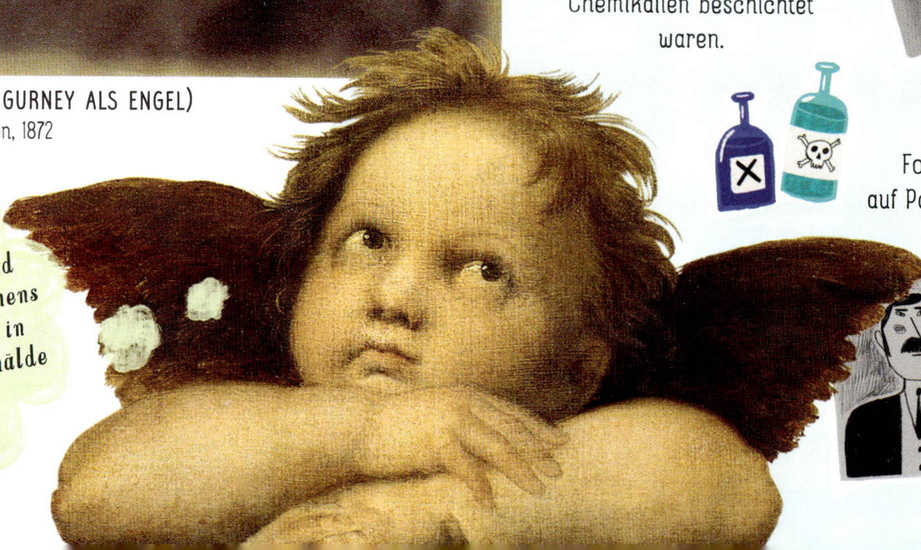

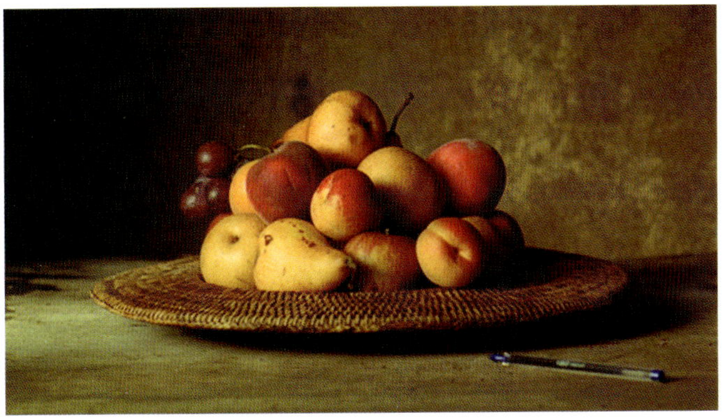

In den 1960ern hatten viele Menschen einen Fotoapparat. Künstlerinnen experimentierten nun mit Video und Fotografie – manche nahmen Performance-Kunst damit auf, andere schufen eigenständige Kunstwerke. Diese Bilder sind aus einem Film von Sam Taylor-Johnson.

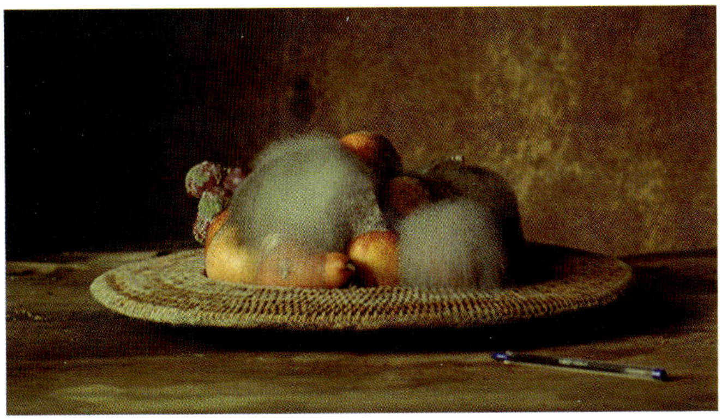

Der Film ist von traditionellen Stillleben mit Früchten und Blumen inspiriert, die oft kleine Unzulänglichkeiten als **MEMENTO MORI** enthalten – eine Erinnerung daran, dass alles vergänglich ist.

Auf Seite 36 ist ein Beispiel zu sehen.

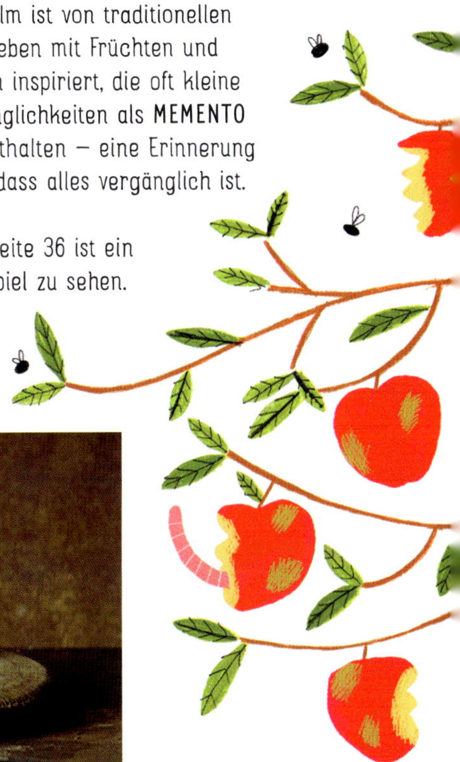

Taylor-Johnson erstellte ein modernes *Memento Mori*, indem sie filmte, wie Obst in einer Schale innerhalb von mehreren Tagen verfaulte. Danach beschleunigte sie die Filmbilder, sodass der Prozess nur drei Minuten und 44 Sekunden dauerte.

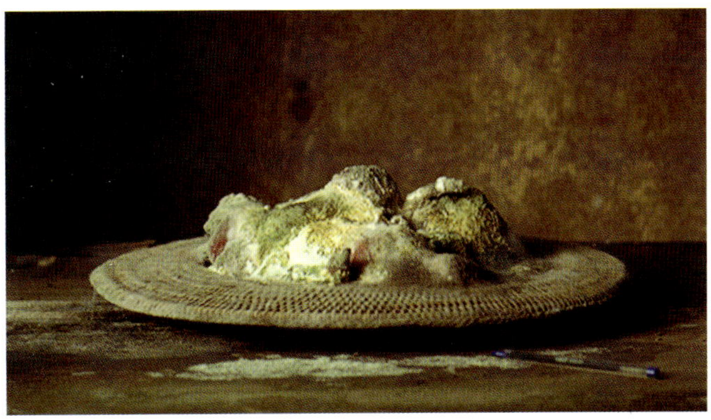

Standbilder aus **STILLLEBEN**
Sam Taylor-Johnson, 2001

ENTSTAND FOTOGRAFIE?

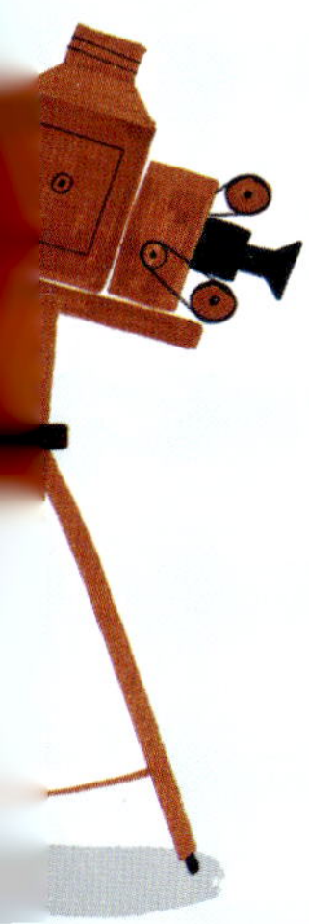

1890er
Die ersten Filme werden produziert.

1930er
Durch den Farbfilm ist es nun einfacher, Farbfotos aufzunehmen.

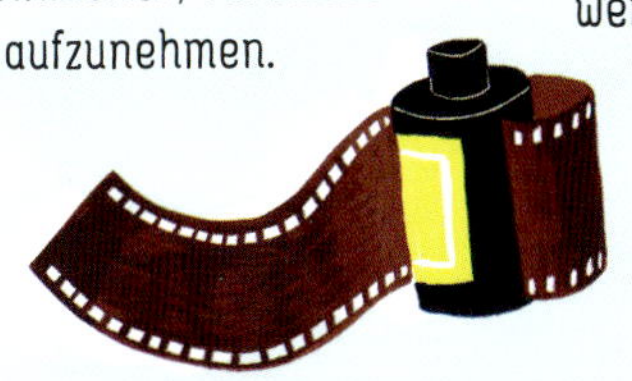

1970er–90er
Digitale Fotos werden erfunden.

HEUTE
Digitale Kameras sind weit verbreitet und man kann viel leichter fotografieren als früher.

LÄCHELN!

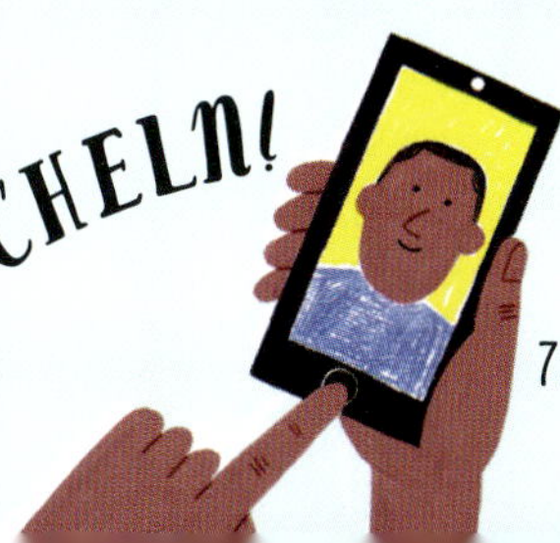

WIE HABEN FOTOS DIE KUNST VERÄNDERT?

Als die Fotografie erfunden wurde, hatten viele Menschen Angst, dass sie das Ende der Malerei bedeutete. Künstler wie Paul Delaroche dachten, dass sich die Malerei erübrigen würde, da man mit einem Foto alles schnell und genau abbilden konnte.

Aber die Erfindung der Fotografie stellte nicht das Ende der Malerei dar. Fotografie wurde jedoch zu einem nützlichen Werkzeug für viele Künstler.

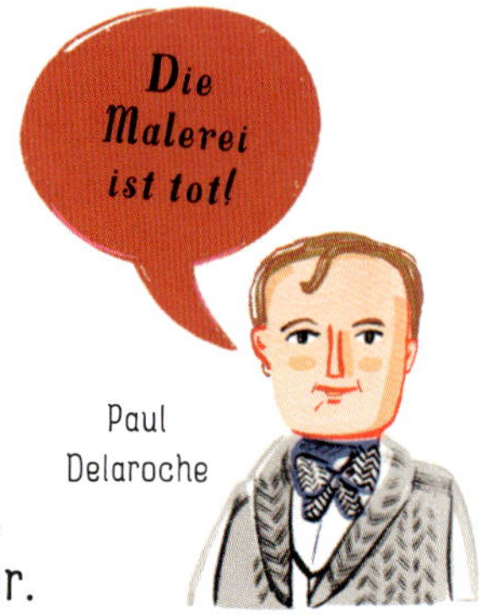

Paul Delaroche

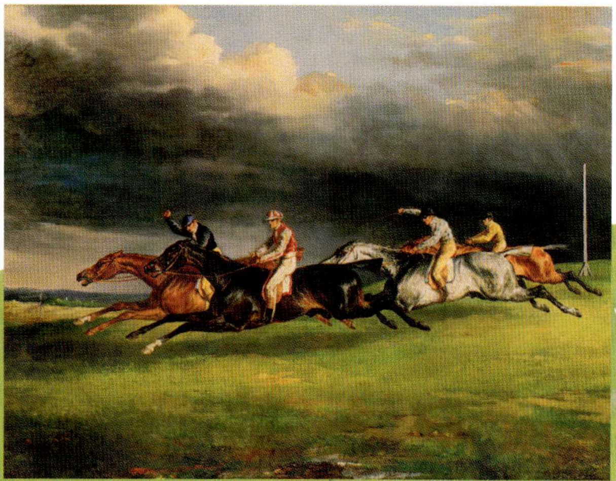

DAS DERBY IN EPSOM 1821
Théodore Géricault, 1821

Bevor man sie fotografieren konnte, wusste niemand wirklich, wie Pferde galoppierten, denn sie bewegten sich zu schnell.

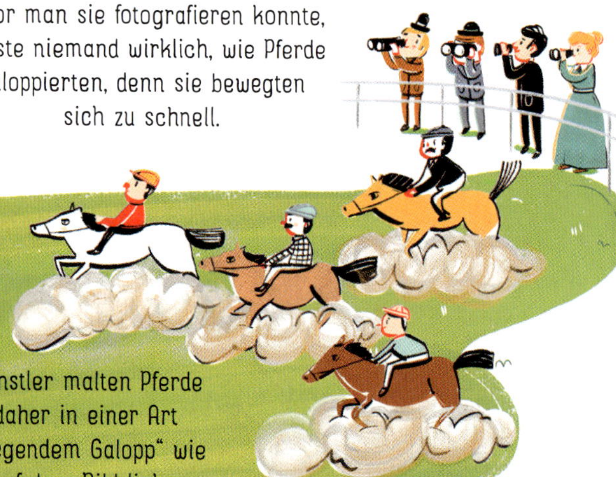

Künstler malten Pferde daher in einer Art „fliegendem Galopp" wie auf dem Bild links.

Das änderte sich mit dem Fotografen Eadweard Muybridge. Er stellte mehrere Kameras auf, um die einzelnen Phasen des Bewegungsablaufs aufzunehmen.

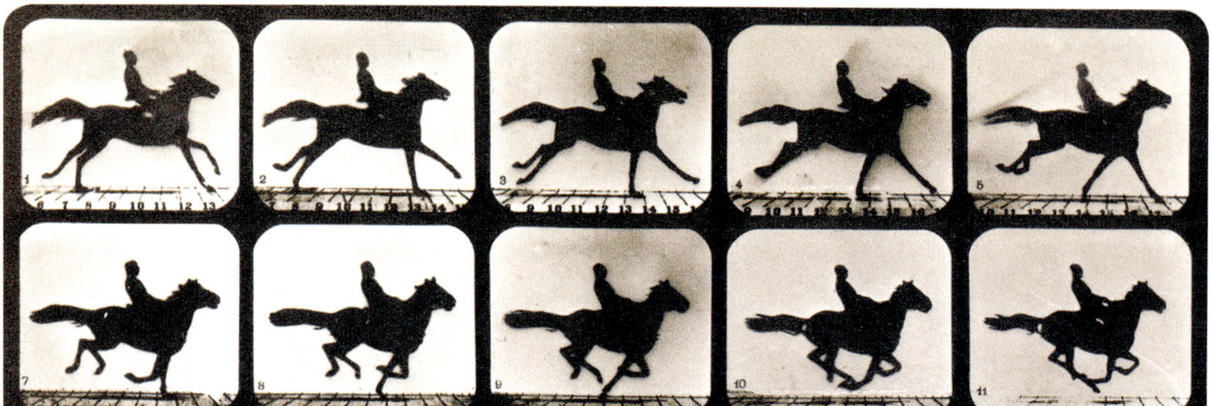

GALOPPIERENDES PFERD
Eadweard Muybridge, 1878–79

Die Bilder zeigten, dass die Beine von Pferden schon viele Jahre lang falsch gemalt wurden. Künstlerinnen und Künstler, die Pferde naturgetreu darstellen wollten, konnten sich nun an Muybridges Fotos orientieren.

Fotos dienten nicht nur als Hilfsmittel, sondern veränderten auch die Vorstellung davon, wie Bilder aussehen sollten. Zufällige, spontane Schnappschüsse inspirierten dazu, ungeordnete Kompositionen auszuprobieren, wie zum Beispiel die folgende Straßenszene.

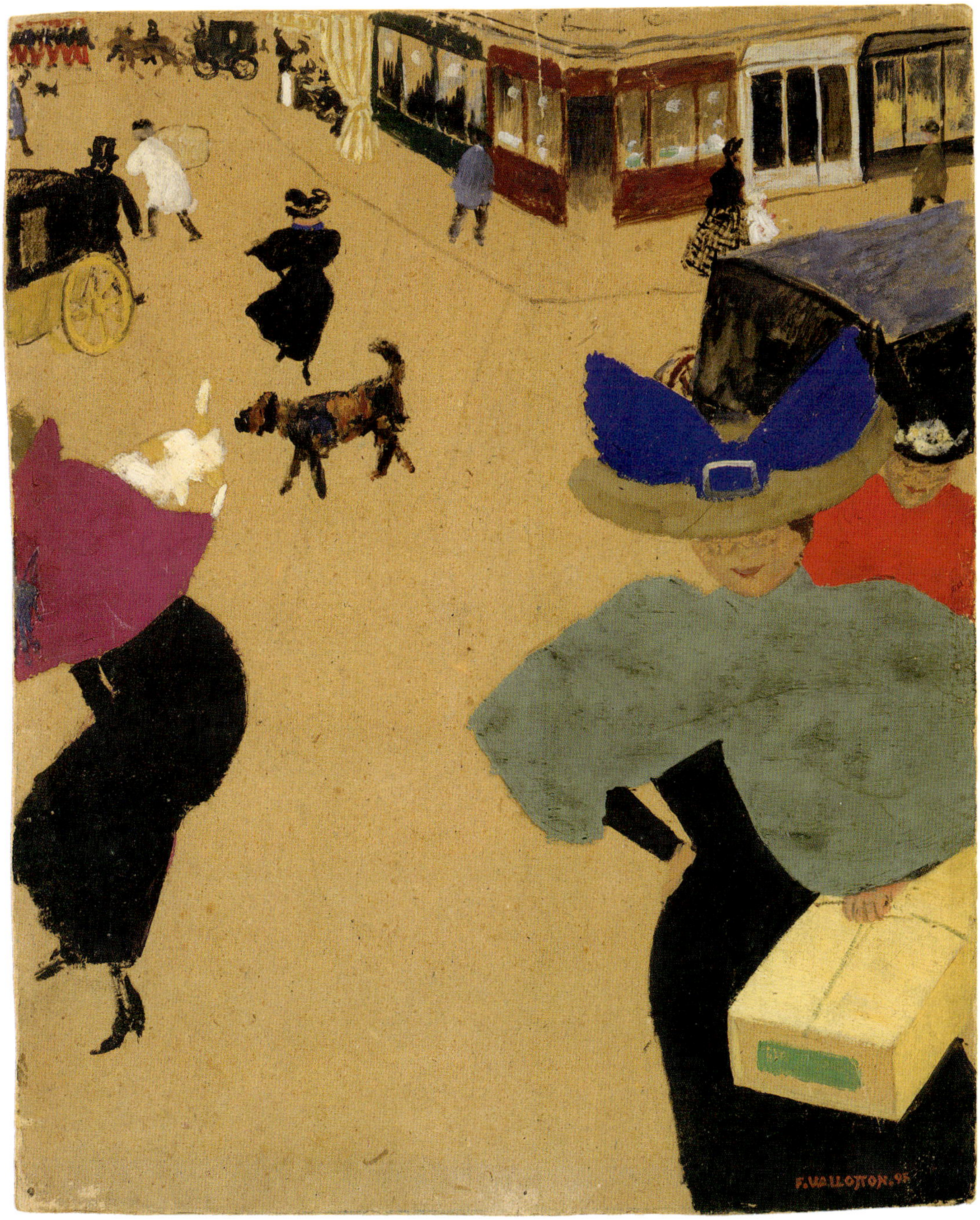

STRASSENSZENE IN PARIS
Félix Vallotton, 1897

Herkömmliche Bilder haben ein zentrales Motiv, das normalerweise in der Mitte steht. In dieser Straßenszene aus dem 19. Jahrhundert ist es anders – die Figuren sind seitlich abgeschnitten und man kann ihre Gesichter nicht erkennen.

Andere Künstlerinnen und Künstler malten keine realistischen Szenen mehr, sondern begannen, mit Farben und Formen zu spielen. Sie schufen eine völlig neue Art von Gemälden. Siehe Seite 66–67.

WARUM WOLLEN KÜNSTLER SCHOCKIEREN?

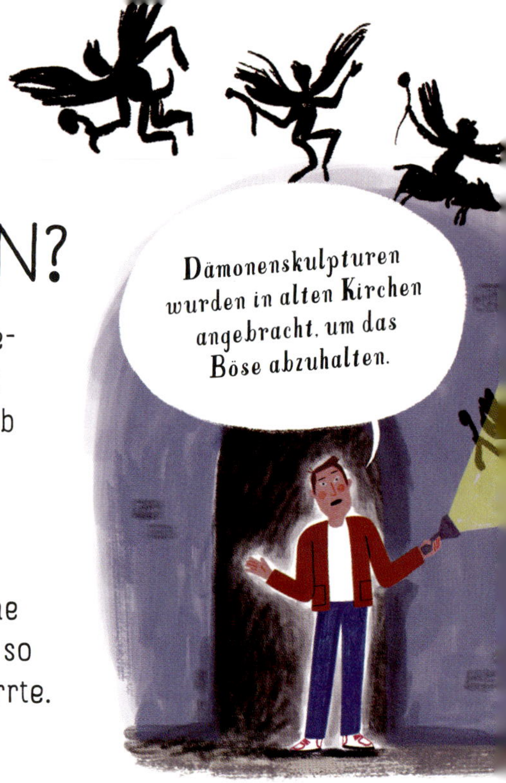

Wenn Menschen schockiert sind, steigert das ihr Aufnahmevermögen – Künstler können so viel besser auf ihre Kunst aufmerksam machen oder ihre Botschaft vermitteln. Deshalb versuchen sie schon seit Jahrhunderten, Menschen zu schockieren, ob mit Monstern und brutalen Szenen oder mit den Techniken und Materialien, die sie verwenden.

Das Wesen mit den Schlangenhaaren unten ist Medusa, eine Schreckgestalt aus der griechischen Mythologie. Sie sollte so abstoßend wirken, dass jeder, der sie ansah, zu Stein erstarrte.

Dieses blutrünstige Gemälde zeigt Medusa, nachdem sie enthauptet wurde.

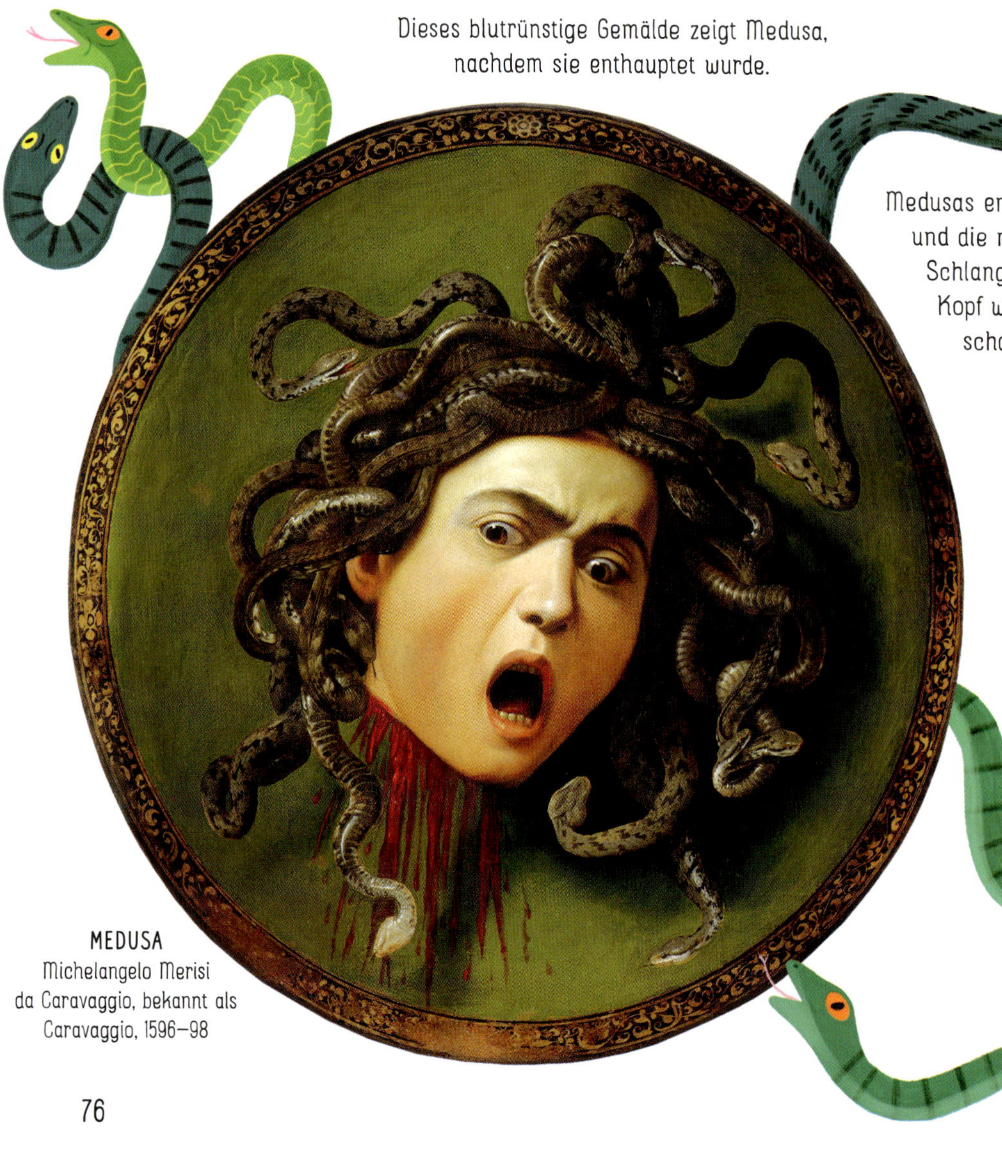

MEDUSA
Michelangelo Merisi da Caravaggio, bekannt als Caravaggio, 1596–98

Medusas entsetzter Gesichtsausdruck und die realistisch aussehenden Schlangen, die sich um ihren Kopf winden, waren an sich schon furchterregend.

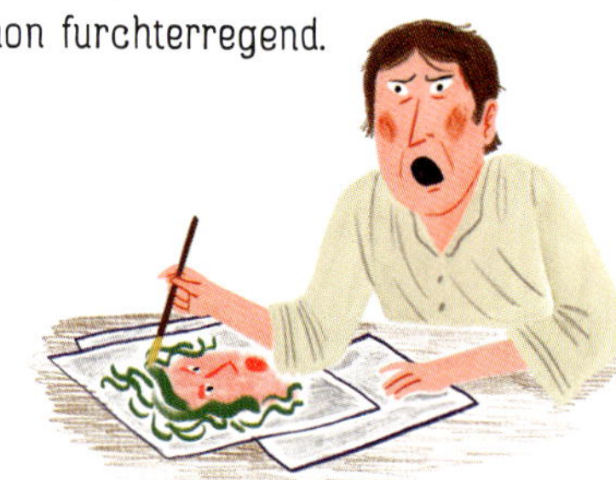

Aber noch mehr schockierte es die Menschen, die den Maler dieses Bildes kannten. Das Gesicht ist nämlich ein Porträt des Künstlers als junger Mann.

In jüngerer Zeit schockierten Künstlerinnen und Künstler ihr Publikum durch völlig neue Kunstformen oder seltsame, manchmal auch ekelerregende Materialien, die sie verwendeten.

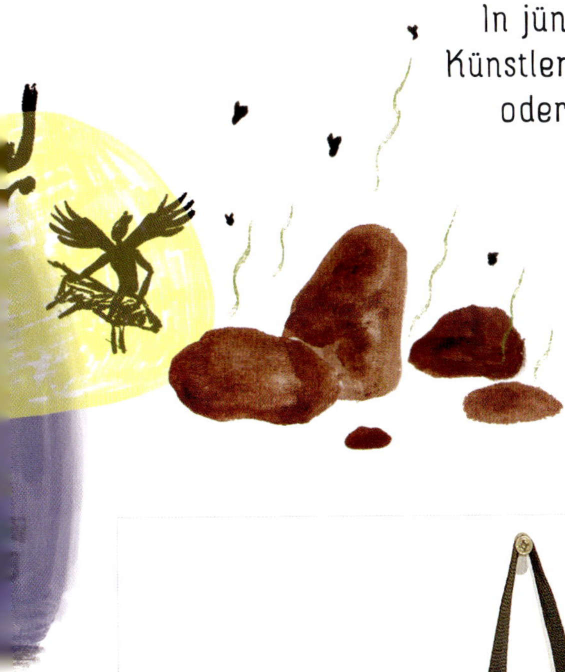

Manche Künstlerinnen arbeiteten mit TIERDUNG …

… oder SCHIMMELIGEN LEBENSMITTELN und ABFALL.

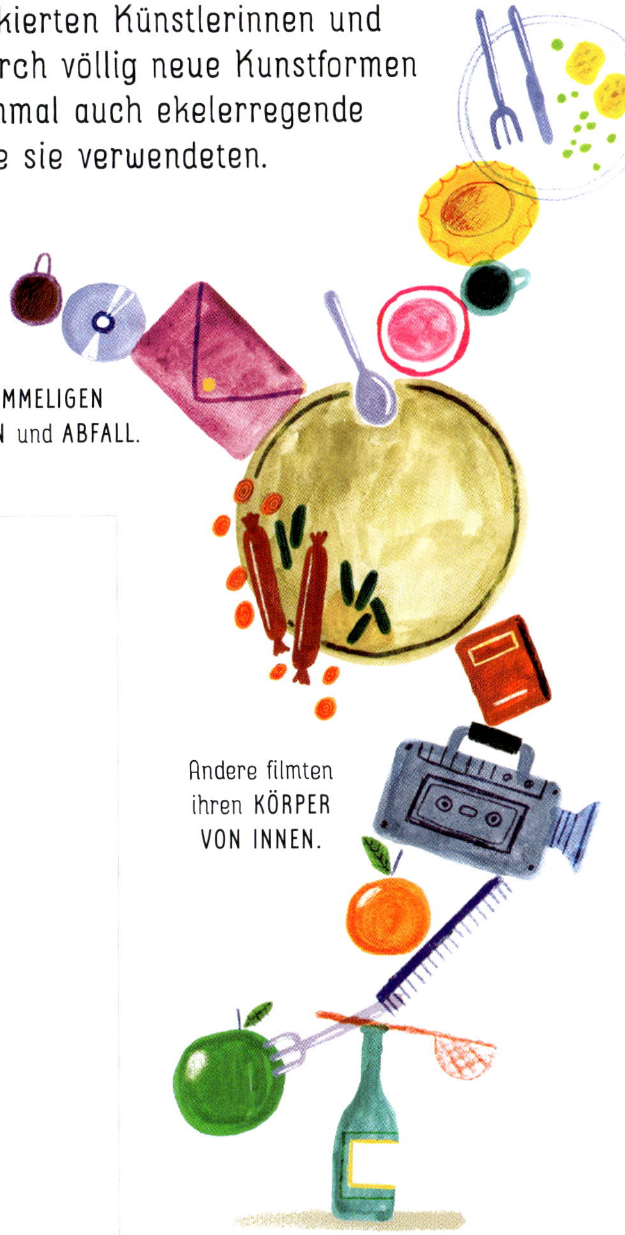

Andere filmten ihren KÖRPER VON INNEN.

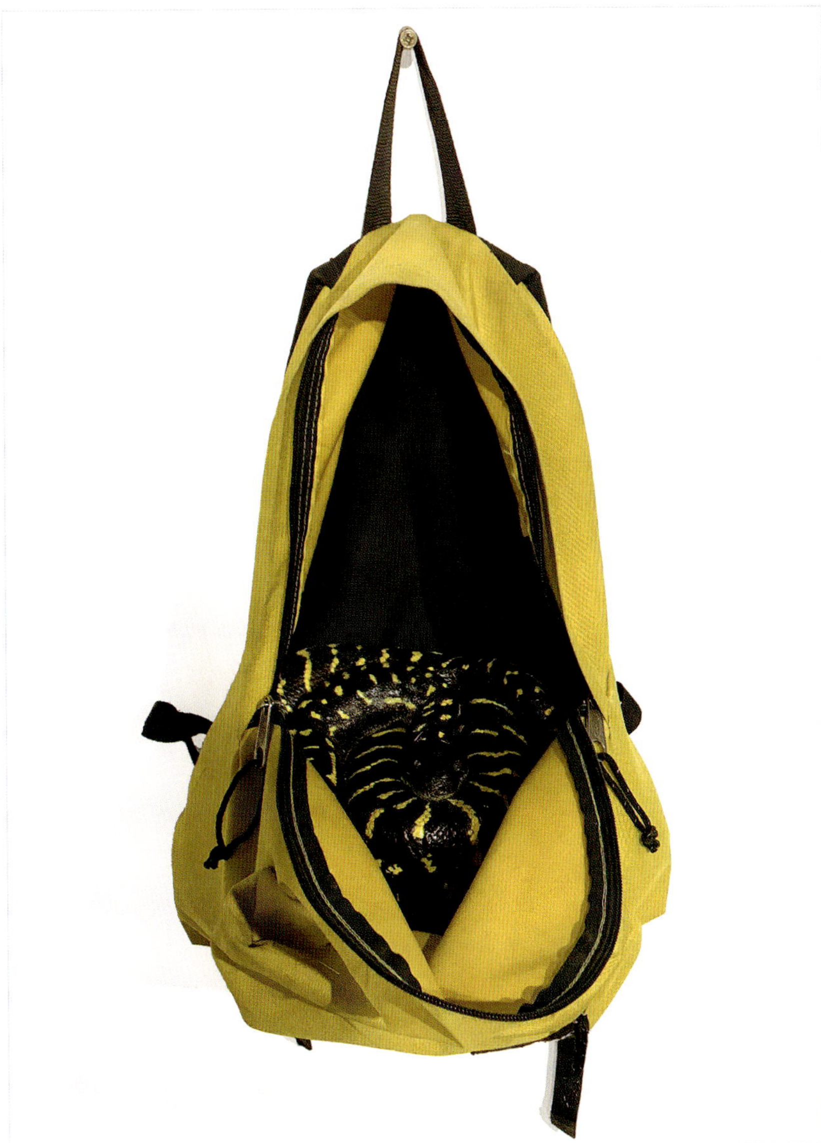

DO GIFT CARDS EXPIRE
Polly Morgan und Robert Cooper, 2019

Die Künstlerin Polly Morgan verwendet TOTE TIERE in ihrer Kunst.

Für das Objekt links, das sie zusammen mit Robert Cooper schuf, konservierte sie eine tote Python. Sie legte sie eingerollt in einen Rucksack, um einen Schockeffekt zu erzielen.

KUNST UND POLITIK

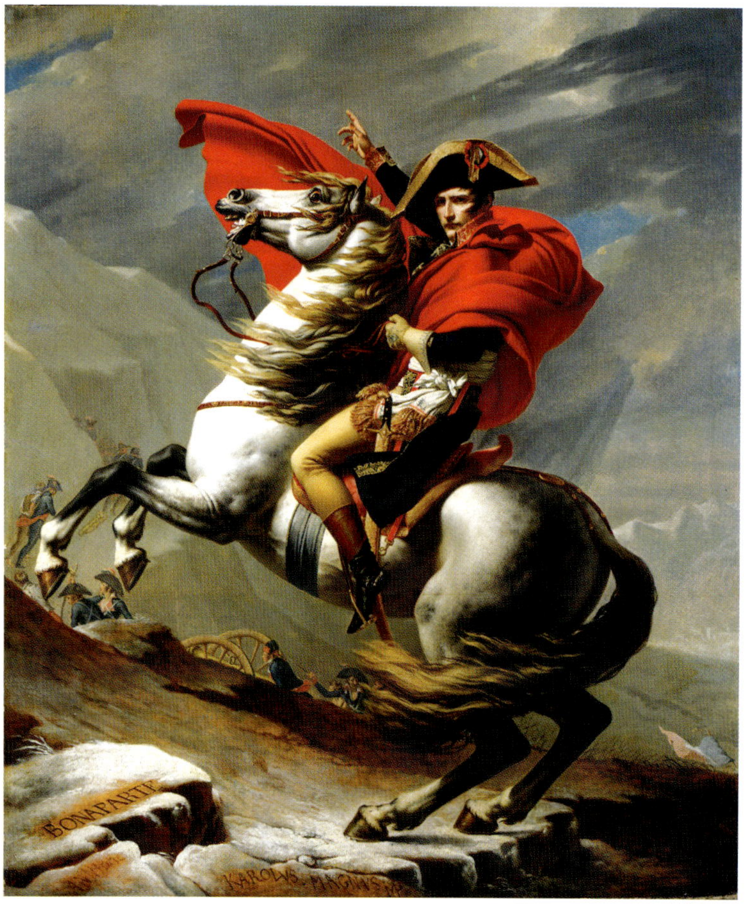

NAPOLEON AM ST. BERNHARD
Jacques-Louis David, 1802–03

Manche Menschen denken, dass Kunst nichts mit Politik zu tun haben sollte. Andere wiederum sagen, dass Kunst immer politisch ist, weil sie von den Meinungen und Wertvorstellungen ihrer Zeit beeinflusst wird.

Manche Kunstwerke sind absichtlich politisch – zum Beispiel wenn sie einen Anführer oder eine politische Gruppe unterstützen. Man nennt das PROPAGANDA.

Politik kann Kunst beeinträchtigen, wenn Staatsoberhäupter oder Regierungen versuchen zu kontrollieren, was Künstler tun, oder wenn sie Kunst verbieten, weil sie ihnen nicht gefällt. Man nennt das ZENSUR.

Dieses berühmte Propagandabild zeigt den französischen General Napoleon Bonaparte auf einem sich aufbäumenden Pferd, während er seine Armee über die schneebedeckten Berge führt.

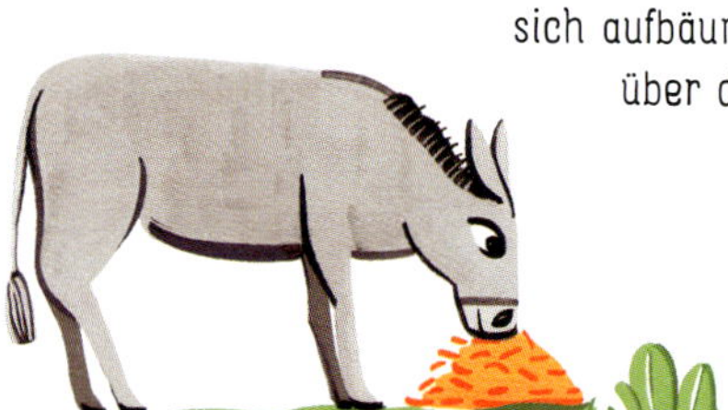

Die Realität sah jedoch anders aus. Napoleon überquerte die Alpen erst einige Tage nach seinen Truppen auf einem Esel und es hatte nicht geschneit. Er war auch viel kleiner, als er auf dem Bild wirkt.

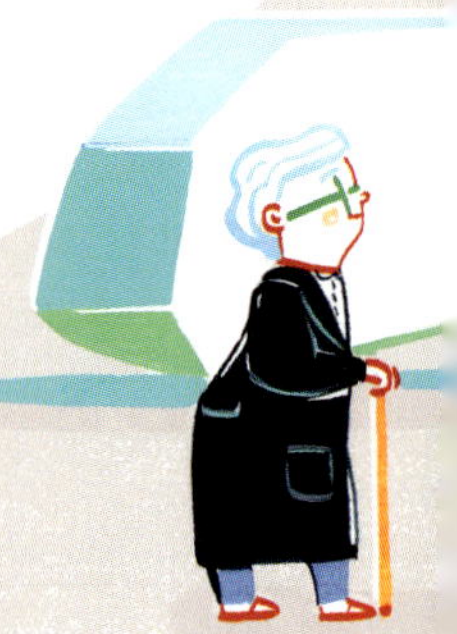

Künstler beschäftigen sich heute in ihren Werken mit politischen Themen wie zum Beispiel dem Klimawandel.

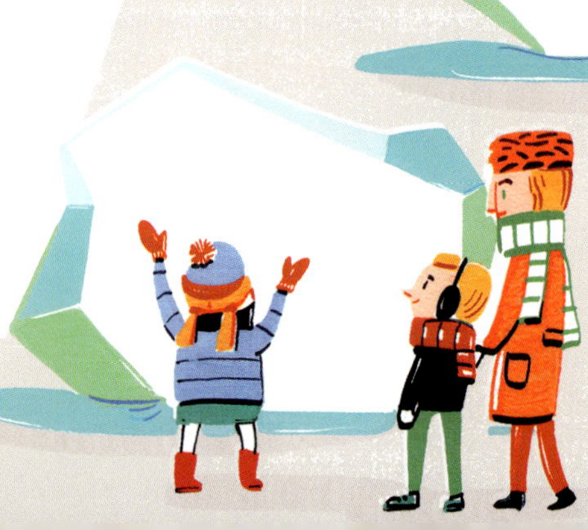

Der Künstler Ólafur Elíasson und der Geologe Minik Rosing schufen einige Installationen mit dem Titel *Ice Watch*, um auf die Auswirkungen des Klimawandels hinzuweisen.

Das Poster rechts ist ganz anders als das Gemälde von Napoleon, aber es ist auch Propaganda. Es unterstützte die Kommunisten, die 1917 in Russland die Macht ergriffen.

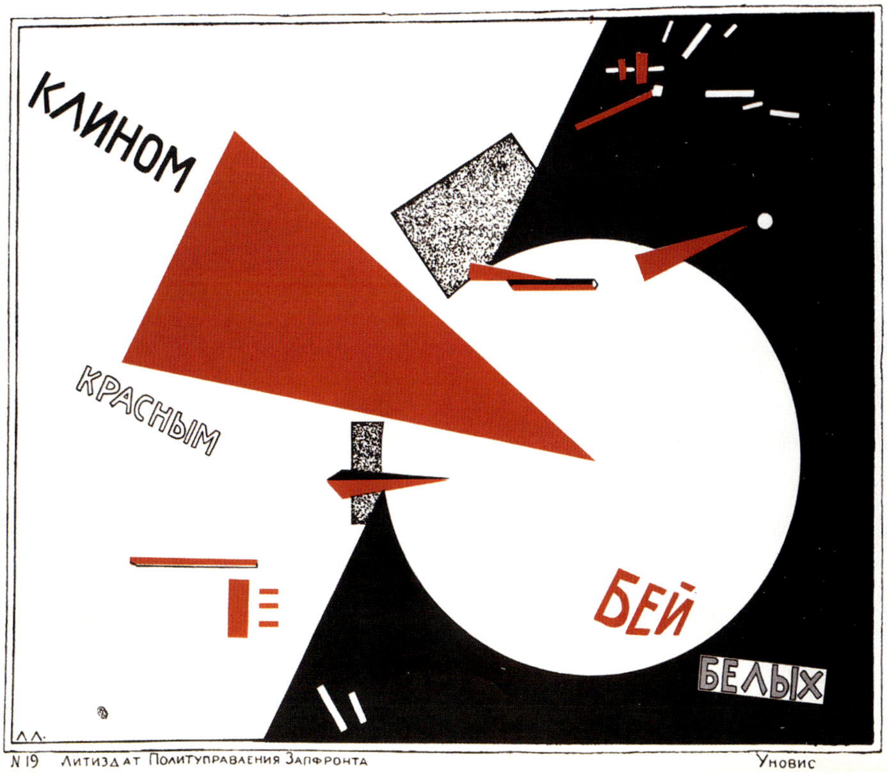

SCHLAGT DIE WEISSEN MIT DEM ROTEN KEIL
El Lissitzky, 1920

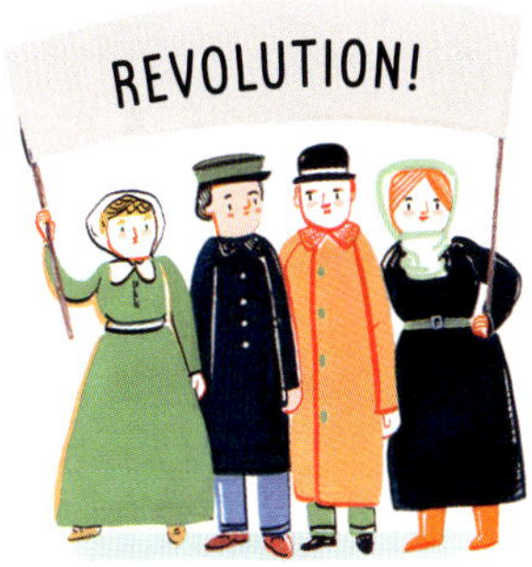

Die Kommunisten wollten mit der Vergangenheit brechen – genauso wie der Künstler, der das Poster entworfen hat.

Deshalb malte er keine herkömmlichen Bilder von Menschen oder Dingen, um seine Botschaft zu vermitteln, sondern nur geometrische Formen.

Auf dem Poster werden die Kommunisten, deren Symbolfarbe Rot ist, als roter Keil dargestellt, der einen weißen Kreis zerbricht. Der Kreis repräsentiert die alten Anführer.

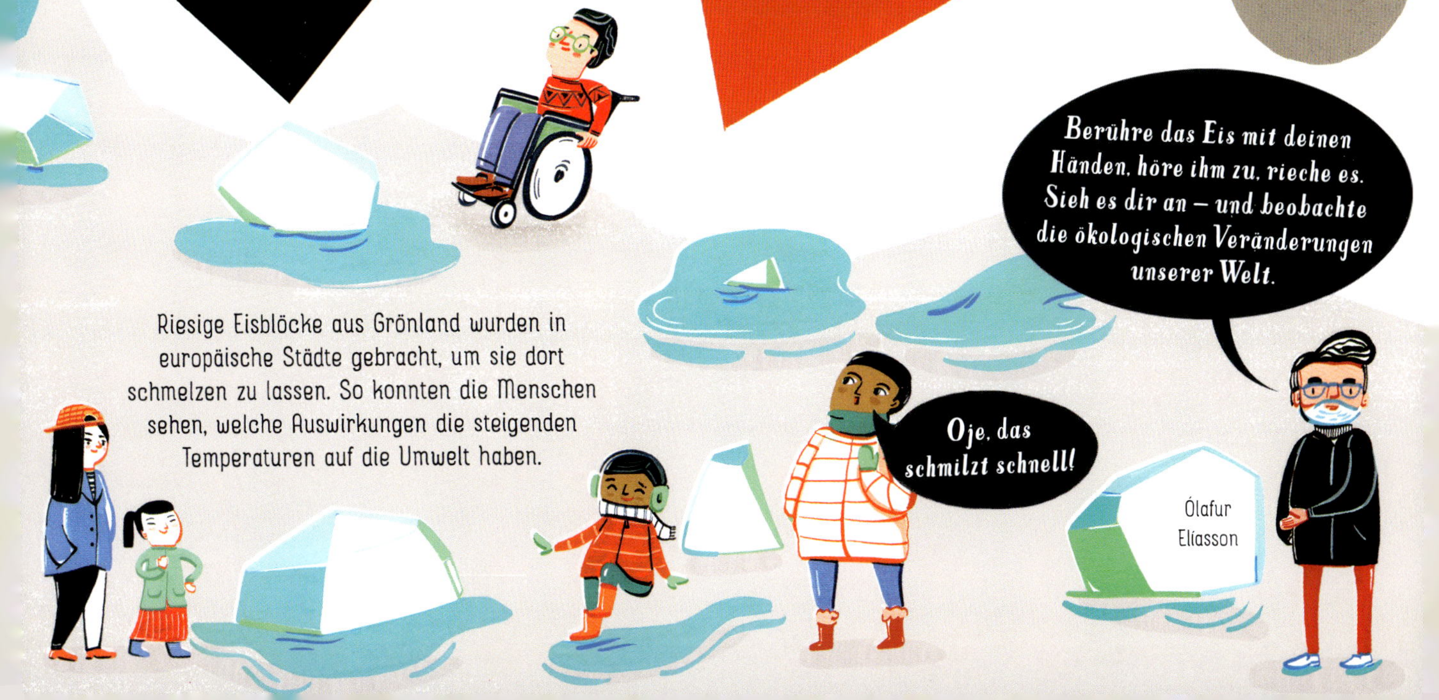

Riesige Eisblöcke aus Grönland wurden in europäische Städte gebracht, um sie dort schmelzen zu lassen. So konnten die Menschen sehen, welche Auswirkungen die steigenden Temperaturen auf die Umwelt haben.

EINE ANSAGE GEGEN DEN KRIEG

Der spanische Künstler Pablo Picasso sagte einst, dass er kein politischer Künstler sei. Aber nachdem Guernica, ein Dorf in Nordspanien, im Spanischen Bürgerkrieg bombardiert und zerstört worden war, malte er eines der ergreifendsten Antikriegsbilder aller Zeiten.

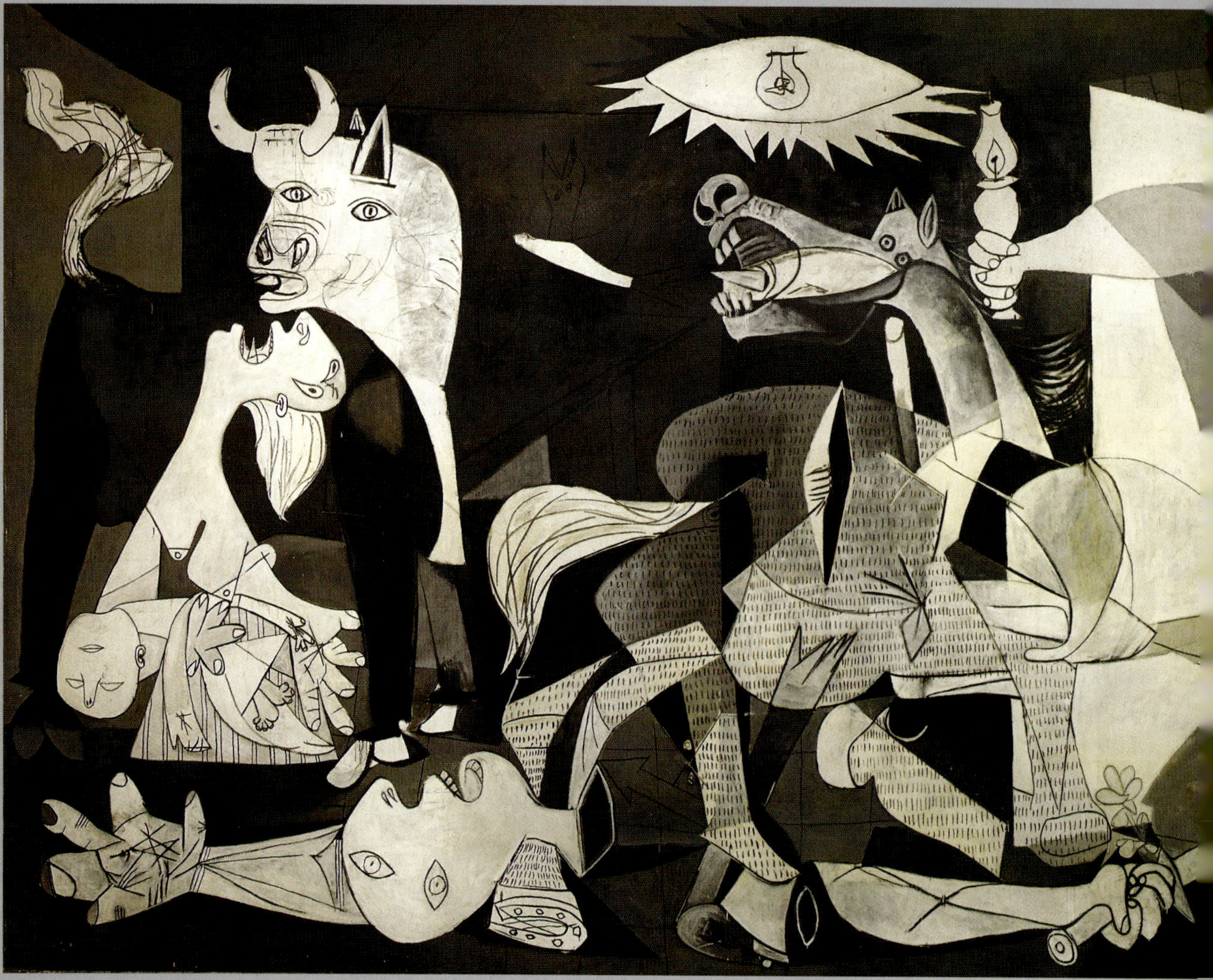

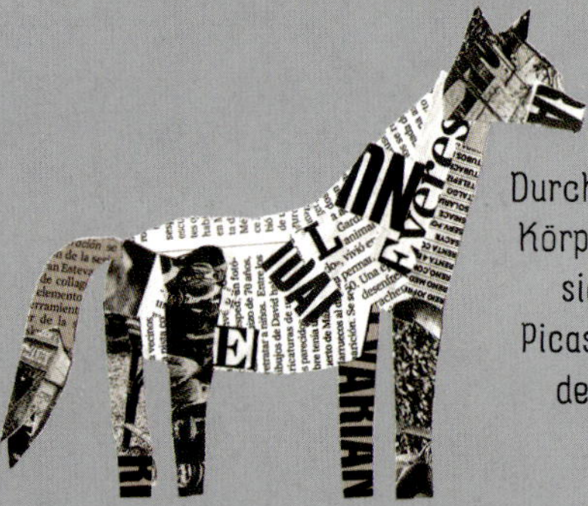

Durch die schwarzen Linien auf dem Körper und den Beinen des Pferdes sieht es wie eine Zeitung aus. Picasso erfuhr aus der Zeitung von der Bombardierung Guernicas.

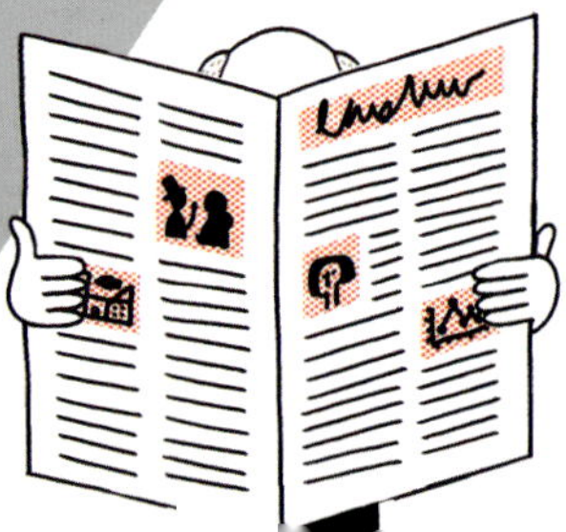

Die grauen Schatten in Picassos Bild erzeugen eine ernste, düstere Stimmung und erinnern an schwarz-weiße Zeitungsbilder.

Picasso wollte, dass die ganze Welt das Leiden sah, das die Bombardierung verursacht hatte. Deshalb malte er die Menschen und Tiere mit verzerrten und deformierten Körpern und Gesichtsausdrücken. Die Gestalten überlappen sich und man kann kaum erkennen, was passiert. Es entsteht der Eindruck von Chaos und Verwüstung.

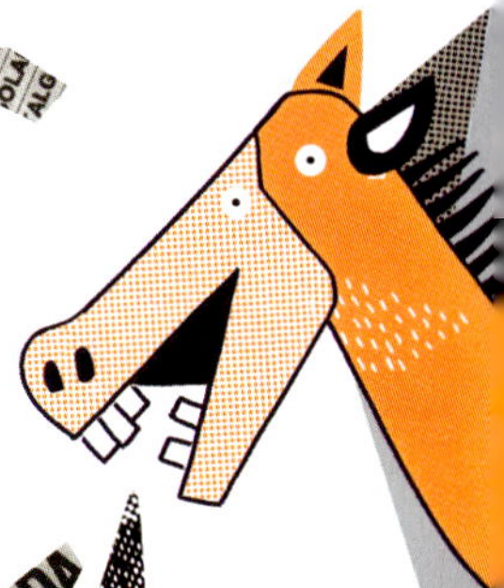

Fast alle im Bild scheinen zu schreien, sogar die Tiere.

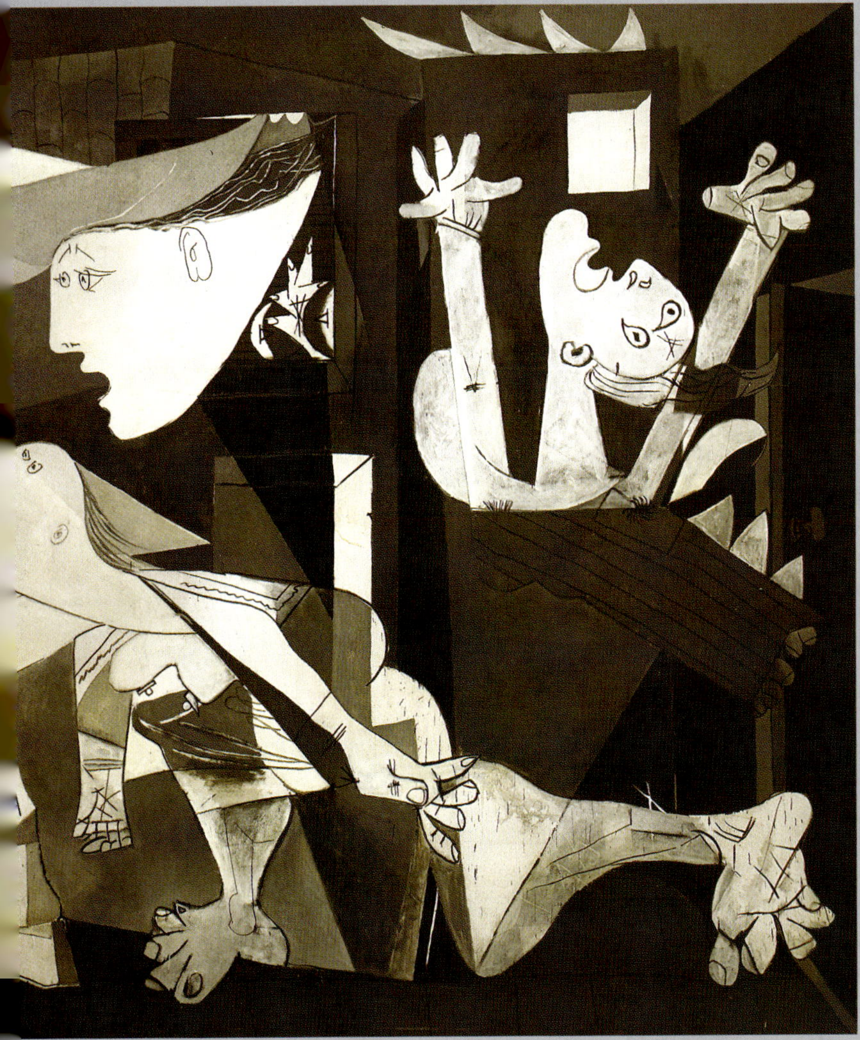

GUERNICA
Pablo Picasso, 1937

Aus den Gebäuden kommen Flammen.

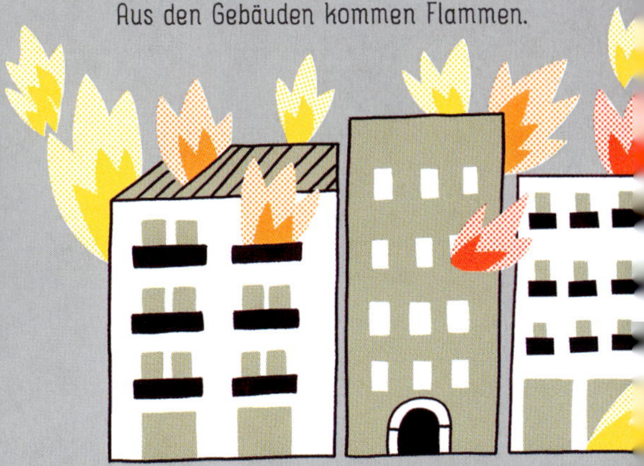

Nachdem Picasso das Bild fertiggemalt hatte, reiste es um die Welt und half, die Menschen auf die Gewalt in Spanien aufmerksam zu machen.

Auch heute erinnert das Bild noch eindringlich daran, wie viel Leid und Zerstörung durch den Krieg verursacht wurde.

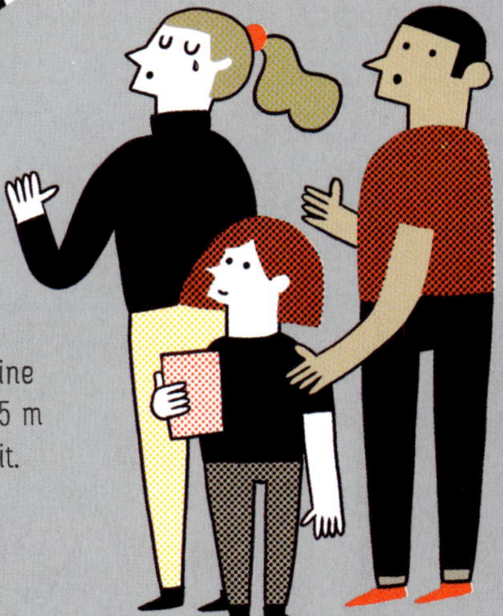

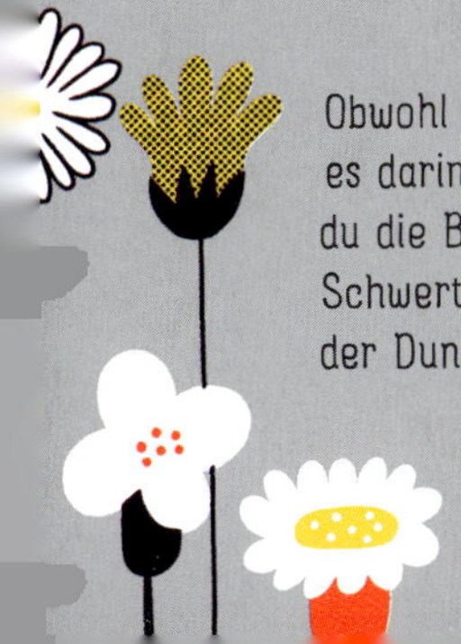

Obwohl das Bild sehr düster wirkt, gibt es darin Zeichen von Hoffnung. Kannst du die Blume hinter dem zerbrochenen Schwert sehen? Die Lampe, die Licht in der Dunkelheit spendet, ist ein weiteres Symbol der Hoffnung.

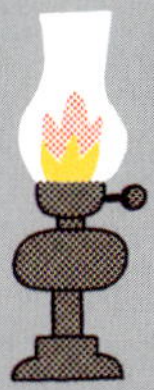

Das Bild ist so groß wie eine ganze Wand – ungefähr 3,5 m hoch und über 7,5 m breit.

WAS IST KUNST WERT?

Man kann nie genau sagen, welchen Wert ein Kunstwerk hat. Der Preis hängt davon ab, wie viel Geld Menschen bereit sind, dafür zu bezahlen.

Preise können sich stark ändern. Ausschlaggebend dafür sind der Ruf des Künstlers oder der Künstlerin, die Anzahl der Kunstwerke, die er oder sie geschaffen hat, die Technik und der vorherrschende Kunstgeschmack.

Die Sonnenblumen-Gemälde von Vincent van Gogh sind ein Beispiel dafür, wie extrem sich Preise verändern können.

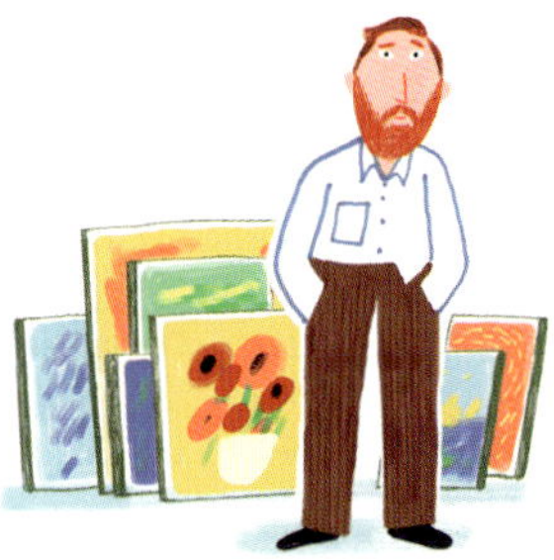

Als van Gogh 1888 seine Sonnenblumen-Serie malte, war er ein unbekannter Künstler, der nur mühsam seinen Lebensunterhalt bestreiten konnte. Niemand kaufte seine Bilder.

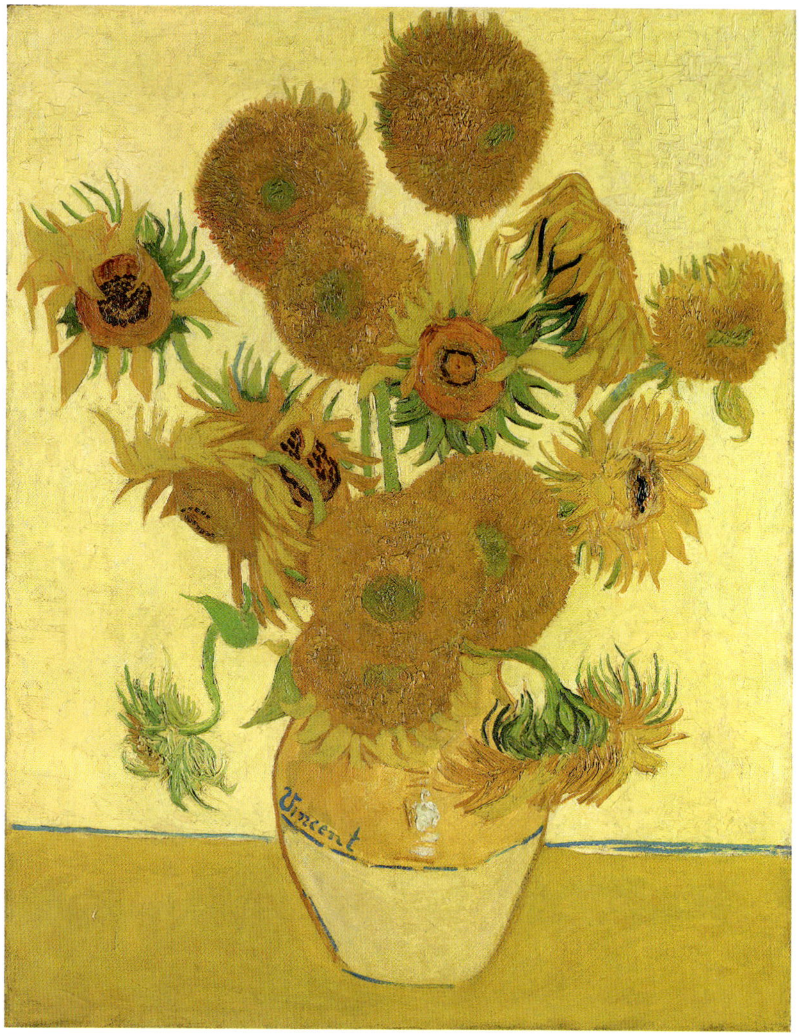

SONNENBLUMEN
Vincent van Gogh, 1888

Van Gogh benutzte lebhafte Farben, die er mit dicken Pinselstrichen auf die Leinwand auftrug. Zu seinen Lebzeiten hielt man seine Bilder für grell und unbeholfen. Aber dann änderte sich der Kunstgeschmack. Heute gelten sie als gewagt und ausdrucksvoll.

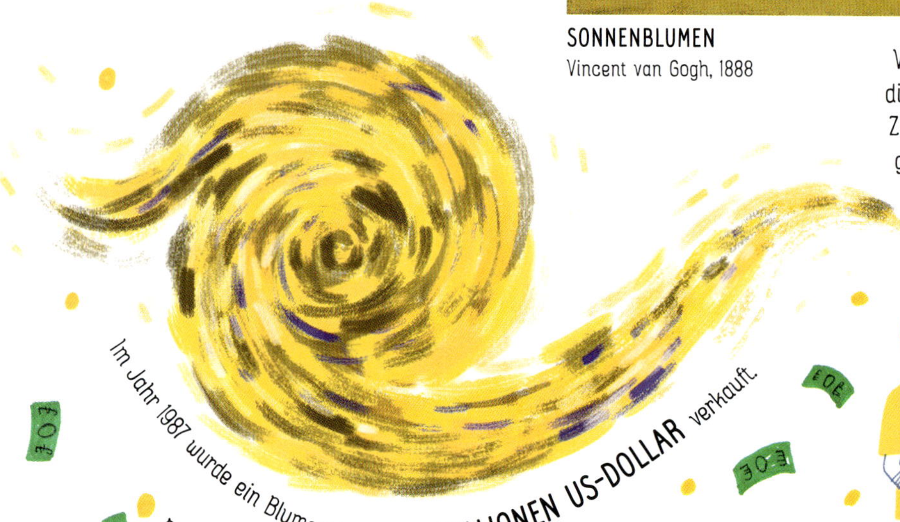

Im Jahr 1987 wurde ein Blumenbild für **49 MILLIONEN US-DOLLAR** verkauft. Damals war es der höchste Preis, der je für ein Gemälde bezahlt wurde.

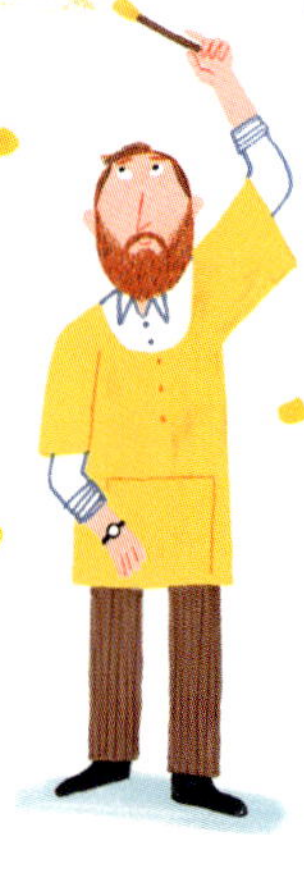

Da van Gogh nicht mehr lebt, stehen nur wenige Bilder von ihm zum Verkauf. Deshalb sind die Preise für seine Bilder sehr hoch.

Kostbare Materialien können Kunstwerke teuer machen. Der funkelnde Schädel wurde von dem Künstler Damien Hirst angefertigt. Das Objekt ist aus Platin, einem Metall, das wertvoller als Gold ist, und er ist mit 8601 Diamanten besetzt. Allein diese Materialien kosteten etwa 14 Millionen britische Pfund.

Der Schädel machte weltweit Schlagzeilen, als er für angeblich 50 Millionen britische Pfund verkauft wurde. Die Menschen waren schockiert. Aber sie begannen auch über den Wert von Kunst nachzudenken und darüber, wie ein Künstler Materialien zusätzlich aufwertet, indem er daraus Kunst schafft.

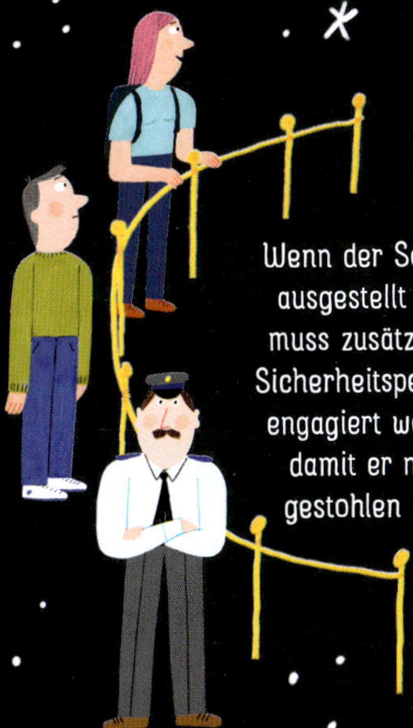

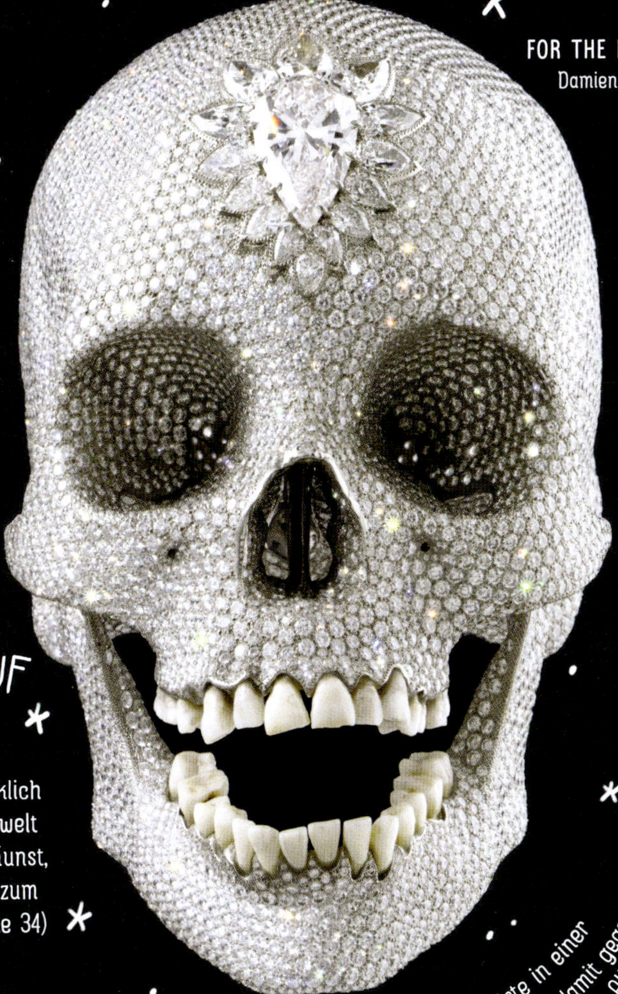

FOR THE LOVE OF GOD
Damien Hirst, 2007

Wenn der Schädel ausgestellt wird, muss zusätzliches Sicherheitspersonal engagiert werden, damit er nicht gestohlen wird.

Hirst wurde von Mosaikschädeln inspiriert, die aztekische Künstler aus Mittelamerika vor ungefähr 600 Jahren schufen.

NICHT ZUM VERKAUF

Manche Künstler sind nicht glücklich darüber, wie sehr Geld die Kunstwelt beherrscht. Deshalb machen sie Kunst, die schwer zu verkaufen ist, wie zum Beispiel Outdoor-Kunst (siehe Seite 34) oder Performances.

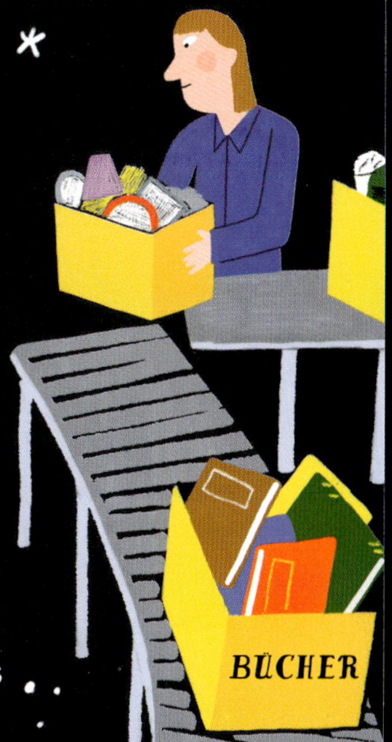

Der Künstler Michael Landy zerstörte in einer Kunstaktion alles, was er besaß. Er protestierte damit gegen den großen Einfluss von Geld in der Kunstwelt und im Alltag.

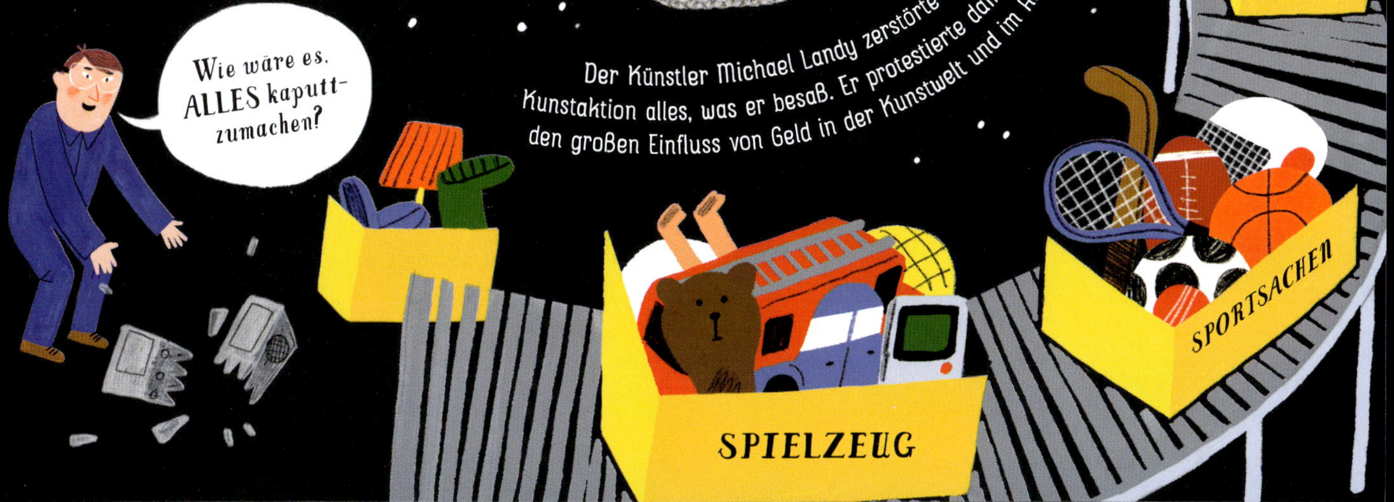

WOFÜR SIND KUNSTMUSEEN DA?

Kunstmuseen sammeln Kunst und stellen Kunstwerke aus, damit Besucherinnen sie betrachten können. Manchmal veranstalten sie auch Wechselausstellungen. Es bedeutet viel Arbeit, eine Ausstellung zu organisieren, ihre Planung kann Jahre dauern.

1 Expertinnen, sogenannte **KURATORINNEN**, recherchieren und organisieren Ausstellungen. Sie haben eine Idee für ein Thema und entscheiden, was im Museum gezeigt wird.

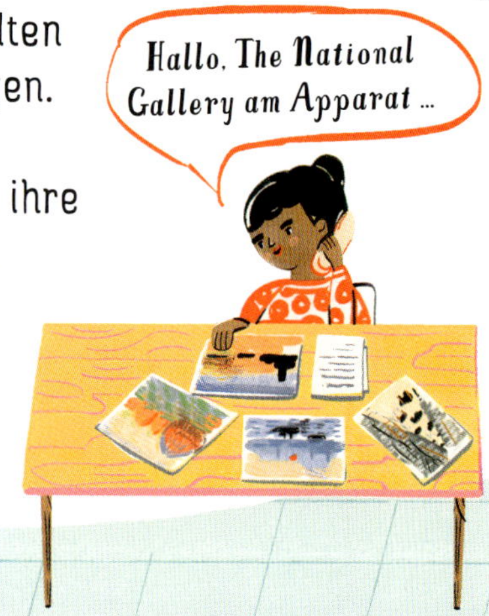

Wenn sie Kunstwerke aus anderen Museen zeigen möchten, müssen sie diese ausleihen.

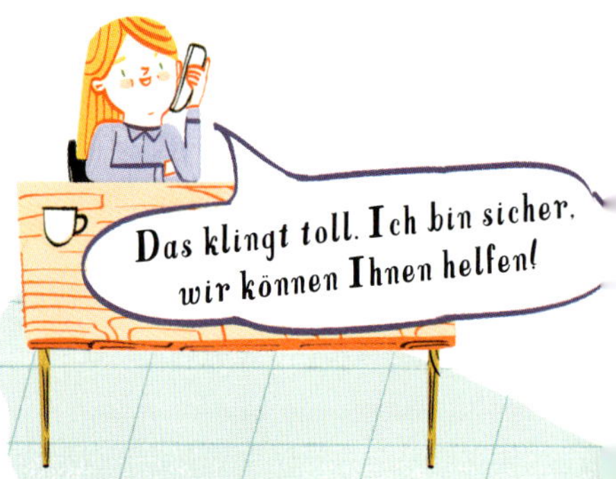

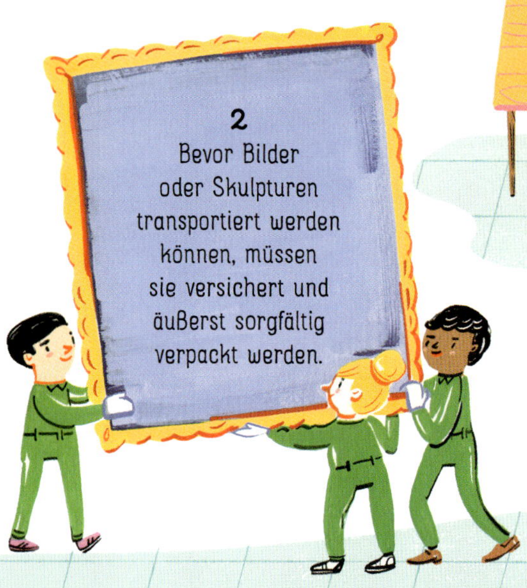

2
Bevor Bilder oder Skulpturen transportiert werden können, müssen sie versichert und äußerst sorgfältig verpackt werden.

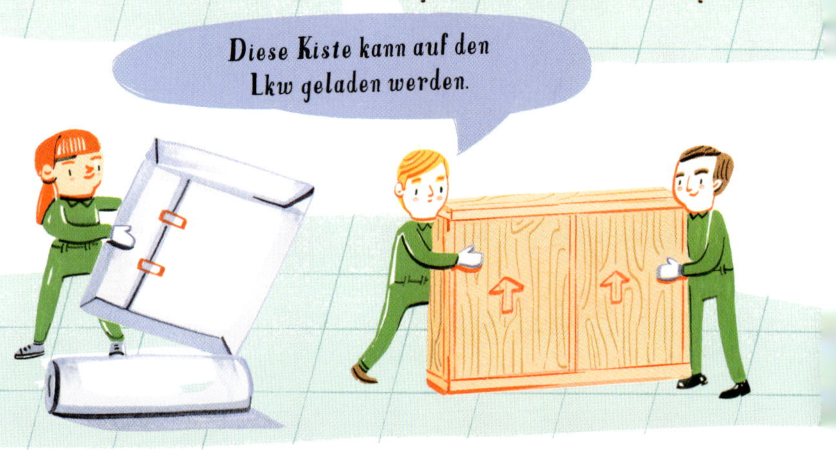

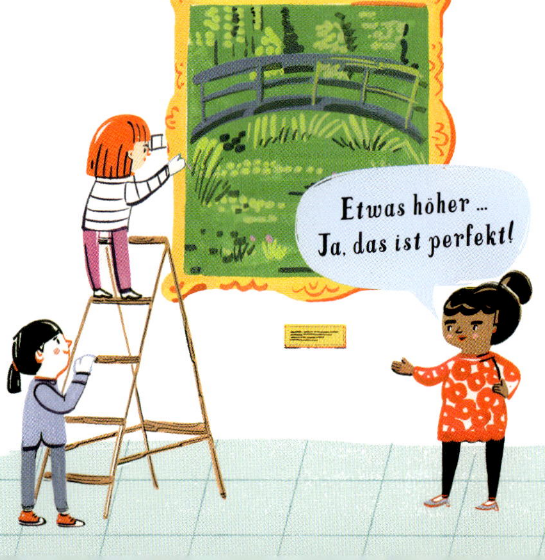

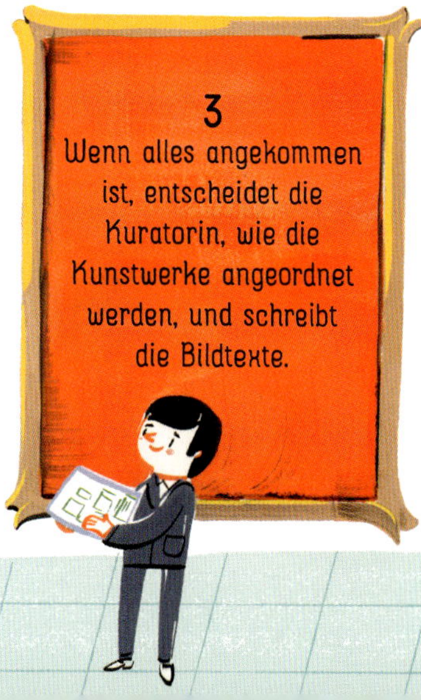

3
Wenn alles angekommen ist, entscheidet die Kuratorin, wie die Kunstwerke angeordnet werden, und schreibt die Bildtexte.

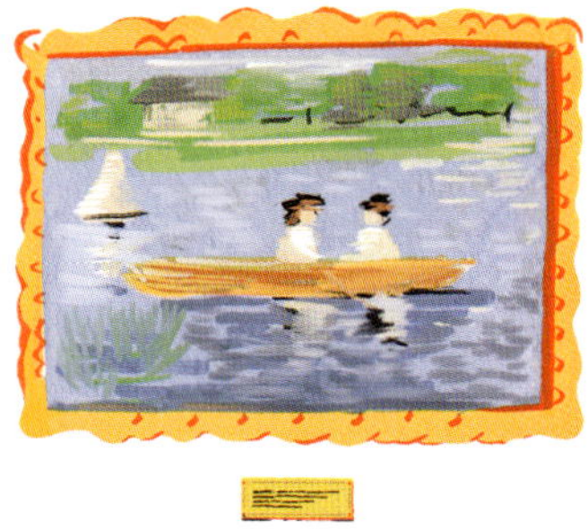

Eine Ausstellung seiner Bilder kann einen Künstler berühmt machen.

Museen haben außerdem die Aufgabe, Kunst zu erhalten. Mit der Zeit kann das Material, aus dem Kunstwerke gemacht wurden, verblassen, abblättern oder Risse bekommen, vor allem wenn es Feuchtigkeit, grellem Licht oder Temperaturschwankungen ausgesetzt ist. Expertinnen, sogenannte RESTAURATORINNEN, schützen Kunstwerke und beheben Schäden.

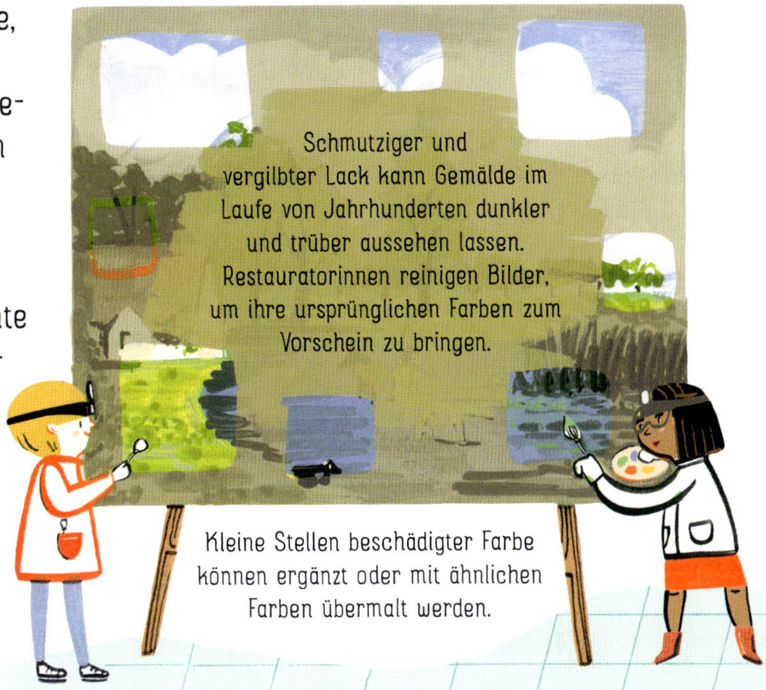

Schmutziger und vergilbter Lack kann Gemälde im Laufe von Jahrhunderten dunkler und trüber aussehen lassen. Restauratorinnen reinigen Bilder, um ihre ursprünglichen Farben zum Vorschein zu bringen.

Kleine Stellen beschädigter Farbe können ergänzt oder mit ähnlichen Farben übermalt werden.

Restauratoren arbeiten mit Röntgengeräten und Infrarotkameras, um unter die Bildoberfläche zu sehen. Sie untersuchen mit Mikroskopen die einzelnen Farbschichten.

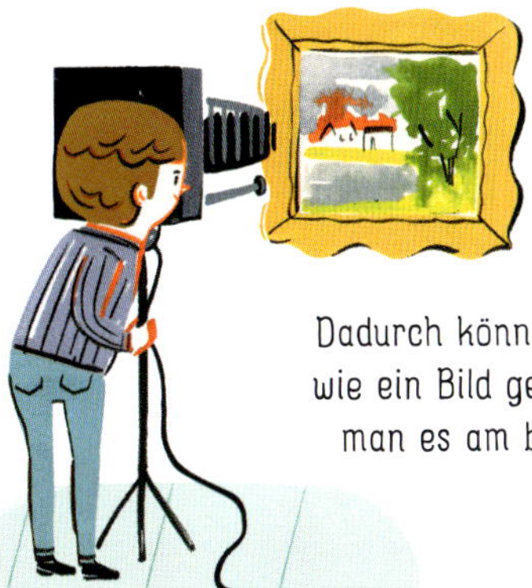

Dadurch können sie herausfinden, wie ein Bild gemalt wurde und wie man es am besten konserviert.

Manchmal entdeckt man Interessantes ...

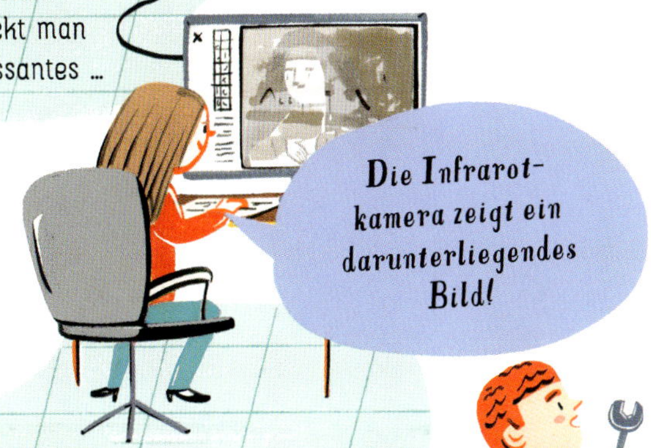

Die Restaurierung moderner Kunst aus ungewöhnlichen Materialien kann kompliziert sein.

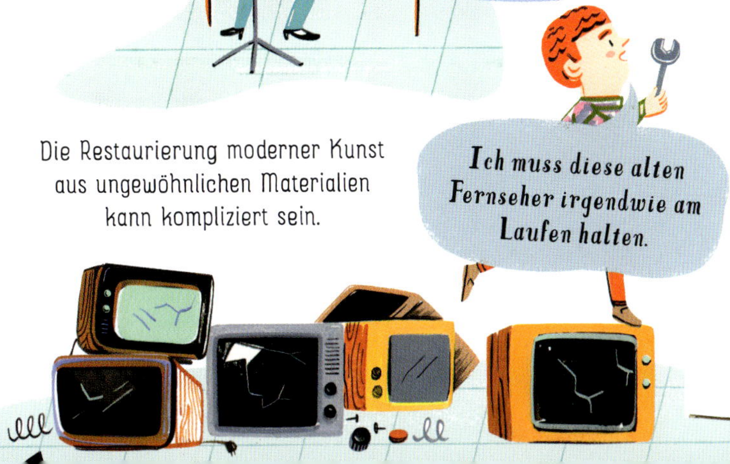

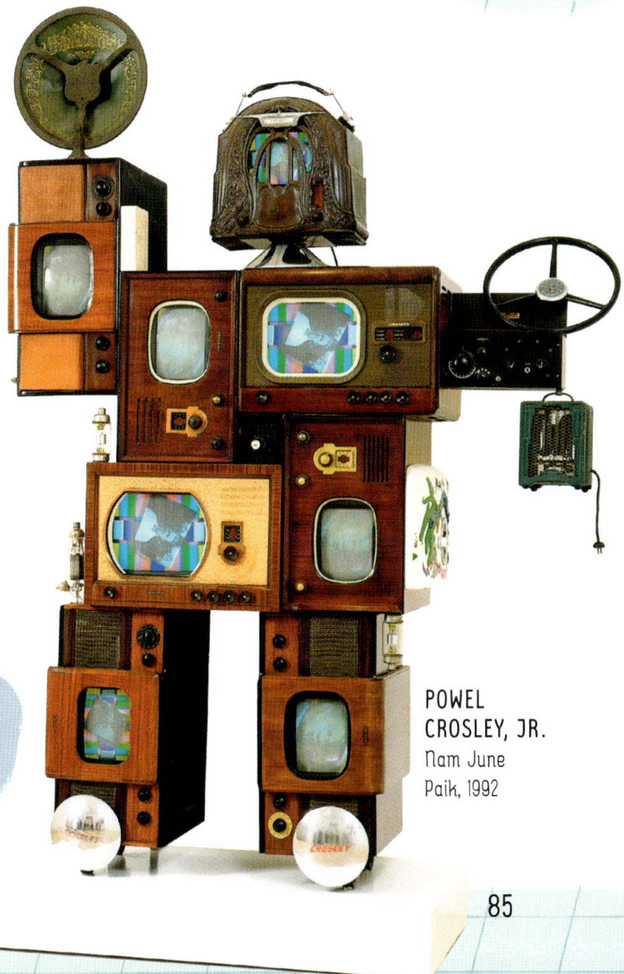

POWEL CROSLEY, JR.
Nam June Paik, 1992

WANN IST DAS KUNSTWERK ENTSTANDEN?

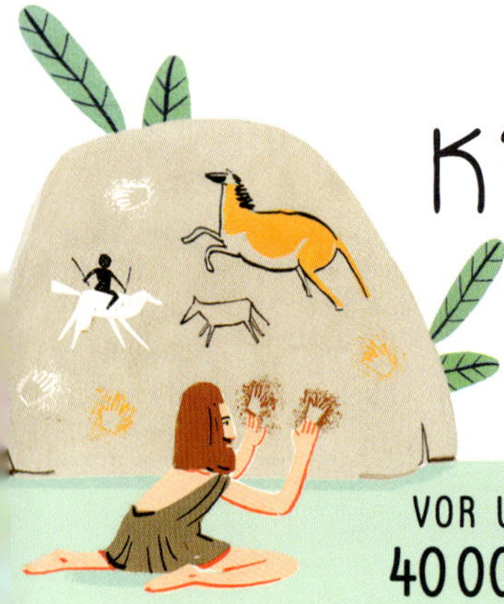

Dieser Zeitstrahl zeigt dir, wann die Kunstwerke in diesem Buch im Verlauf der Kunstgeschichte entstanden sind.

VOR UNGEFÄHR 40 000 JAHREN

Frühe Künstler gestalten Felsmalereien und schnitzen Skulpturen aus Knochen und Stein.

VOR UNGEFÄHR 3900 JAHREN

Künstlerinnen malen auf nassen Putz und stellen die ersten Fresken her.

VOR UNGEFÄHR 3370 JAHREN

Die Werkstatt von Thutmosis fertigt eine Skulptur der ägyptischen Königin Nofretete an.

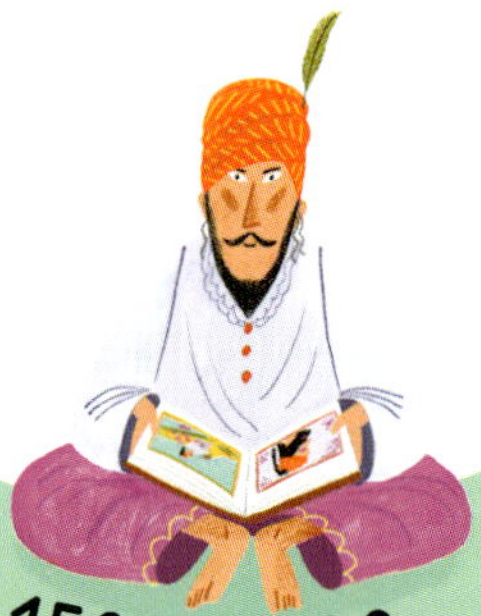

1500–1600

Künstler am Hofe des Schahs in Indien malen wunderschöne detailreiche Miniaturen.

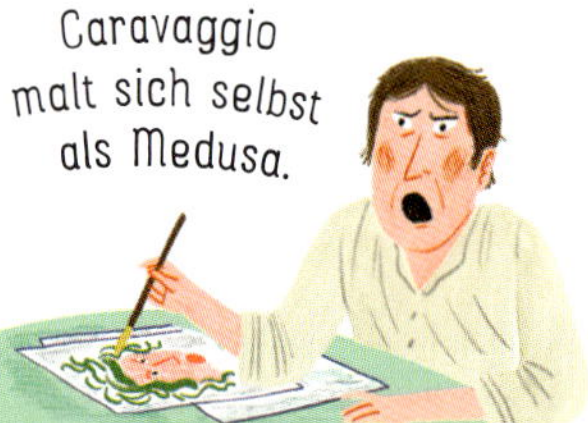

1596–1598

Caravaggio malt sich selbst als Medusa.

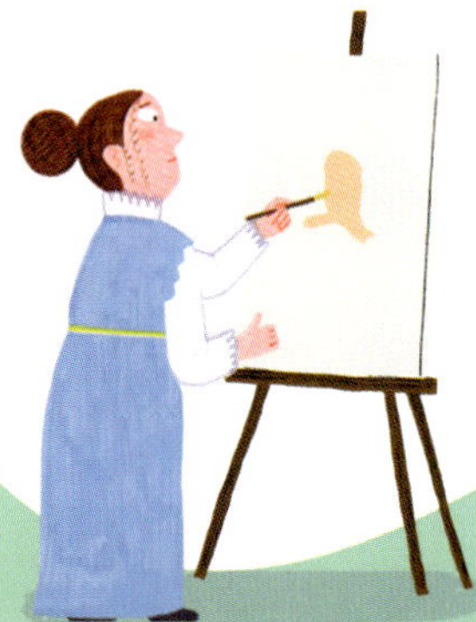

1615–1617

Artemisia Gentileschi malt sich als heilige Katharina.

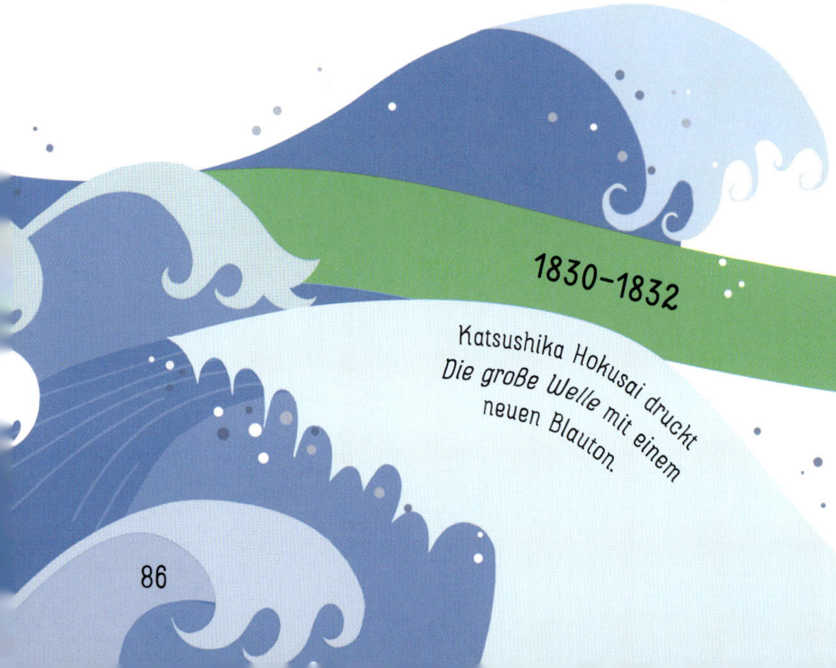

1830–1832

Katsushika Hokusai druckt *Die große Welle* mit einem neuen Blauton.

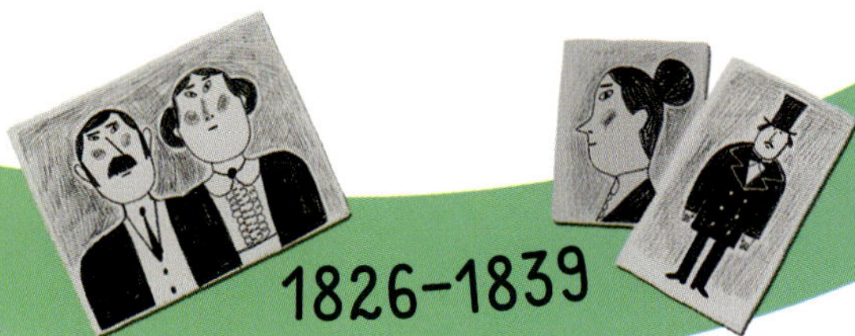

1826–1839

Die ersten Fotos werden aufgenommen, indem Licht auf Metall- oder Glasplatten festgehalten wird, die mit Chemikalien beschichtet sind.

ETWA 1100–1400

Künstler in dem altafrikanischen Königreich Ife gießen Bronzeköpfe.

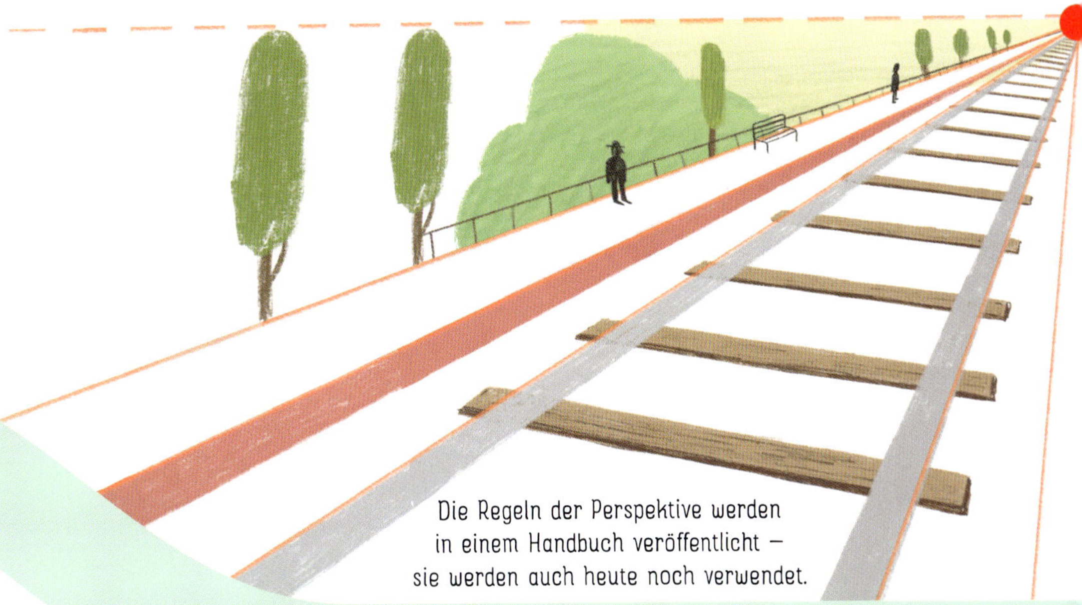

UM 1400

Ölfarben werden erfunden und verbreiten sich schnell in Europa.

1435

Die Regeln der Perspektive werden in einem Handbuch veröffentlicht – sie werden auch heute noch verwendet.

UM 1500

Mithilfe der neuen Spiegel aus Glas ist es für Künstlerinnen einfacher, Selbstporträts zu malen.

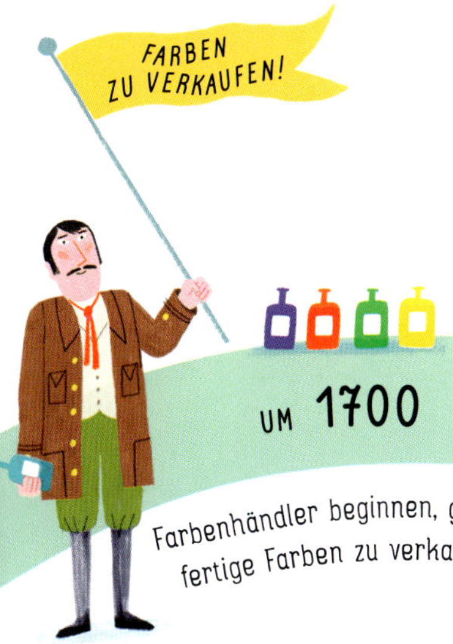

UM 1700

Farbenhändler beginnen, gebrauchsfertige Farben zu verkaufen.

1740

Canaletto malt die *Regatta auf dem Canale Grande.*

UM 1800

Viele neue leuchtende synthetische Farben werden erfunden.

UM 1840

Verschließbare Farbtuben aus Metall werden erfunden.

1872

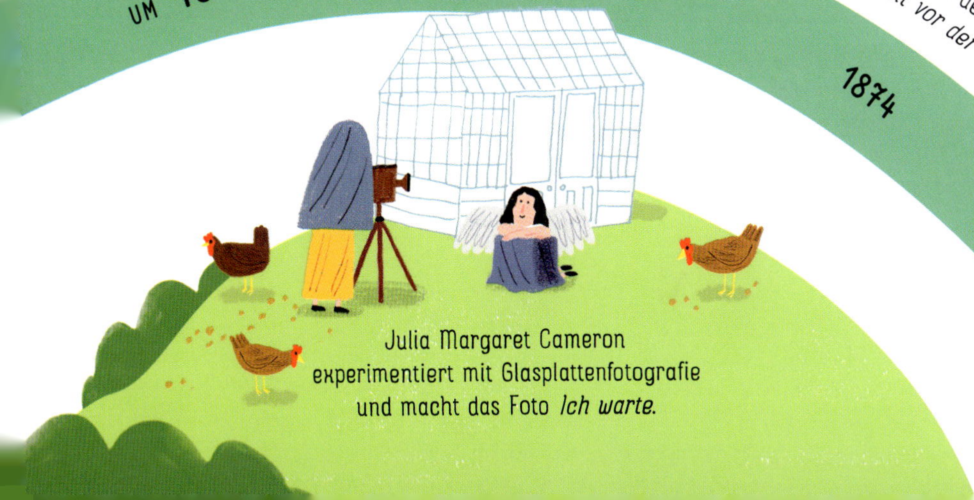

Julia Margaret Cameron experimentiert mit Glasplattenfotografie und macht das Foto *Ich warte.*

1874

Pere Borrell del Caso malt *Flucht vor der Kritik* …

… und die erste Impressionismus-Ausstellung findet statt.

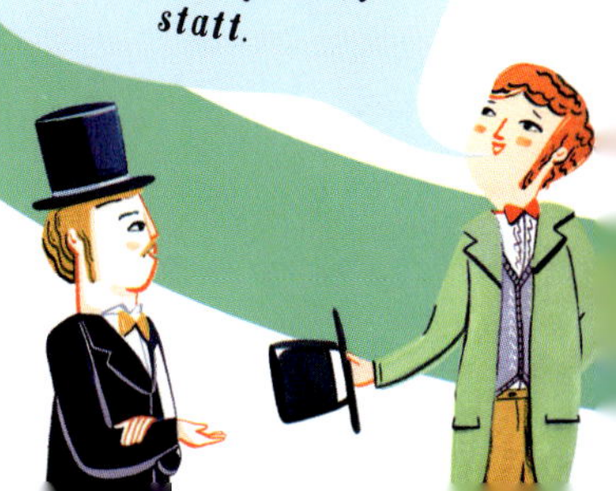

1875–1886

Die *Freiheitsstatue* wird gebaut.

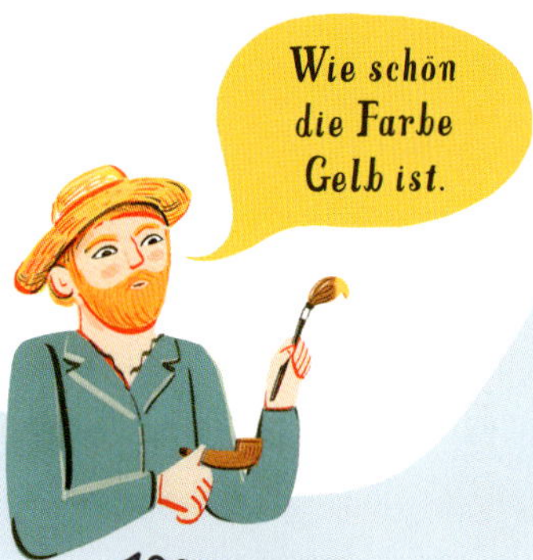

1888–1889

Vincent van Gogh malt mehrere Sonnenblumen-Bilder.

ETWA 1906

Pablo Picasso und Georges Braque entwickeln den Kubismus.

1916

Die Bewegung Dadaismus beginnt.

1917

Die Kommunisten ergreifen während der russischen Revolution die Macht.

1920ER-JAHRE

Piet Mondrian malt seine geometrischen Gemälde. Er verwendet nur gerade Linien und einfache Farbflächen.

1950ER-JAHRE

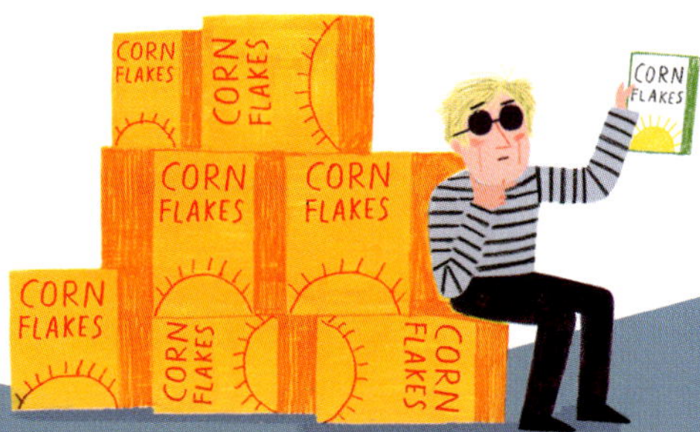

Nach dem Zweiten Weltkrieg entsteht die Bewegung Pop Art, die durch die Popkultur inspiriert ist.

1963

Roy Lichtenstein malt *Im Auto*.

1972

Niki de Saint Phalle baut die Skulptur *Der Golem*.

1985

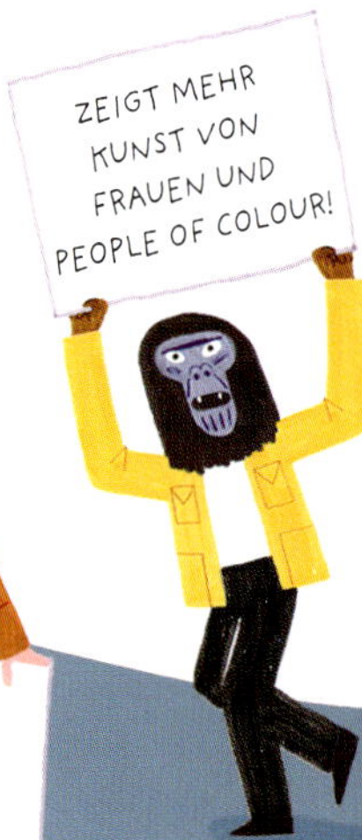

Die Guerrilla Girls setzen sich gegen Sexismus und andere Ungerechtigkeiten in der Kunstwelt ein.

1912

Wassily Kandinsky malt *Improvisation 28*, eines der ersten abstrakten Gemälde.

1914–1918

Erster Weltkrieg

1914

Marcel Duchamp schafft sein erstes „Readymade".

1936–1939

Spanischer Bürgerkrieg

1937

Pablo Picasso malt *Guernica*.

1939–1945

Zweiter Weltkrieg

1940ER-JAHRE

Die Acrylfarbe wird erfunden.

1991

Cornelia Parker lässt einen Schuppen explodieren für ihr Werk *Kalte Dunkle Materie: Eine Explosionsansicht.*

1993

Rachel Whiteread füllt ein Gebäude mit flüssigem Zement, um ihre Skulptur *Haus* zu schaffen.

2005

Christos und Jeanne-Claudes Installation *The Gates* öffnet.

Und es wird immer weiter experimentiert ...

GLOSSAR

2D oder **ZWEIDIMENSIONAL** – beschreibt etwas Flaches wie eine Zeichnung oder ein Gemälde.

3D oder **DREIDIMENSIONAL** – beschreibt einen Gegenstand mit Höhe, Breite und Tiefe wie eine Skulptur.

ABSTRAKTE KUNST – Kunst, die nicht die Wirklichkeit abbildet, sondern Formen und Farben zum Thema macht oder eine Stimmung oder Idee ausdrückt.

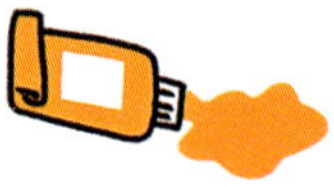

ACRYLFARBEN – auf Kunststoff basierende Farben, die in den 1940ern entwickelt wurden.

ALTARBILD – ein großes Bild, das oft aus mehreren Tafeln besteht und in einer Kirche auf dem Altar steht oder darüber hängt.

BINDEMITTEL – eine zähe Flüssigkeit wie Ei oder Öl, die mit trockenen PIGMENTEN vermischt wird, um Farbe herzustellen.

BLICKWINKEL – die Position, von der aus die Betrachterin ein Gemälde anschaut.

CHIAROSCURO – Verwendung starker Hell-Dunkel-Kontraste. Das Wort ist italienisch und bedeutet „hell-dunkel".

COLLAGE – ein Bild aus aufgeklebten Papierstücken und anderen Materialien.

DADAISMUS – eine KUNSTRICHTUNG, die während des Ersten Weltkrieges entstand. Dadaistische Kunst war mutig und rebellisch. Man lehnte sich gegen die traditionellen Werte auf, die den Krieg möglich gemacht hatten.

DE STIJL – eine KUNSTRICHTUNG des 20. Jahrhunderts, deren abstrakte Bilder nur aus geraden Linien und Farbflächen bestanden. Der Name ist niederländisch für „Der Stil".

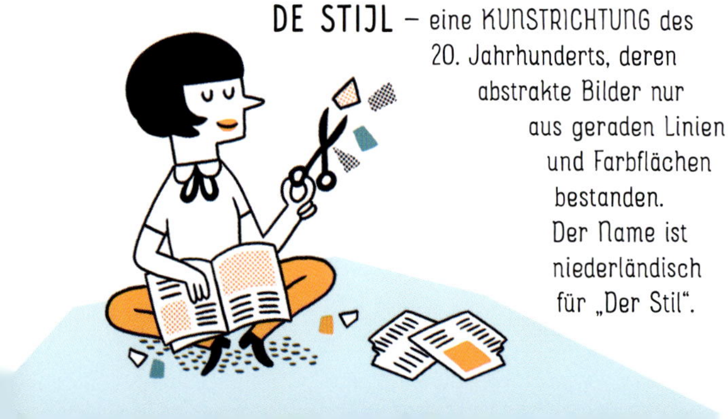

DIPTYCHON – ein zweiteiliges Tafelbild, das in der Mitte mit Scharnieren verbunden ist.

DRUCK – ein Bild, das durch das Übertragen von Farbe von einer Oberfläche auf eine andere (normalerweise Papier) geschaffen wird. Es gibt verschiedene Verfahren wie SIEBDRUCK, KALTNADELRADIERUNG, LITHOGRAFIE und HOLZSCHNITT.

EITEMPERA – leuchtende Farben, die aus PIGMENTEN, etwas Wasser und Eigelb gemischt werden.

FAUVES – ein Spitzname für Henri Matisse und einige andere Künstler, die Farben in ihren Gemälden in ungewohnter Form verwendeten. Der Begriff ist französisch und bedeutet „wilde Bestien".

FLUCHTPUNKT – in einer perspektivischen Zeichnung ist das der Punkt auf der Horizontlinie, in dem alle orthogonalen Linien zusammenzulaufen scheinen.

FOTOMONTAGE – ein Kunstwerk, bei dem Fotos zusammengeklebt werden.

FRESKO – ein Wandgemälde, das direkt auf feuchten Putz gemalt wird.

FUTURISMUS – eine KUNSTRICHTUNG, die 1909 entstand. Sie stellte schnelle Maschinen und das moderne städtische Leben in den Mittelpunkt.

GUSSTECHNIK – ein Verfahren, um SKULPTUREN zu schaffen. Dabei wird eine Flüssigkeit (häufig flüssiges Metall) in eine Form gegossen, in der sie erstarrt.

HARMONISCHE FARBEN – Farben, die gut zusammenpassen. Sie liegen im Farbkreis nebeneinander.

HOCHKULTUR – traditionelle Kunstformen wie Malerei und Oper, die oft teuer und nicht allen Menschen zugänglich sind.

HOFMALER/IN – Maler/in, der oder die an einem königlichen Hof für einen König oder eine Königin arbeitete.

HOLZSCHNITT – ein DRUCKVERFAHREN, das mit geschnitzten Holzplatten arbeitet.

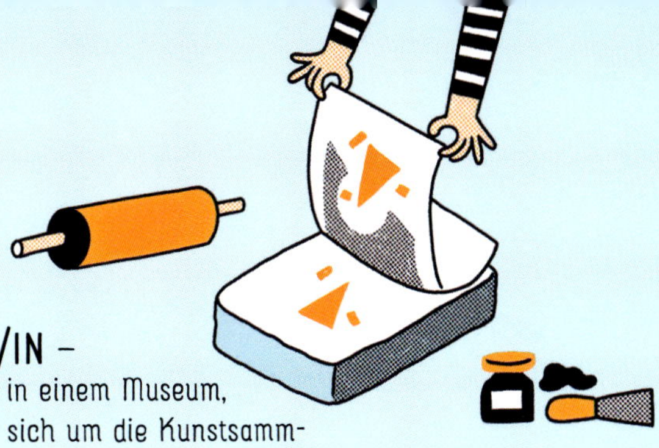

HORIZONTLINIE – die Linie in einer perspektivischen Zeichnung, wo der Himmel den Boden zu berühren scheint.

IMPRESSIONISMUS – eine KUNSTRICHTUNG, die in der zweiten Hälfte des 19. Jahrhunderts in Frankreich entstand. Die Impressionisten wollten sich verändernde Lichteffekte einfangen. Sie malten skizzenhaft und oft im Freien.

INSTALLATION – ein Kunstwerk, das an einem bestimmten Ort errichtet wird. Manchmal kann man hineingehen und darin herumlaufen.

KALTNADELRADIERUNG – ein DRUCK, bei dem ein Bild mit einer Nadel auf eine Metallplatte geritzt wird. Dann wird Farbe in die Rillen gerieben und auf Papier übertragen.

KOMPLEMENTÄRFARBEN – Farbkombinationen wie Blau und Orange oder Rot und Grün, die stark kontrastieren. Wenn sie nebeneinanderstehen, leuchten sie stärker als sonst.

KOMPOSITION – die Art und Weise, wie die einzelnen Elemente in einem Bild angeordnet sind.

KONZEPTKUNST – Kunst, bei der die Idee wichtiger ist als das fertige Kunstwerk.

KUBISMUS – eine KUNSTRICHTUNG des 20. Jahrhunderts, die von Pablo Picasso und Georges Braque entwickelt wurde.
Kubistische Bilder zeigen Gegenstände und Personen aus vielen Blickwinkeln gleichzeitig.

KUNSTRICHTUNG – Künstlerinnen gehören derselben Kunstrichtung an, wenn sie denselben Kunststil anwenden, ähnliche Ideen und Arbeitstechniken verwenden und häufig zusammen ausstellen. Beispiele für Kunstrichtungen sind der KUBISMUS, der IMPRESSIONISMUS und die POP ART.

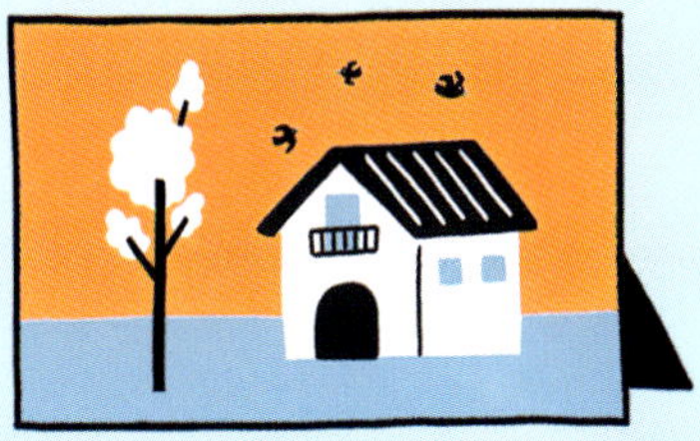

KURATOR/IN – Angestellte/r in einem Museum, die oder der sich um die Kunstsammlungen kümmert und Wechselausstellungen organisiert.

LITHOGRAFIE – ein DRUCK, bei dem das Bildmotiv mit fetthaltiger Kreide direkt auf einen Stein gemalt wird. Die Farbe, die später auf den Stein aufgetragen wird, bleibt an der Kreide kleben und wird so auf Papier übertragen.

MEMENTO MORI – ein Gegenstand in einem Bild, zum Beispiel ein Schädel, der daran erinnern soll, dass alles vergänglich ist. Der Name ist Latein für „Bedenke, dass du sterben musst".

MERZ – der Künstler Kurt Schwitters leitete den Begriff vom Wort „Kommerz" ab und bezeichnete damit all seine künstlerischen Aktivitäten.

MINIATUR – ein kleines detailreiches Gemälde, das manchmal zur Verzierung eines Buches oder als Schmuckstück angefertigt wurde.

ÖLFARBE – Farbe aus PIGMENTEN und Öl, die sehr langsam trocknet.

OP-ART oder optische Kunst – eine Kunstrichtung, bei der Muster und Farben eingesetzt werden, um optische Täuschungen zu erzeugen.

ORTHOGONAL – in einer perspektivischen Zeichnung laufen alle orthogonalen Linien im Fluchtpunkt zusammen.

PERFORMANCE-KUNST – Kunst, die von einer Künstlerin oder einem Künstler live ausgeführt wird.

PERSPEKTIVISCHE DARSTELLUNG – wenn man den Regeln der Perspektive folgt, kann man in einem zweidimensionalen Bild einen dreidimensionalen Eindruck erzeugen.

PIGMENT – farbiges Pulver für die Herstellung von Farbe. Traditionelle Pigmente wurden durch das Zermahlen von Erde, Steinen und Pflanzen erzeugt. Heutzutage werden die meisten Pigmente synthetisch hergestellt.

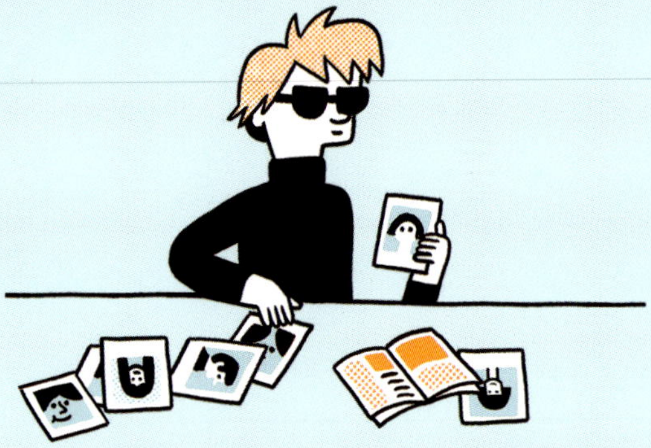

POP ART – eine KUNSTRICHTUNG, die sich in den 1950ern entwickelte und mit Bildern aus der POPKULTUR arbeitete, wie zum Beispiel aus Comics, Werbung und von Verpackungen von Konsumgütern.

POPKULTUR – Comics, Filme, Fernsehsendungen, Werbung und andere Bilder, die in großen Mengen hergestellt werden, preiswert sind und einem breiten Publikum gefallen.

PORTRÄT – ein Bild oder eine Skulptur, die eine bestimmte Person darstellt.

PRIMÄRFARBEN – Rot, Blau und Gelb. Man kann fast alle anderen Farben durch eine Mischung der Primärfarben herstellen.

PROPAGANDA – Bilder und Texte, die eine/n bestimmte/n Anführer/in oder eine bestimmte politische Gruppe unterstützen.

READYMADE – so bezeichnete der Künstler Marcel Duchamp alltägliche, serienmäßig hergestellte Gegenstände, die zu „Kunst" wurden, indem ein/e Künstler/in sie auswählte und ausstellte.

RESTAURATOR/IN – Experte oder Expertin in einem Museum, der oder die Kunstwerke schützt und Schäden daran behebt.

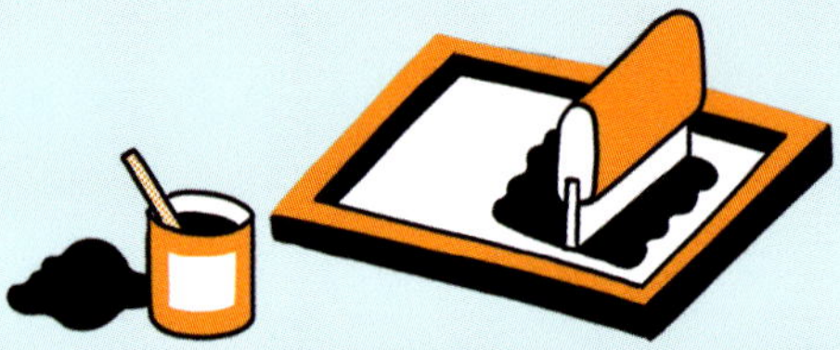

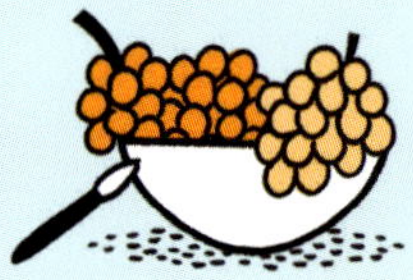

SEKUNDÄRFARBEN – Farben, die durch das Mischen von zwei PRIMÄRFARBEN entstehen.

SIEBDRUCK – ein DRUCKVERFAHREN, bei dem Farbe durch ein feinmaschiges Gewebe gedrückt wird.

SKULPTUR – ein DREIDIMENSIONALES Kunstwerk, zum Beispiel eine Statue.

STILLLEBEN – ein Bild von Gegenständen, die sich nicht bewegen, zum Beispiel Blumen, Obst oder ein Stuhl.

TERTIÄRFARBEN – Farben, die durch das Mischen einer PRIMÄRFARBE mit einer ihrer SEKUNDÄRFARBEN entstehen.

TROMPE L'ŒIL – eine illusionistische Malerei, die der Betrachterin vortäuscht, dass sie einen echten Gegenstand und kein Bild sieht. Der Name ist französisch für „täusche das Auge".

TRONIE – eine Kopf- und Charakterstudie.

WASSERFARBEN – werden aus PIGMENTEN und Gummiarabikum hergestellt. Man verdünnt sie mit Wasser und erhält dadurch transparente Farben.

ZENSUR – wenn eine mächtige Gruppe oder Regierung Kunst verbietet, die ihr nicht gefällt, oder beeinflusst, was Kunstschaffende tun.

Übersetzung aus dem Englischen:
Andrea Reinacher

Satz der deutschen Ausgabe:
Anne Bauer

Redaktion der deutschen Ausgabe:
Ulrike Schuldes

Projektbetreuung:
Cornelia Steuer, Danica Utermöhlen,
Ulrike Bonk und Birgit Zimmerer

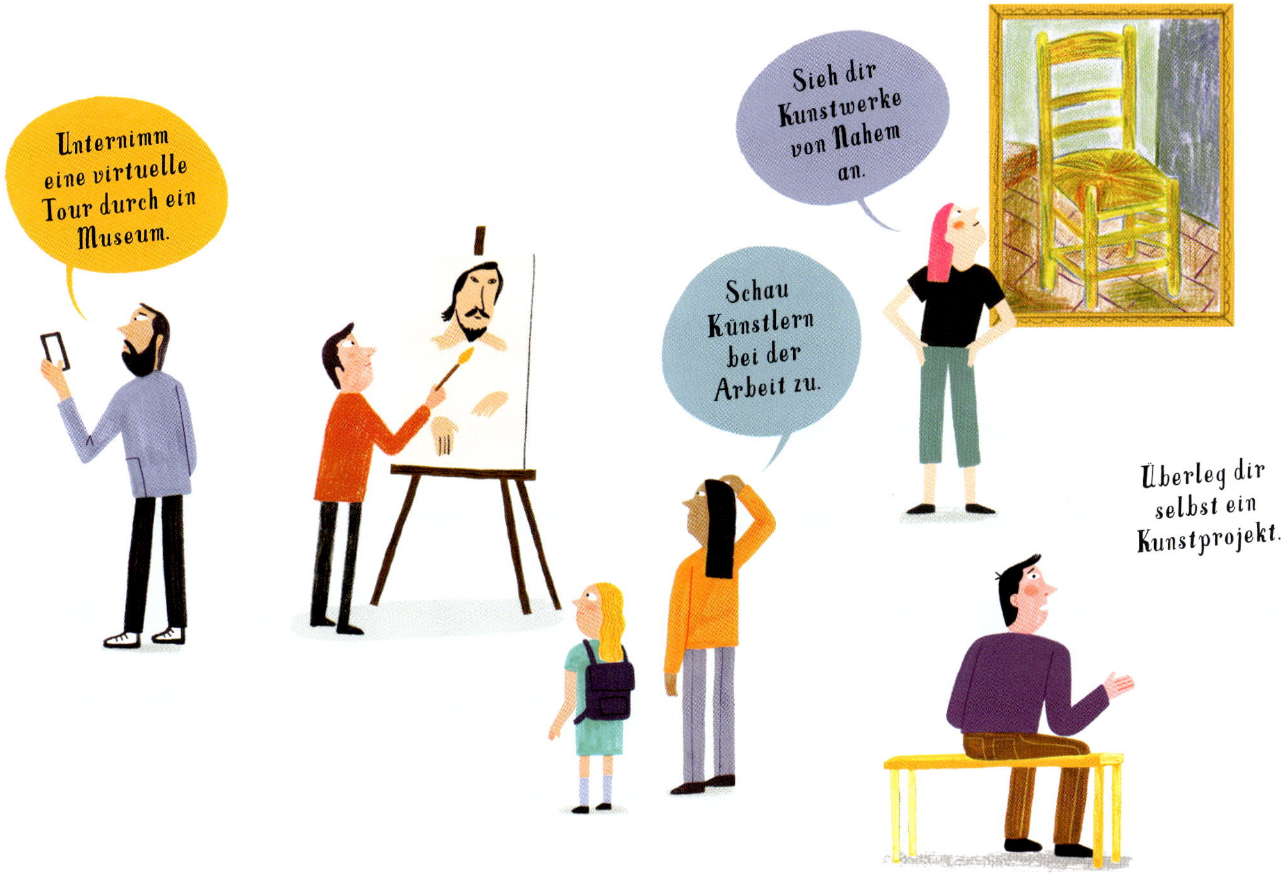

Zusätzliche Illustrationen: Ana Seixas
Zusätzliche Gestaltung: Helen Lee
Digitale Bildbearbeitung:
John Russell und Nick Wakeford

Mit Dank an Ruth King für die
Unterstützung bei der Bildrecherche.

STICHWORTVERZEICHNIS

3D, dreidimensional 18–20, 26, 32, 55, 59, 90, 92
Abramović, Marina 9
abstrakte Kunst 66, 67, 90
Acrylfarben 13, 89, 90
Anatsui, El 7
Aristoteles 6
Attia, Kader 9
Auftragswerke 16, 43
Avalokiteshvara/Padmapani 50

Bartholdi, Frédéric Auguste 52, 53
Bayeux, Teppich von 46, 47
Blickwinkel 24, 25, 42, 55, 90, 91
Boccioni, Umberto 55
Borrell del Caso, Pere 32, 87
Bronzekopf, König Oni von Ife 27
Bruegel der Ältere, Pieter 48, 49
Brunelleschi, Filippo 18, 19

Cameron, Julia Margaret 72, 87
Canaletto 25, 87
Caravaggio, Michelangelo Merisi da 21, 76, 86
Cassatt, Mary 68
Chagall, Marc 6, 11
Chevreul, Michel Eugène 28
Chiaroscuro 21, 90
Christo und Jeanne-Claude 34, 89
Cione, Jacopo di 35
Crivelli, Carlo 19

Dadaismus 38, 88, 90
Degas, Edgar 30
Delaroche, Paul 74
del Verrocchio, Andrea 16
de Saint Phalle, Niki 39, 88
Diptychon 14, 90
Druckverfahren 17, 57, 62, 68–71, 86, 90–92
Duchamp, Marcel 8, 89, 92

Eiffel, Gustave 52, 53
Eitemperafarben 12, 90
Elíasson, Ólafur 78, 79
Emin, Tracey 7

Farben 12, 13, 28–31
Fauves 30, 90
Felsmalereien 6, 86
Fotografie 72–75
Fotomontage 38, 90
Freiheitsstatue 52, 53, 88
Fresko 12, 86, 90
Futurismus 55, 90

Gainsborough, Thomas 41
Gentileschi, Artemisia 44, 86
Guercino 23
Guernica 80, 81, 89
Guerrilla Girls 44, 45, 88

Hepworth, Dame Barbara 67
Himid, Lubaina 7, 45
Hirst, Damien 9, 83
Hobbema, Meindert 24
Hokusai, Katsushika 70, 71, 86
Holbein der Jüngere, Hans 42
Holzschnitt 68, 70, 71, 90, 91
Hopper, Edward 7

Impressionismus 54, 87, 91
Installation 45, 58–61, 78, 79, 89, 91

Kahlo, Frida 64, 65
Kaltnadelradierung 68, 90, 91
Kandinsky, Wassily 66, 89
Komposition 22–25, 67, 75, 91
Konzeptkunst 8, 9, 91
Kubismus 55, 88, 91
Kunstgalerien und -museen 34, 35, 84, 85
Kunstrichtungen 54, 55, 57, 67, 90–92
Kurator/in 84, 91

Landschaften 24, 25, 41, 48, 49, 64
Landy, Michael 83
Lely, Peter 51
Leonardo da Vinci 17, 20
LeWitt, Sol 8
Lichtenstein, Roy 56, 57, 88
Lissitzky, El 79
Lithografie 90, 91

Matisse, Henri 6, 30, 31, 90
Memento Mori 37, 43, 73, 91
Michelangelo 26
Miniatur 53, 86, 91
Mondrian, Piet 67, 88
Monet, Claude 29, 54
Morgan, Polly 77
Morisot, Berthe 54
Muybridge, Eadweard 74
Mythologie 26, 48, 49, 76

Nanha 53
Nofretete 6, 86

Ölfarben 13, 87, 91
O'Keeffe, Georgia 6
Op-Art (optische Kunst) 33, 91
Outdoor-Kunst 34, 83

Parker, Cornelia 60, 61, 89
Performance-Kunst 9, 38, 73, 83, 91
Perspektive 18, 19, 87, 92
Picasso, Pablo 55, 80, 81, 88, 89, 91
Pigmente 12, 13, 15, 70, 90–92
Politik 38, 39, 45, 78–81, 92
Pop Art 56, 57, 88, 91, 92
Porträts 6, 12, 13, 27, 40–43, 45, 50, 51, 53, 63, 92
Propaganda 78, 79, 92

Quinn, Marc 63

Raffael 23, 72
Readymade 8, 89, 92
Renoir, Pierre-Auguste 29
Restaurator/in 85, 92
Riley, Bridget 33
Ruysch, Rachel 36

Schwitters, Kurt 58, 59, 91
Selbstporträt 17, 37, 41, 44, 62–65, 87
Siebdruck 68, 69, 90, 92
Skulptur 6, 8, 17, 26, 27, 34, 55, 67, 84–86, 88–90, 92
Soutine, Chaim 43
Statue 26, 51–53, 88, 92
Stillleben 36, 37, 55, 73, 92

Taylor-Johnson, Sam 73
Trompe l'Œil 32, 92
Tronie 62, 92

Uccello, Paolo 10

Vallotton, Félix 75
van Gogh, Vincent 30, 37, 82, 88
van Rijn, Rembrandt 47, 62
Velázquez, Diego 40
Vigée Le Brun, Élisabeth Louise 63

Warhol, Andy 17, 57, 69
Wasserfarben 12, 92
Werkstätte 16, 44
Whiteread, Rachel 27, 89
Wilton-Diptychon 14, 15

Zensur 78, 92

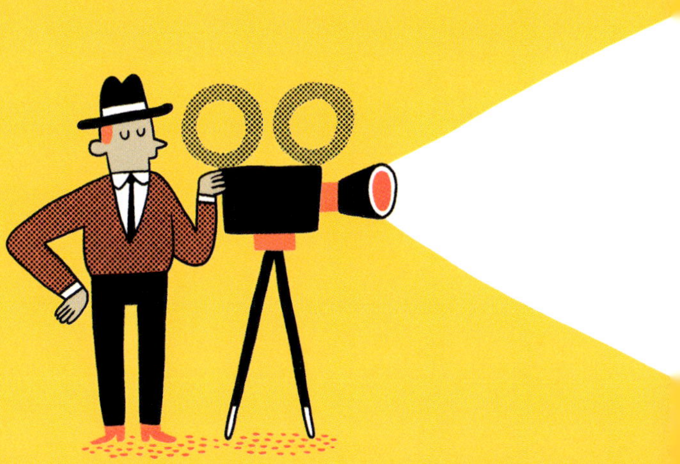

QUELLENVERZEICHNIS

Es wurden alle Anstrengungen unternommen, die Inhaberinnen und Inhaber von Urheberrechten für die in diesem Buch veröffentlichten Bilder zu ermitteln. Falls Angaben fehlen oder unvollständig sein sollten, möchte sich der Verlag an dieser Stelle dafür entschuldigen. Der Verlag bittet um Mitteilung und wird in künftigen Ausgaben entsprechende Korrekturen vornehmen. Der Verlag ist den folgenden Organisationen und Personen für ihre Beiträge und Abdruckgenehmigungen von Bildern sehr dankbar:

Alle Bilder der National Gallery (NG) © The National Gallery, London

Titelseite: *Das Mädchen mit dem Perlenohrring*, siehe Bildnachweis für Seite 13. *Ohne Titel*, Sophie Taeuber-Arp, 1932, Privatbesitz, Bridgeman Images. *Sonnenblumen*, siehe Bildnachweis für Seite 82. **Seite 6–7:** Büste der *Nofretete*, Werkstatt des Thutmosis, um 1350 v. Chr., Foto © Scala, Florenz/bpk, Bildagentur für Kunst, Kultur & Geschichte, Berlin. *Chop Suey*, Edward Hopper, 1929, Privatbesitz, Foto © Christie's Images/Bridgeman Images, © *Erben* von Josephine Hopper/Lizenziert von Artists Rights Society (ARS) NY/DACS, London 2020. **Seite 8–9:** *Flaschentrockner*, Marcel Duchamp, 1914/1964, Vera & Arturo Schwarz Sammlung dadaistischer & surrealistischer Kunst/Bridgeman Images, © Association Marcel Duchamp/ADAGP, Paris & DACS, London 2020. *Ohne Titel* (Ghardaïa), Kader Attia, 2009, © ADAGP, Paris & DACS, London 2020, Illustration von Matt Hunt. *The Artist Is Present*, Marina Abramović, 2010, Performance im Museum of Modern Art, New York, USA, Foto von Marco Anelli © 2010, © Marina Abramović, mit freundlicher Genehmigung von Marina Abramović & Sean Kelly Gallery, New York, DACS 2020. **Seite 10–11:** *Der heilige Georg und der Drache*, Paolo Uccello, um 1470, NG. *Der Spaziergang*, Marc Chagall, 1917–18, St. Petersburg, Staatliches Russisches Museum, © Foto Scala, Florenz, © ADAGP, Paris & DACS, London 2020. **Seite 12–13:** *Porträt eines jungen Mädchens*, aus Pompeji, um 55–79 n. Chr., Neapel, Archäologisches Nationalmuseum, © 2019, Foto Scala, Florenz. *Das Mädchen mit dem Perlenohrring*, Jan Vermeer, um 1665, Den Haag Mauritshuis, © 2019, Foto Scala, Florenz. **Seite 14–15:** *Der hl. Johannes, der hl. Eduard der Bekenner und der hl. Edmund empfehlen Richard II. dem Jesuskind und der Jungfrau („Das Wilton-Diptychon")*, Künstler unbekannt, um 1395–99, NG. **Seite 16–17:** *Tobias und der Engel*, Werkstatt von Andrea del Verrocchio, um 1470–75, NG. *Katzen, Löwen und ein Drache* (Ausschnitt), Leonardo da Vinci, um 1517–18, Royal Collection Trust, © *Her Majesty Queen Elizabeth II*, 2019, Bridgeman Images. *Selbstporträt* (Ausschnitt), Leonardo da Vinci, um 1512, Biblioteca Reale, Turin, Alinari Archives, Florenz/Bridgeman Images. Illustration von Andy Warhol von Miguel Bustos, © 2020 The Andy Warhol Foundation for the Visual Arts, Inc./ Lizenziert von DACS, London. **Seite 18–19:** *Satire auf falsche Perspektive* (Ausschnitt), William Hogarth, 1754, Privatbesitz, © GSinclair Archive/UIG/Bridgeman Images. *Maria Verkündigung mit dem Emygdius von Ascoli Piceno*, Carlo Crivelli, 1486, NG. **Seite 20–21:** *Jungfrau und Kind mit der hl. Anna und Johannes dem Täufer*, Leonardo da Vinci, um 1499–1500, NG. *Das Abendmahl in Emmaus*, Michelangelo Merisi da Caravaggio, 1601, NG. **Seite 22–23:** *Eine Allegorie („Vision eines Ritters")*, Raffael, um 1504, NG. *Samson von den Philistern ergriffen*, Guercino (Giovanni Francesco Barbieri), 1619, Metropolitan Museum of Art, New York, Schenkung von Herrn & Frau Charles Wrightsman, 1984, Neuerwerbung 1984.459.2. **Seite 24–25:** *Allee von Middelharnis*, Meindert Hobbema, 1689, NG. *Regatta auf dem Canale Grande*, Canaletto, um 1740, NG. **Seite 26–27:** *Atlas*, Michelangelo Buonarroti, um 1530–34, Florenz, Accademia, © 2019, Foto Scala, Florenz. *Bronzekopf*, unbekannte afrikanische Künstlerin, 14.–15. Jahrhundert, British Museum, London, UK, Foto © Werner Forman Archive/Bridgeman Images. *Haus*, Rachel Whiteread, 1993, 193 Grove Road, London E3, zerstört 1994, Calouste Gulbenkian Museum – Modern Collection, inv. PE158, Lissabon © Rachel Whiteread, Foto: Sue Omerod, mit freundlicher Genehmigung der Künstlerin & Gagosian, © Rachel Whiteread, Alle Rechte vorbehalten, DACS 2020. **Seite 28–29:** *Der Seerosenteich*, Claude Monet, 1899, NG. *Das Skiff (Das Boot)*, Pierre-Auguste Renoir, 1875, NG. **Seite 30–31:** *Kämmen der Haare*, Edgar Degas, um 1896, NG. *Offenes Fenster in Collioure*, Henri Matisse, 1905, Öl auf Leinwand, Maße: 55,3 x 46 cm, Gerahmt: 71,1 x 62,2 x 5,1 cm, Sammlung von Herrn & Frau John Hay Whitney, National Gallery of Art, Washington 1998.74.7, © Succession H. Matisse/DACS 2020. **Seite 32–33:** *Flucht vor der Kritik*, Pere Borrell del Caso, 1874, Öl auf Leinwand, 74,1 x 61 cm, Sammlung der Banco de España. *Metamorphosis*, Bridget Riley, 1964, © Bridget Riley, 2018, Alle Rechte vorbehalten. **Seite 34–35:** *The Gates*, Central Park, New York City, 1979–2005, Foto: Wolfgang Volz, © 2005 Christo & Jeanne-Claude, Camera Press. *Das Altarbild von San Pier Maggiore* (Rekonstruktion), Jacopo di Cione & Werkstatt, 1370–71, NG. **Seite 36–37:** *Blumen in einer Glasvase mit einer Tulpe*, Rachel Ruysch, 1716, NG © Leihgabe aus der Sammlung von Janice & Brian Capstick. *Vincents Stuhl mit Pfeife*, Vincent van Gogh, 1888, NG. **Seite 38–39:** *Golem*, Niki de Saint Phalle, 1972, Rabinovich Park, Kiryat Hayovel, Jerusalem, Israel, Foto: Michael Jacobson, Tel Aviv, © Stiftung Niki de Saint Phalle/ADAGP, Paris & DACS, London 2020. **Seite 40–41:** *Philipp IV. von Spanien in Braun und Silber*, Diego Velázquez, um 1631–32, NG. *Die Töchter des Malers mit einer Katze*, Thomas Gainsborough, um 1760–61, NG. **Seite 42–43:** *Die Gesandten*, Hans Holbein der Jüngere, 1533, NG. *Der Page*, Chaim Soutine, 1925, Musée national d'art moderne, Paris, © 2019, White Images/Scala, Florenz. **Seite 44–45:** *Selbstporträt als Heilige Katharina von Alexandria*, Artemisia Gentileschi, um 1615–17, NG. *Naming the Money*, Lubaina Himid, 2004, Ansicht der Installation, Navigation Charts, Spike Island, Bristol, 2017, Kunstwerk mit freundlicher Genehmigung der Künstlerin, Hollybush Gardens & National Museums Liverpool, Bild mit freundlicher Genehmigung von Spike Island & Fotograf Stuart Whipps. Illustration der *Guerrilla Girls* von Matt Hunt, mit freundlicher Genehmigung von Guerrilla Girls, www.guerrillagirls.com. **Seite 46–47:** *Der Teppich von Bayeux* (Ausschnitt), 11. Jahrhundert, mit Sondergenehmigung der Stadt Bayeux. *Das Gastmahl des Belsazar*, Rembrandt van Rijn, um 1636–38, NG. **Seite 48–49:** *Landschaft mit dem Sturz des Ikarus*, Unbekannter Künstler, Ende 16. Jh./ Anfang 17. Jh., Königliche Museen der Schönen Künste, Brüssel, Belgien, Foto © Scala, Florenz. **Seite 50–51:** *Avalokiteshvara* oder *Padmapani*, wahrscheinlich 18.–19. Jahrhundert, Museum Guimet, Paris, Frankreich, © G. Dagli Orti/De Agostini Picture Library/Bridgeman Images. Oliver Cromwell, Peter Lely, 1653–54, Birmingham Museum & Art Gallery, © Bridgeman Images. **Seite 52–53:** *Freiheitsstatue* in New York City, USA, Vlad Ghiea/Alamy Stock Foto. *Der Kaiser Schah Jahan mit seinem Sohn Dara Shikoh*, Gemälde von Nanha, um 1530–50, Folio aus dem Schah Jahan Album, Metropolitan Museum of Art, New York, Kauf, Rogers Fund & The Kevorkian Foundation Gift, 1955, Neuerwerbung 55.121.10.36. **Seite 54–55:** *Sommertag*, Berthe Morisot, um 1879, NG. *Fruchtschale, Flasche und Violine*, Pablo Picasso, 1914, NG, © *Succession* Picasso/DACS, London 2020. *Einzigartige Formen der Kontinuität im Raum*, Umberto Boccioni, 1913, Museo del Novecento, Mailand, Italien, © De Agostini Picture Library/G. Cigolini/Bridgeman Images. **Seite 56–57:** *Im Auto*, Roy Lichtenstein, 1963, © 2019, Christie's Images, London/Scala, Florenz, © Nachlass von Roy Lichtenstein/DACS 2020. Illustration von Andy Warhol von Matt Hunt, © 2020 The Andy Warhol Foundation for the Visual Arts, Inc./Lizenziert von DACS, London. **Seite 58–59:** *Merzbau*, Kurt Schwitters, Rekonstruktion von Peter Bissegger auf Grundlage des Kunstwerks von 1933, 1981–83, Hannover, Sprengel Museum, Foto: Michael Herling/Aline Gwose, © 2019, Foto Scala, Florenz/bpk, Bildagentur für Kunst, Kultur & Geschichte, Berlin. **Seite 60–61:** *Kalte Dunkle Materie: Eine Explosionsansicht*, Cornelia Parker, 1991, Foto von Hugo Glendinning, Sammlung Tate, mit freundlicher Genehmigung der Künstlerin & Frith Street Gallery, London. **Seite 62–63:** *Selbstporträt (mit Mütze, aufgerissenen Augen und geöffnetem Mund)*, Rembrandt van Rijn, 1630, mit freundlicher Genehmigung des Rijksmuseum, Neuerwerbung RP-P-OB-697. *Selbstporträt im Alter von 63*, Rembrandt van Rijn, 1669, NG. *Selbstporträt mit Strohhut*, Élisabeth Louise Vigée Le Brun, 1782 NG. *Self*, Marc Quinn, 2006, mit freundlicher Genehmigung von & © Marc Quinn Studio. **Seite 64–65:** Illustrationen: Genehmigung mit Dank an Frida Kahlo Corporation. *Baum der Hoffnung, bleibe stark*, Frida Kahlo, 1946, Foto © Archivart/Alamy Stock Foto, © Banco de México Diego Rivera Frida Kahlo Museums Trust, Mexiko, D.F./DACS 2020. **Seite 66–67:** *Improvisation 28 (zweite Fassung)*, Wassily Kandinsky, 1912, Solomon R. Guggenheim Museum, New York, USA, Foto © De Agostini Picture Library/Bridgeman Images. *Komposition mit Rot, Gelb, Blau und Schwarz*, Piet Mondrian, 1921, Gemeentemuseum, Den Haag, Niederlande, Bridgeman Images, © 2019 Mondrian/Holtzman Trust. *Mutter und Kind*, Dame Barbara Hepworth, 1934, Privatbesitz, Foto © Christie's Images/Bridgeman Images, Barbara Hepworth © Bowness. **Seite 68–69:** *Die Landkarte*, Mary Cassatt, 1890, Metropolitan Museum of Art, New York, Schenkung von Frau Maurice E. Blin, 1977, Foto © Asar Studios/Alamy Stock Foto. *Liz*, Andy Warhol, 1963, Privatbesitz, © A. Dagli Orti/ De Agostini Picture Library/Bridgeman Images, © 2020 The Andy Warhol Foundation for the Visual Arts, Inc./ Lizenziert von DACS, London. Illustration von Andy Warhol von Miguel Bustos, © 2020 The Andy Warhol Foundation for the Visual Arts, Inc./Lizenziert von DACS, London. **Seite 70–71:** *Unter der Welle im Meer vor Kanagawa*, aus „36 Ansichten des Berges Fuji", Katsushika Hokusai, um 1830–32, Tokyo Fuji Art Museum, Tokyo, Japan, Bridgeman Images. **Seite 72–73:** *Ich warte (Rachel Gurney als Engel)*, Julia Margaret Cameron, 1872, Privatbesitz, Foto © GraphicaArtis/Bridgeman Images. *Die Sixtinische Madonna* (Ausschnitt), Raffael, 1512–13, Gemäldegalerie Alte Meister, Staatliche Kunstsammlungen, Dresden, Deutschland, Foto Scala, Florenz/bpk, Bildagentur für Kunst, Kultur & Geschichte, Berlin. *Stillleben*, Sam Taylor-Johnson, 2001, DACS Artimage 2019, © Sam Taylor-Johnson, Alle Rechte vorbehalten, DACS 2020. **Seite 74–75:** *Das Derby in Epsom 1921*, Théodore Géricault, 1821, Louvre, Paris, Foto © Scala, Florenz. *Galoppierendes Pferd*, Eadweard Muybridge, 1878–79, Privatbesitz, Foto © GraphicaArtis/Bridgeman Images. *Straßenszene in Paris*, Félix Vallotton, 1897, Metropolitan Museum of Art, New York, Bild © Metropolitan Museum of Art/Art Resource/Scala, Florenz. **Seite 76–77:** *Medusa*, Michelangelo Merisi da Caravaggio, 1596–98, Galleria degli Uffizi, Florenz, © Scala, Florenz. *Do Gift Cards Expire*, Polly Morgan und Robert Cooper, 2019, DACS Artimage 2019, © Polly Morgan, Alle Rechte vorbehalten, DACS 2020. **Seite 78–79:** *Napoleon am St. Bernhard*, Jacques-Louis David, 1802/1803, Kunsthistorisches Museum, Wien, Österreich, Foto © Luisa Ricciarini/Bridgeman Images. *Schlagt die Weißen mit dem roten Keil*, El Lissitzky, 1920, Foto: Giancarlo Costa, © Giancarlo Costa/Bridgeman Images. *Ice Watch*, Ólafur Elíasson & Minik Rosing, 2014, Illustrationen von Ana Sanfelippo, mit freundlicher Genehmigung der Künstlerinnen und Künstler. **Seite 80–81:** *Guernica*, Pablo Picasso, 1937, Museo Nacional Centro de Arte Reina Sofia, Madrid, Foto Art Resource/Scala, Florenz/John Bigelow Taylor, © Succession Picasso/DACS, London 2020. **Seite 82–83:** *Sonnenblumen*, Vincent van Gogh, 1888, NG. *For the Love of God*, Damien Hirst, 2007, DACS Artimage 2019, Foto Prudence Cuming Associates Ltd, © Damien Hirst & Science Ltd, Alle Rechte vorbehalten, DACS 2020. Break Down, Michael Landy, 2001, © Michael Landy, Alle Rechte vorbehalten, DACS 2020, Illustrationen von Matt Hunt, mit freundlicher Genehmigung des Künstlers. **Seite 84–85:** *Powel Crosley, Jr., Nam June Paik*, 1992, Foto Cincinnati Art Museum, Ohio, USA/John J. Emery Endowment/The Edwin & Virginia Irwin Memorial/Bridgeman Images, mit freundlicher Genehmigung der Carl Solway Gallery, Cincinnati, © Nam June Paik, 1992.

4. Auflage 2026 © 2021 für die deutsche Ausgabe: Usborne Publishing Limited, 83-85 Saffron Hill, London EC1N 8RT, Großbritannien. Deutsche Niederlassung: Usborne Verlag GmbH, Prüfeninger Str. 20, 93049 Regensburg, Deutschland. Titel der Originalausgabe: How Art Works © 2020 Usborne Publishing Limited, London.